植民地遊廓

日本の軍隊と朝鮮半島

金富子・金栄【著】

吉川弘文館

はしがき

前近代の朝鮮社会では、朝鮮王朝政府が性売買を政策的に禁止したため、徳川幕府が公認した吉原遊廓のような公娼制はなかった。明治に入った日本は、娼妓の登録・強制的性病検診・集娼制を核心とする近代公娼制を整えた。近代日本による朝鮮侵略のなかで、朝鮮各地に形成された日本人居留地、それを発展させた植民地都市にもちこまれた日本式性売買と性管理制度は、日清・日露戦争をきっかけに発展し、植民地期に再編・普及していった。日本式性売買は名称を変えながら朝鮮人を組み込み、朝鮮社会の性慣行をしだいに「日本式」に変えるなど大きな影響を与えた。さらに、日本敗戦＝植民地解放後の韓国にも、日本式の性風俗慣行や用語、旧遊廓地帯の一部が長らく残るなど、影響は二一世紀まで及んだのである。

植民地都市と遊廓、そして日本軍　では、日本式性売買がもちこまれた日本の植民地都市とは何か。近代日本は、アジアへの「帝国の膨張」を繰り返すなか、日本人移民の増加に伴ってアジア各地に都市を形成し、または発展させた。その特徴の一つは、日本人（主に中心部）／被支配民族（主に周縁部）という民族別に分離された居住構造をもつ都市空間にあった。橋谷弘〔二〇〇四〕は、植民地都市をその形成過程から、次の三つのタイプに分類した。①日本による植民地化とともに新たに形成され、日本人街が中心／被支配民族が周辺に居住して発達したタイプ（朝鮮では釜山《プサン》、仁川《インチョン》、元山《ウォンサン》など。本書では鎮海《チネ》、羅南《ラナム》）、②在来社会の伝統的都市の上に重なりあって形成され、現地社会独自の都市景観や経済活動を残しながら、日本人街と並行して発展したタイプ（朝鮮では漢城《ハンソン》→京城《キョンソン》《けいじょう》→現ソウル、平壌《ピョンヤン》など。本書では馬山《マサン》、会寧《フェリョン》、咸興《ハムン》など)、③既存の大都市近郊に日本が新市街を建設し、現地住民街と日本人街が重ならずに並存しながら、両者が連結／対抗したタイプ〈奉天など「満洲」に集中〉である。

日本の植民地都市を特徴づけたのが、神社と遊廓だった。植民地の遊廓にはつねに日本人娼妓が存在した。欧米の植民地にも売春女性はいたが、支配側出身の女性が売春女性になる例は少なかった〔橋谷同前〕。その意味で、植民地への日本式性売買の移植は、近代日本の移民現象の特質を示している。

朝鮮の場合、日本式性売買がもちこまれたのは、朝鮮開港(一八七六年)以降の日本人の朝鮮渡航と居留地形成にさかのぼる。それ以前の朝鮮王朝政府は、儒教倫理に基づき「淫らな風俗は法で厳しく罰する」という方針により性売買を禁止し、一四七二年には花娘《ファラン》や遊女《ユニョ》(性売買女性に該当)を罰する意向を示した。また、政府は花娘・遊女だけでなく、性売買を傍観した者や仲介した者、取締をしない官吏も処罰するとした。一六世紀に処罰の強化が議論され、一八世紀にも花娘と遊女の滞留を制限して性売買禁止の方針を続けた〔朴貞愛《パクチョンエ》二〇〇九a・二〇一五〕。一般庶民層は早婚の風習もあって性売買に無縁な生活だったし〔宋連玉《ソンヨノク》一九九三〕、売春を専業とする女性はごく少数であった〔藤永壮二〇〇四〕。一方、近世日本では、公認(吉原遊廓などの遊女)、準公認(飯盛女など)、非合法(隠売女《かくしばいた》《ばいじょ》)など「きわめて広範囲に性売買が展開」し、遊廓は「実質的な人身売買による売春強制」という性格をもった〔横山百合子二〇一五〕。前近代の朝鮮社会に性売買がなかったわけではないが、政策的に禁止されたので、そのあり方が日本社会とは大きく異なっていたのである。

近代朝鮮ではどうか。植民地期朝鮮の民俗学者李能和《イヌンファ》『朝鮮解語花史』(一九二七年)は、日本語の「遊女」に該当する朝鮮人女性を「蝎甫《カルボ》」と総称し、これを妓生《キーセン》(一牌《イルペ》)、殷勤者《ウングンジャ》(隠勤子、二牌《イペ》、一般的には隠君子《ウングンジャ》)、搭仰謀利《タバンモリ》(三牌《サムペ》)、花娘遊女《ファランユニョ》、女社堂牌《ヨサダンペ》、色酒家《セクチュガ》(酌婦)等に分類し、ソウルの蝎甫は高宗甲午の年(一八九四年)以降にはじめて登場した、としている。

朴貞愛〔前掲〕は、この一八九四年、つまり日清戦争がはじまり日本人性売買業者と女性が急増した同じ頃に、ソウルでも蝎甫が目立ちはじめたこと、前近代で処罰の対象だった花娘や遊女がある時点から蝎甫と呼ばれ、公然たる性売買女性として新たに位置づけられたと指摘した。

また、藤永壮〔前掲〕は、蝎甫を「遊女」と解するのは問題があるとして、朝鮮「近代」の産物として「接客業」という概念を提起し、ソウルの「接客婦」を妓生・隠君子・三牌・色酒家の四つに分けた。妓生は、朝鮮王朝時代に官庁に所属し歌舞を演じ接待する「官妓」であり、接待する場合は、料亭などで行う日本の芸妓とはちがって、妓生の自宅で行った。しかし甲午改革（一八九四～九六年）により官妓制度が廃止されたため、妓生は新たな収入の道を探さなければならなかった。隠君子・三牌は自宅で酒食を提供し歌舞を演じる接待女性（前者は主に元官妓で伝統芸能ができたが、後者は雑歌程度）、色酒家は零細な飲食店や大衆酒場（酒幕）の接待女性であった。

いずれにせよ、近代朝鮮での性売買の普及は、日清戦争と甲午改革（＝一八九四年）が大きな節目だったことがわかる。ただし、彼女たちは売春を行うこともあったが、自宅で接待するなど接待のし方を含め、その存在形態や規模は日本とは著しく異なった。植民地警察官僚の今村鞆《とも》が、妓生や蝎甫のほとんどに「夫」がいたため、廃業後に路頭に迷うような「末路の悲惨なるもの甚《はなはだ》少し」（「朝鮮の売春婦（一九〇九年稿）」『増補朝鮮風俗集』一九一九年）と述べ、同じく警察官僚の永野清も「朝鮮に売淫の婦女比較的少なきは上下を通じて蓄妾（妻以外の女性を囲うこと—引用者）するの風其の大原因」と見ていた（『朝鮮警察行政要義』一九一六年）のは、興味深い。

しかし、日露戦争をきっかけに日本式性管理制度が朝鮮社会に浸透するなかで、一九〇八年に朝鮮人対象に性売買管理の法令がはじめて制定され〔朴前掲〕、一九一六年の植民地公娼制の確立とともに朝鮮人「接客業」「接客婦」は再編＝「日本化」を余儀なくされたのである〔藤永前掲〕。

以上に基づき、一九世紀の日本の遊廓を類型化した佐賀朝の研究〔二〇一〇〕を参照して、開港以降の朝鮮における日本式遊廓の展開を類型化してみよう。まず遊廓は、開港場に日本人移民男性向けに「貸座敷」「娼妓」の名で「居留地遊廓」として形成されたが、居留地により性政策は別々だった。朝鮮獲得戦争としての日清・日露戦争による朝鮮半島の軍事占領を背景に、「特別料理店」「第二種芸妓」などの名で偽装した「占領地遊廓」になった。「韓国併合」後は、「貸座敷娼妓取締規則」（一九一六年）を制定して「貸座敷」「娼妓」という日本式呼称を使い、朝鮮人を巻き込み、名実とも「植民地遊廓」（植民地公娼制）として再編・普及していったのである。

とくに本書が注目するのは、日本式性売買の普及とともに、帝国日本が朝鮮半島で行った性管理政策の原動力が、朝鮮に駐屯した日本軍だったことだ。その転換点は日清戦争時の日本軍駐屯、日露戦争時の日本軍常駐化、さらに「併合」後の朝鮮軍の創設だった。憲兵隊の関与も重要だ。日本軍将兵への性病対策が重視されたからだ。また、戦場と化した朝鮮各地に設置された性売買施設や、当初から軍都として建設された植民地都市（龍山《ヨンサン》、羅南、鎮海）につくられた貸座敷は、軍慰安所的な性格を帯びてもいた。

本書の課題と構成

本書は、宋連玉、藤永壯、朴貞愛など一九九〇年代から日本や韓国で活発になった植民地朝鮮の公娼制の研究や、孫禎睦《ソンジョンモク》、金鍾根《キムジョングン》、朴鉉《パクヒョン》、辛圭煥《シンギュファン》など植民地都市形成と性売買、性病に関する研究成果、鈴木・山下・外村編の資料集成など（巻末参考文献参照）に学びながら、第一に、居留地遊廓、占領地遊廓、植民地遊廓が、日本人植民者や朝鮮駐屯日本軍との関係のなかで、どのように具体的に展開したのかを朝鮮人も含めて検討する。第二に、朝鮮半島の植民地都市を南・北にわけて、遊廓の形成過程とその特徴を考察する。南・北にわけたのは、北部が中国・ソ連と国境を接しているために軍事的色彩が濃いのに対して、南部は大都市ソウルを抱え、また朝鮮米の日本移出を担うなど、軍事だけでなく政治・経済的な特徴がより強かったため、南北で異なる特徴が遊廓のあり方にも反映したと考えたからである。日本の朝鮮植民地支配の本質は軍事支配だが、支配のあり方は地域によって異なった。また史資料から見えてこない日本人・朝鮮人の娼妓たちのようすは、オーラルヒストリーや当時の雑誌・新聞の記事——男性筆者という限界はあるが——から取り上げた。芸妓・酌婦、妓生などにはあまり言及できなかった。

序では、朝鮮での植民地都市の形成と遊廓の移植と展開を概観する（金富子執筆）。本論では第Ⅰ部（朝鮮南部）を金富子が、第Ⅱ部（朝鮮北部）を金栄がそれぞれ論じる。

第Ⅰ部は、朝鮮南部の植民地都市と遊廓の形成・展開について、朝鮮王朝の首都から植民地朝鮮の中心都市になり、かつ陸軍都市（朝鮮軍司令部、一時的に第十九師団、次に第二十師団の司令部などが常駐）もかねた京城・龍山（現ソウル）（第1・2・3章）、商業都市の馬山／海軍都市の鎮海（慶尚《キョンサン》南道）（第4章）のケースを日本軍駐屯や性病との関係も含め考察する。主に取り上げるのは、朝鮮開港から植民地公娼制がほぼ完成した一九二〇年代までである。植民地遊廓は二〇年代後半から新たにカフェー文化が流入して大きく様相を変えるが、言及できなかった。

第Ⅱ部では、朝鮮北部の植民地軍都と遊廓との関係について、第十九師団管区の咸鏡道を中心に考察する。羅南（第1章）、会寧（第2章）、咸興（第3章）、慶興《キョンフン》（第4章）のケースについて、公娼制移植過程を概観しつつ主に植民地支配後期を中心にみていく。これらの都市は朝鮮民主主義人民共和国（以下、ＤＰＲＫ）にあり現状では入ること自体が難しいが、第Ⅱ部はその貴重な現地踏査の記録が盛り込まれている。また第2章・第4章は、当時この地に暮らした日本人女性へのオーラルヒストリーによってはじめて詳細が明らかになった植民地遊廓（会寧）、日本軍慰安所（慶興）に関する考察を含んでいる。

目　次

第Ⅰ部　朝鮮南部―「京城」、馬山・鎮海―

凡　例

1. 史資料のカナ表記はひらがなに改め、常用漢字を使用した。（　）は史資料、〔　〕は文献の出典を示し、編著者名と出版年を記した（引用文献は巻末に掲載）。韓国の論文に出てくる韓国人の表記は、植民地期の場合は朝鮮人、韓半島は朝鮮半島とした。巻末に、本論に関係する主な法令を収録した。
2. 本書の性売買に関係する主な用語は、以下の意味で用いる。

遊廓　貸座敷営業が許可された地域。
貸座敷　娼妓が客に性を売る場所（妓楼）。
娼妓　貸座敷で客に性を売ることを公認された女性。
芸妓　料亭など宴席で歌舞音曲を演じて客をもてなす女性。性を売るとみなされた。
酌婦　料理店や飲食店などで客に飲食をもてなす女性。性を売るとみなされた。
特別（／第一種／甲種）料理店　朝鮮で一九〇二〜一六年まで存在した事実上の貸座敷。主に日本人経営。
第二種（／乙種）芸妓　特別料理店で客に性を売ることを公認された女性。主に日本人女性。
妓生　朝鮮王朝時代に官庁に属し歌舞音曲などの芸を演じた官妓等だが、官妓廃止（甲午改革、一八九四年）後は自宅の宴席などで芸を演じる女性となり、一九一六年以降は前述の「芸妓」に含まれた。朝鮮人女性。

3. 2にあるような「遊廓」などの歴史的用語や現在も使われる「売春」は、性売買の実態を歪曲する用語であり、批判の意味で「　」をつけるべきだが煩雑なため省略する。
4. 「京城」は植民地用語だが、歴史的地名として使う場合がある。「全鮮」「鮮人」なども差別語であり、引用や固有名詞として使う場合は「ママ」を振る。

序　日本の軍隊と植民地朝鮮の遊廓

近代日本による朝鮮侵略のなかで朝鮮に移植された日本式性管理制度は、日本人向け「居留地遊廓」にはじまり、日清・日露戦争を通じて「占領地遊廓」へと展開し、朝鮮人を巻き込みつつ「韓国併合」後は「植民地遊廓」に再編・普及していった。

序では、同時代の日本国内の遊廓と軍隊との関係に注目しながら、いち早く日本人が移民し遊廓の形成も早かった釜山《プサン》や仁川《インチョン》を含め、朝鮮全体の動向をみよう。

(1)　日本による朝鮮侵略と遊廓の移植

日本は、一八七五年の江華島《カンファド》事件をきっかけとして締結された翌七六年の朝日修好条規により朝鮮を開国させ、釜山（一八七六年）・元山《ウォンサン》（八〇年）・仁川（八三年）の開港と開港場での日本人の治外法権を認めさせた。翌七七年、釜山に朝鮮初の日本人専管居留地が設定された。

日本の軍人が朝鮮に来たのは、一八八〇年に朝鮮王朝の首都漢城《ハンソン》（以下、ソウル）に日本公使館が開設される際の随行員としてだった。一八八二年の済物浦《チェムルポ》条約を根拠に、公使館守備隊の名目でソウルに日本軍守備隊一個大隊が駐屯した（翌年に一個中隊に縮小）。日本軍の常設的な朝鮮駐屯の始まりである。豊臣秀吉の朝鮮侵略以来のことだった〔辛珠柏二〇一〇〕。しかし、金玉均《キムオッキュン》らによる甲申政変（一八八四年）後に日清両国が結んだ天津条約によって、両国の軍隊は朝鮮に駐屯しないことになった〔徐民教二〇一五〕。

日本人向け「居留地遊廓」のはじまり　こうしたなか日本人男性移民者向けに、遊廓という日本式性売買が朝鮮に移植された。この「居留地遊廓」の移植と展開過程を、宋連玉《ソンヨノク》〔二〇一〇〕や辛圭煥《シンギュファン》〔二〇〇八〕などの研究によりながらみていこう。

開港直後の一八七七年、釜山で日本人が朝鮮人女性に売春をさせ、朝鮮政府が業者と女性を処罰する事件があった〔宋前掲〕。一八八〇年に設置された釜山領事館は、翌八一年に居留地の日本人を対象に、領事館令として貸座敷営業規則・芸娼妓営業規則・梅毒病院規則・梅毒検査規則を定め、貸座敷営業（公娼制）を許可した。同年末の釜山在留日本人営業種別戸数三二五戸のうち、「貸座敷」は六戸を数えた〔坂本・木村二〇〇七〕。同じ時期の娼妓数は一〇〇人を超えた。また、日本人居留地ではその営業区域が限定された〔宋前掲〕。つまり、居留地遊廓である。元山でも領事館が同様の規則を制定した。同年、朝鮮在留日本人の保護・取締を行う領事館警察（外務省系統）が釜山ではじめて設けられ、売買春業の取締も担った〔松田利彦二〇〇九〕。明治政府が日本国内で近代公娼制確立の前提条件（法令整備と東京府の警察統制体制）を成立させた一八七六年〔大日方純夫一九九二〕から、五年後のことだ。

釜山・元山の同規則は、日本国内（東京府）に比べ娼妓許可年齢が一歳若い十五歳以上、娼妓の居住は貸座敷内に限定されるなど、業者に有利な内容だった。梅毒検査も義務づけられた。これ以降、「韓国併合」（一九一〇年）前まで、朝鮮在留日本人対象の性管理政策は、主に外務省系統の各地の領事館（保護国期は理事庁）によって担われることになる。

一方、仁川（一八八三年開港）では、日本は、朝鮮と修好条約を結んだ欧米列強に対する国家的体面から、日本式公娼制を認めない建前をとった。つまり、釜山・元山において認めた貸座敷営業を、仁川では認めないというダブルスタンダードの性管理政策が行われた（釜山・元山の業者は一年以内の廃業を指示されたが、抜け道があった）〔宋前掲〕。しかし移民奨励、居留地治安や経済活動、性病対策の必要が強調されるなか、この建前は長くは続かず、一八九二年に仁川で芸妓営業取締規則により芸妓が許可された。

日清戦争と日本軍兵士の性病問題―「特別料理店」という名の「占領地遊廓」へ　こうした局面は、日清・日露戦争による軍事的占領の拡大と「保護国」化を通じて、居留地の貸座敷という呼称が「特別料理店」へと改称され、朝鮮社会の性売買取締にも介入し、「占領地遊廓」へと再編されていく。宋〔前掲〕は、居留地の「貸座敷」から「特別料理店」への改称・再編を「占領地公娼制」とした。本書でも「占領地遊廓」の語を用いる。

〈日清戦争と性病問題〉　一八九四年二月に朝鮮南部で起こった東学農民軍の蜂起（甲午農民戦争）に対して、朝鮮政府は鎮圧のため清国に出兵援軍を要請した。日本は、出兵要請がないにもかかわらず、公使館・居留民保護の名目で、朝鮮に七、八〇〇〇人の兵力を派兵・駐留させた。同年六月に東学農民軍は朝鮮政府軍との間に「全州和約」を結んだが、日清両国は撤兵しなかった。日清戦争は、同年七月二十三日に日本軍が計画的に朝鮮の王宮景福宮《キョンボックン》を占拠し、閔氏《ミンビ》政権を転覆させることによって始まった〔中塚明一九九七〕。二十五日に日本軍が清国軍と交戦して日清戦争に突入すると、朝鮮が戦場になり、日本軍による農民軍虐殺が行われた。日清戦後も、日本は朝鮮各地に軍隊を駐留させ、朝鮮での軍事的占領が進んだ。九五年十月、日本公使三浦梧楼と京城守備隊（＝日本軍）による明成皇后《ミョンソンファンフ》（閔妃）殺害事件が起こった。王妃を日本人に殺害された高宗《コジョン》は、ロシア公使館に保護をもとめた。朝鮮民衆の対日感情は悪化し、全国的な抗日義兵闘争が起きた。ロシア公使館を出た高宗は一八九七年十月に帝位につき、国号を「大韓」と宣布した。以後、「韓国併合」までの一三年間を「大韓帝国」と呼ぶ。

一方、日清戦争を通じて、ソウルなどに駐留する日本軍の「守備隊」が復活し、戦場での日本軍将兵の買春と性病が広がった。辛圭煥〔前掲〕は、朝鮮半島への性病伝播は一六世紀にはじまるが、「一九世紀末から二〇世紀初めの朝鮮半島で性病が蔓延した直接的な契機は、開港と戦争を通じて起こった日本人の売春業」であり、日清戦争で日本軍兵士への性病防止が課題となったとする。陸軍省編『日清戦争統計集』（一九〇二年）によれば、一八九四年六月から一八九五年十二月までの日本軍内の性病患者は、二四一六名（軍人一〇五五名、軍属四六四名、人夫八九七名）であり、そのうち入院患者は朝鮮で四一九名、清国で一七三二名、台湾で三九九人だった。当時、性病治療には入院が必要であり兵力低下を招いた。辛は、朝鮮を舞台にした日清戦争は一八九四年七月～十月までの三ヶ月間だったが、毎月六〇余人の性病患者が発生したことになり、しかも戦争が本格化する八月以前に性病患者がいたので、駐屯軍周辺で買売春が盛んに行われたと推測した。日清戦争をきっかけに日本人売春業者・売春女性が急増するなか、ソウルにも蝎甫《カルボ》という新たな朝鮮人売春女性が現れた（「はしがき」参照）。

〈台湾の公娼制〉 日清戦後に植民地にされた台湾でも、日本の駐屯軍を揺るがす性病問題が起こった。下関条約（一八九五年四月）直後の五月末に日本軍が台湾に上陸すると、六月に抗日ゲリラが武装蜂起するなど激しく抵抗した。八月、日本は軍政を開始し、二個半の師団を動員して鎮圧にかかった。まさに台湾征服戦争だ。日本から民間人の自由渡航が禁じられた。兵士や軍夫（補給業務を担当した臨時雇いの軍属）の間で現地の売春女性への買春と性病（梅毒）が流行した。これを危惧した野戦衛生長官が、私娼に厳重な検梅（性病検査）を実施し兵士・軍夫に感染者が少なくなった他の事例から、検梅の法を設け公娼を許可すべしという意見書を大本営に出した。台湾駐在の日本人某も、梅毒流行に直面して「日本の体面の為」に性病防止の観点から遊廓公娼必要悪論を唱えた〔大谷正二〇〇六〕。兵士の「性欲の処理」の名目からも要望された〔早川紀代一九九五〕。

一八九六年四月の民政移行後に渡航が自由化されると、日本から民間人や売春女性が次々に台湾に渡った。女衒《ぜげん》が東京や各地で一般女性をだまして渡航させるため、注意が促された。五月に台湾に渡った「内地婦人」、つまり実態的な売春女性は八九二人に達した〔大谷前掲〕。六月、「貸座敷並娼妓取締規則」（台北県令第1号）を制定し、遊廓設置をみとめ娼妓の性病検診を義務づけた。台北以外にも同様な公娼制が次々に導入された〔駒込武二〇〇〇、藤永二〇〇五b〕。台湾の公娼制は、日本軍の性病問題が関わって導入されたとみられる。

また、台湾の日本人男性植民者に対しても「娼妓を設け、内地より婦女を輸入する如きは、内地人の足を止むる方便にして、台湾の進歩上必要……台湾に公娼を設け、密淫売を防ぎ、検梅の法を厳にし、梅毒の蔓延を防ぐは衛生上よりするも緊要」〔『門司新報』一九八六年四月二日、〔森崎一九七六〕〕と公娼制の輸入が叫ばれた。台湾の公娼制には「内地人の足を止むる方便」、つまり植民する日本人男性を台湾に引き込み、植民地支配を安定させる性政策としても認識された。言い換えれば、女性たちの性は、帝国の膨張を支える植民地軍と植民者という日本人男性集団のセクシュアリティ管理の不可欠の道具とされたのである。導入から一〇年後、全島的な統一法規である「貸座敷及娼妓取締規則標準」（一九〇六年）が成立した。台湾公娼制の確立過程は、抗日ゲリラを鎮圧し日本の台湾支配を確立していく過程と重なった〔張暁旻二〇〇八〕。これらは、以下のように朝鮮に対しても当てはまる。

〈「占領地遊廓」のはじまり〉 日清戦後、日本から朝鮮への移民が急増した。鎮南浦《チンナムポ》・木浦《モッポ》（一八九七年）、群山《クンサン》・馬《マ》山《サン》・城津《ソンジン》（一八九九年）などが開港し、続々と日本人居留地がつくられた〔自治組織は居留民会〕。ショーウインドというべき仁川・ソウルでの性管理政策も変化した。前述の仁川に続いて、ソウルでも一八九六年に京城領事館令により芸妓稼業が許可された。しかし貸座敷設置は許されなかった。国家的体面のためだ〔第I部第1章〕。

ところが、一九〇〇年に釜山領事館は芸妓営業取締規則を発布し、それまで営業していた貸座敷を「特別料理店」と改称して営業地移転を決めたことにより、釜山では一九〇二年七月にはじめて「特別料理店」方式の貸座敷が開業し、さらに遊廓が形成された。つまり、「占領地遊廓」だ。これが「非常な人気を呼んだ」ために、仁川でも料理屋一七軒が共同出資して一九〇二年十二月に許可を得て「特別料理店」敷島楼が営業を開始し〔『仁川府史』

一九三三年)、同時に駆梅院《くばいいん》を設立して性病検査を実施した。同年、元山でも「特別料理店」営業地が設定された。ただし、首都ソウルでは許されなかった。ところが、釜山発の「特別料理店」方式は、日露戦中・戦後の統監政治のもとで各居留地に拡大していく。一方、一九〇一年頃の釜山で朝鮮人業者が「韓妓貸座敷」を営業したように偽装した日本人業者の存在が確認されているが、「妓生を装った貸座敷での娼妓」(宋前掲)だった。朝鮮社会に朝鮮人「娼妓」による日本式貸座敷が先駆的に出現したのである。

日露戦争と「占領地遊廓」の拡大　大韓帝国は一九〇四年一月二十一日、日露の紛争に対し局外中立を宣言した。にもかかわらず、日本軍は同年二月八日夜に旅順港、仁川沖のロシアの艦隊を奇襲攻撃し日露戦争が始まった。同日夜、仁川に上陸した韓国臨時派遣隊(=日本軍)二千数百人は、ただちにソウル占領にむかった。新たな史資料をつかった近年の日露開戦研究(和田春樹二〇〇九、金文子《キムムンジャ》二〇一四)によれば、韓国の「中立宣言」はロシアを含む諸外国(日本以外)に承認されたこと、ロシアに対日開戦の意志はなかったこと、日露開戦の第一砲をめぐって日本側の発砲がロシア側の発砲にすり替えられた(多くの公文書が改ざんされた)こと、開戦二日前の六日に日本軍が鎮海《チネ》湾占領と馬山《マサン》電信局占領したという韓国侵略戦争により日露戦争がはじまったこと(第Ⅰ部第4章に関連)などの新事実が明らかにされている。

〈日本軍常駐のはじまり〉　開戦の二週間後、日本軍のソウル占領下で、日本は韓国政府に「日韓議定書」を不法に押しつけた。以後、日本軍の韓国駐留や軍用地の臨機収用、鉄道敷設が強行された。まず、同年三月、韓国駐箚隊が韓国駐箚軍に改編(六個大隊半の兵力)され、本格的な常駐軍として駐屯することになった。駐箚軍隷下に憲兵隊も配置された。日露戦中に駐箚軍が軍事的支配を進め、軍用地の名目で広大な土地を収用した(龍山や鎮海など)。当初九〇〇〇名ほどの駐箚軍は、戦争終結時には二万八〇〇〇名にふくれあがった。

さらに軍事的な輸送力を増強するため、朝鮮半島を縦貫する鉄道敷設が強行された。日清戦時から中国大陸に向かう鉄道敷設が着手されたが、日露戦中の一九〇五年五月に京釜線（ソウル—釜山）、戦後の〇六年四月に京義線（ソウル—新義州《シニジュ》）、〇五年六月に馬山線（京釜線三浪津《サムナンジン》駅より馬山に分派）が開通した。軍用鉄道建設は、土地強制収用・労働力徴発を伴ったため、朝鮮民衆の反発は激しく、抗日義兵は鉄道攻撃をした〔鄭在貞《チョンジェジョン》二〇〇八〕。

一方、日露戦争を通じて、またしても日本軍将兵の性病問題が引き起こされた。辛〔前掲〕によれば、朝鮮駐屯日本軍の場合、開戦初期に性病が多く発生した。一九〇四年五月の鴨緑江《アムノッカン》戦闘を前に、日本軍が仁川、ソウル、鎮南浦、平壌など売春業の盛んな地域に駐屯したことと無関係ではないとする。性病患者比率は、朝鮮駐屯軍が最も高い（第Ⅰ部第1章）。なお、同じく戦場となり日本の支配下に入った関東州でも、一九〇五年初に日本の公娼制の法的枠組みが移植され、満洲沿線地域の日本人居留地域に拡散・確立していく〔藤永一九九八〕。

日露戦終結直後の一九〇五年十月、韓国駐箚軍に二個師団もの大軍（第十三師団、第十五師団）が対ロシア戦を想定して、朝鮮北部に重点的に配備された。同年十一月に韓国の外交権を剝奪し保護国化する「第二次日韓協約」（乙巳保護条約）が強要され、統監府が置かれた。統監が内政を完全掌握する「第三次韓日協約」締結（一九〇七年七月）をきっかけに、朝鮮各地では抗日武装義兵と韓国駐箚軍との間に韓国征服戦争というべき激しい戦闘が繰り広げられた。高宗が保護条約の批准を拒否した（諸外国にも無効を訴えた）まま退位したため、同条約が成立要件を欠く欠陥条約だった〔金文子前掲〕ことは見逃せない。

日露戦とその勝利で朝鮮での軍事的占領・支配が進むなか、朝鮮各地への日本人男性移民が急増した。木村健二〔二〇〇二〕によれば、朝鮮各地で次々と開港場が新設され、当時の日本のジャーナリズムが朝鮮渡航による「成功」を煽動するなか、とくに日露戦争から「韓国併合」までの間に、被雇人から独立営業者へのしあがるビジネスチャンスや銀行・会社員などへの「優遇賃金」（外地手当など）に惹かれて、日本から渡航者が急速に増えた。たとえば、商家などの被庸人から朝鮮で独立営業者となったものは、二十代がもっとも多く、日露戦争以降に朝鮮に渡った者が多かったという。青壮年層の日本人男性たちである。

〈**「占領地遊廓」の拡大**〉こうしたなか、日本人売春業はさらに膨張する。ソウルでは、日露戦さなかの一九〇四年十月に居留民会の主導で財政確保を名目に、「特別料理店」方式の新町《しんまち》遊廓が開業した。日本軍の集結が予定されたソウルの龍山にも、一九〇六年に桃山遊廓（のちの弥生町遊廓）がはじまった（第Ⅰ部第1章）。また、朝鮮北部に日本軍が重点的に配備され、京義線が開通し「満洲」や朝鮮北部に向かう日本人が増えた。これに伴い売春業者の移動も増加し、羅南、元山、会寧にも早い時期から「特別料理店」が開業した（第Ⅱ部）。保護国化に伴い、各開港場では領事館にかわって理事庁が開設された。一九〇五年に「居留民団法」が公布され、翌〇六年には各地に居留民団が設立された。これらの居留民団は、ソウルの新町遊廓の「成功」に刺激されて、財政確保を名目に遊廓設置に動いた（群山に関しては〔金富子二〇一〇〕）。

植民地都市に置かれた各理事庁は、一九〇六〜一〇年に日本人営業者向け取締法令として「料理店（料理屋）取締規則」「飲食店規則」「芸妓取締規則」「酌婦取締規則」を発布し、この時期に続々と事実上の貸座敷が公許された。料理店に「特別」「乙種」「第二種」の名を冠させ、娼妓を「二種（乙種）芸妓」と呼称したが、その内実は貸座敷・娼妓にほかならず、各地に営業地域＝遊廓を設置し、集娼制を実施するものだった。「特別料理店」方式の「占領地遊廓」にほかならない。にもかかわらず、『統監府統計年報』では「貸座敷」「娼妓」の名称が使われているので、「頭隠して尻隠さず」である。この性売買方式が、「併合」後の「貸座敷娼妓取締規則」の制定（一九一六年）まで続くことになる。

「韓国併合」（一九一〇年）時の朝鮮在留日本人数は、約一七万一〇〇〇人だった。これは、当時の日本人の海外在留者なかで最多の規模だった〔木村前掲〕。このうち男性約九万二〇〇〇人／女性約七万八〇〇〇人と男性が多

表1　職業別（本業）朝鮮在留日本人数（1910年12月末）

職種	男性数	男性職業比率	女性数	女性職業比率	合計
官吏	8,214	14.2%	5	0.1%	8,219
教員	676	1.2%	93	1.1%	769
公吏	1,228	2.1%	0	0.0%	1,228
新聞及雑誌記者	186	0.0%	0	0.0%	186
神官	25	0.0%	0	0.0%	25
僧侶及宣教師	162	0.3%	1	0.0%	163
弁護士及訴訟代理人	79	0.7%	0	0.0%	79
医師	397	0.7%	4	0.0%	401
産婆	0	0.0%	171	2.0%	171
農業	2,518	4.3%	261	3.1%	2,779
商業	15,877	27.4%	1,084	12.8%	16,961
工業	6,520	11.2%	137	1.6%	6,657
漁業	2,125	3.7%	213	2.5%	2,338
雑業	12,336	21.3%	1,517	17.9%	13,853
芸娼妓酌婦	0	0.0%	4,093	48.2%	4,093
労力	6,251	10.8%	578	6.8%	6,829
無職業	1,443	2.5%	341	4.0%	1,784
合計	58,037	100.0%	8,498	100.0%	66,535

出典）『朝鮮総督府統計年報』1910年度より作成。
注）1．原文表に「本業」と「家族」の掲載があるが、「本業」のみを表示した。
　　2．「本業」に「家族」を足すと、男性92,751人、女性78,762人、合計171,543人である。

かったが、これは家族を含めた人数である（表1注2参照）。男性数は、後述する日本軍将兵を含めるとさらに増える。初期日本人社会は、男性過剰だった。次に、職業別（本業）もみよう。表1によれば、男性（五万八〇三七人）の場合は商業二七・四%、雑業二一・三%、官吏+公吏一六・三%、女性の場合（八四九八人）は「芸娼妓酌婦」四八・二%、雑業一七・九%、商業一二・八%の順である。朝鮮に在留した日本人女性（本業者）の半数は、「芸娼妓酌婦」（四〇九三人）だった。初期の在朝日本人男性社会がいかに「買春」に依存していたかがわかる。

こうした既成事実のうえで、「併合」後の一九一四年四月にソウル・釜山などに府制が実施された。都市部にあたる府には、日本人街を中心部に置く植民地都市が発展をとげ、遊廓が繁栄していくのである。

(2) 植民地軍としての日本軍と男性集団

朝鮮への日本式性売買の移植と普及には、日清・日露戦争と朝鮮に駐屯する日本軍の増強が決定的な役割を果たした。次の年表は、朝鮮開港から日露開戦までの日本軍の朝鮮駐屯の展開である〔柳漢喆《ユハンチョル》一九九二、徐民教《ソミンギョ》二〇一五〕。

【日本軍の朝鮮駐屯に関する年表（朝鮮開港から日露開戦まで）】

一八八〇年十二月　日本公使館開設時に日本軍六名を派遣

一八八三年九月　済物浦条約（一八八二年八月）により「公使館守備隊」名義で一個大隊（二個中隊で構成）が駐屯。その後、日本公使の建議により、二個中隊を一個中隊に減縮

一八八五年一月　漢城条約により一個大隊駐屯

一八八七年四月　天津条約により「公使館守備隊」撤収

一八九四年七月　日清戦争を契機に、釜山守備隊、仁川兵站守備隊、龍山兵站守備隊、京城守備隊、臨津鎮独立支隊、元山守備隊の名称で、日本軍守備隊が駐屯

一八九五年四月　下関条約（日清戦争の講和条約）により、日本軍の朝鮮駐屯の法的根拠は消えるが、同上の守備隊が不法に駐屯

一八九六年五月　小村寿太郎―ウェーバー覚書により「韓国駐箚隊」名義で歩兵四個中隊と憲兵二〇〇名駐屯。電信線と居留民保護の名分で。
一九〇三年十二月　韓国駐箚隊司令部を設置（ソウル）
一九〇四年四月　日露開戦を契機に、韓国駐箚軍に編制（主にソウル、釜山、仁川、元山などに配置）

日清戦後の一八九六年五月、日本軍は韓国駐箚隊として駐屯した。韓国駐箚隊は一個大隊兵力（約五七〇名）をそのまま引き継ぎ、釜山・元山に各一個中隊（約一三六名）、ソウルに二個中隊を駐屯させた。こうした日本軍の存在が、初期の朝鮮侵略と日本人移民を支えた。

日本軍の朝鮮常駐は、一九〇四年二月の日露開戦による韓国駐箚軍司令部の設置からはじまり、一九四五年八月の日本敗戦とソ連軍・米軍による武装解除で終わる。その間に「韓国駐箚軍」（一九〇四年～）、「朝鮮駐箚軍」（一九一〇年～）、「朝鮮軍」（一九一八年～）、「第十七方面軍」（一九四五年二月～）などと改称した。ただし、二個師団を擁する朝鮮軍への正式な改称は一九一八年六月だが、両師団司令部の創設が閣議決定されたのは一五年十二月、編制と配備は一六年四月から第十九師団、一九年四月から第二十師団の順で行われた（～二一年四月）。

見逃せないのは、一九一〇年代の武断政治期に憲兵警察制度が朝鮮支配の根幹に置かれたことだ。この制度は、軍事警察である憲兵（＝日本軍）が民衆の日常生活に関わる普通警察の業務を担うというものであり、性管理の政策や取締も含まれた。また、占領地遊廓から植民地遊廓への政策的な展開でも重要な意味をもった。

朝鮮軍は、天皇に直隷（直接に所属）して、在朝鮮陸軍部隊（朝鮮南部憲兵隊除く）を統率した。朝鮮軍の中核を担った両師団は、咸鏡《ハムギョン》南北道と江原道を集中的に管轄した第十九師団（司令部は朝鮮北部の羅南《ラナム》）、それ以外の朝鮮半島を広く管轄した第二十師団（司令部はソウル龍山《ヨンサン》）であり、その隷下にある歩兵連隊や特科部隊が朝鮮各地

表2　朝鮮軍（第19師団・第20師団）の常備団体配置（1922年９月）

<table>
<tr><td colspan="4">朝鮮軍司令部（龍山）</td></tr>
<tr><td rowspan="8">第19師団
司令部
（羅南）</td><td rowspan="2">歩兵第37旅団
（咸興）</td><td>歩兵第73連隊（羅南）</td><td>1916年４月18日軍旗授与</td></tr>
<tr><td>歩兵第74連隊（咸興）</td><td>1916年４月18日軍旗授与</td></tr>
<tr><td rowspan="6">歩兵第38旅団
（羅南）</td><td>歩兵第75連隊（会寧）</td><td>1920年10月15日軍旗授与</td></tr>
<tr><td>歩兵第76連隊（羅南）</td><td>1920年10月15日軍旗授与</td></tr>
<tr><td>騎兵第27連隊（羅南）</td><td>1916年４月18日軍旗授与
1940年から捜索第19連隊に改編</td></tr>
<tr><td>野砲兵第25連隊（羅南）</td><td>1916年４月１日創設、1935年12月から山砲兵第25連隊と改称</td></tr>
<tr><td>工兵第19大隊（会寧）</td><td>1936年６月から連隊と改称</td></tr>
<tr><td></td><td></td></tr>
<tr><td rowspan="8">第20師団
司令部
（龍山）</td><td rowspan="2">歩兵第39旅団
（平壌）</td><td>歩兵第77連隊（平壌）</td><td>1916年４月18日軍旗授与</td></tr>
<tr><td>歩兵第78連隊（龍山）</td><td>1916年４月18日軍旗授与</td></tr>
<tr><td rowspan="2">歩兵第40旅団
（龍山）</td><td>歩兵第79連隊（龍山）</td><td>1916年４月18日軍旗授与</td></tr>
<tr><td>歩兵第80連隊（大邱）
第１大隊（大邱）
第２大隊（大邱）
第３大隊（大田）</td><td>1916年４月18日軍旗授与</td></tr>
<tr><td rowspan="4"></td><td>騎兵第28連隊（龍山）</td><td>1916年７月９日軍旗授与</td></tr>
<tr><td>野砲兵第26連隊（龍山）</td><td>1929年から高射砲隊のみ平壌へ</td></tr>
<tr><td>工兵第20大隊（龍山）</td><td>1936年６月から連隊と改称</td></tr>
<tr><td>飛行第６連隊（平壌）</td><td>1920年創設</td></tr>
</table>

出典）庵逧由香〔2015〕。
注）（　）内の地名は、師団・旅団は司令部所在地、部隊は衛戍地。

に配置された。この両師団を統率したのがソウル龍山に置かれた朝鮮軍司令部だった。朝鮮軍の使命は、朝鮮の「治安」維持と中国・ロシア（ソ連）との国境防備にあった。三・一運動（一九一九年三月）の衝撃を経て、一九一九年八月に朝鮮総督府官制が改正され、朝鮮軍の指揮権は朝鮮総督ではなく朝鮮軍司令官に帰属することになった〔庵逧由香二〇一五〕。

日露戦争以後の日本軍常駐化と朝鮮軍設立にいたる経緯は第Ⅰ部・第Ⅱ部でそれぞれ論じるが、表2は一九二〇年代前半の朝鮮軍第十九師団・第二十師団の配置である。

「朝鮮軍」と呼ばれても、実際は日本各地から徴集された日本人男性現役兵で構成された。西欧の植民地軍（この場合イギリスとフランス）が本国の長期勤務の派遣兵と植民地原住民出身の傭兵から構成されたのに対して、日本の植民地軍は「すべて本国の徴兵による現役兵を充当」（朴延鎬《パクヨンホ》二〇〇五）させたのが特徴だった（憲兵隊の朝鮮人補助員を除く）。朝鮮で兵役を終えて、朝鮮に定着する日本人男性も出てきた。彼らは民間から朝鮮支配を支えた。

このように、日本軍将兵という日本人男性集団が、戦争と軍事的占領、植民地支配を通じて朝鮮半島に一定期間滞在した。植民地軍の常駐化は、買春と性病問題を引き起こし、朝鮮各地の遊廓設置や性管理政策の大きな原動力になったのである。

近代日本の遊廓と軍隊—性病とセクシュアリティの国家管理

朝鮮にもちこまれた近代日本の遊廓と軍隊、性病管理に関して、簡単に振り返ろう（大川二〇〇五、大日方一九九二、早川二〇〇五、藤野二〇〇一、宮崎二〇〇五）。

近代日本の公娼制は、明治政府が出した一八七二年「芸娼妓解放令」、翌七三年の東京府による「貸座敷渡世規則」「娼妓規則」「芸妓規則」等の制定により近代法的な装いをもった。これらにより、人身売買は禁止されたが売春自体は禁止されず（「芸娼妓解放令」）、娼妓の「自由意思」（「本人真意」＝「娼妓規則」第一条、「十五歳以下」不可）による登録（鑑札）を認め、業者は娼妓に営業の場所を貸し（貸座敷）、営業を貸座敷に限定する（同第三条）というタテマエをとり、同六条で娼妓に（性病）検査受診を義務づけた。登録制にしたのは、娼妓を個別に管理して、当時恐れられていた性病（梅毒）検診を強制するためだ。それまでの遊女は娼妓に、遊女屋は貸座敷に、人身売買は前借金に名称がかえられた。

貸座敷区域とは、府県知事が指定して貸座敷営業を認めた一定区域をさす。法律上の公的な名称である貸座敷区域に対し、当時普及していた遊廓は戦後まで使われ続けた。公娼制の特徴は、貸座敷区域（遊廓）に娼妓たちを集団的に囲い込み、人身を拘束管理する集娼制にある。登録により貸座敷で売春を行う女性は公娼とされ、駆梅院《くばいいん》など性病検診施設で定期的な性病検査を強いられた。登録せず売春を行う女性は私娼とされた（検査対象外）。

一八七六年、以上を直接担当し許認可や取締りをする機関は、警視庁（東京府の場合）と警察庁（各府県）になった。警察は、公娼を許可地に囲い込んで統制する一方、私娼を取り締まった。こうして法令と警察統制の体制を整えて、一八七六年に近代公娼制確立の前提条件を成立（大日方前掲）させた日本は、五年後にこれを朝鮮（釜山など）に持ち込んだのである。

芸妓・酌婦はどうだったのか。芸妓とは宴席で歌舞音曲を演ずる女性、酌婦は料理店や飲食店などで飲食をもてなす女性をさす。芸妓は前掲「芸妓規則」により鑑札料が徴収され、娼妓類似行為を禁じられた。しかし、芸妓も、のちに姿を表す酌婦も、娼妓との境界は曖昧であり、実質的に売春を営む接客女性とみなされたりした。

一九〇〇年十月、内務省がはじめて全国統一的な「娼妓取締規則」を制定し、「十八歳未満」は不可とし、娼妓名簿登録制に基づき、この名簿削除申請により娼妓の自由廃業を認め、娼妓の居住・外出の制限、性病検査の強制、面接・通信・文書閲覧の自由、金銭賃借帳の保持などを規定した。しかし、自由廃業もタテマエにすぎず、前借金契約の返済義務があったので、実際の廃業は難しかった。娼妓に外出の自由が認められたのは一九三三年だ。

男性の性欲は止められないという「男性神話」を不動の前提に男性の「買春」を自明視する一方、女性の「自由意志」という近代法的な装いのもと、実際には女性を奴隷的に拘束して強制的な性病検査をかし、「隔離された安全な性売買地帯」（＝遊廓）を提供したのが、近代日本の公娼制だった。男性の性的享楽を女性の人権よりも優先させる仕組みが、国家的につくられたのである。

一方、明治政府は、徴兵制（一八七三年徴兵令布告）を通じて男性の性も管理した。戦前の日本では、満二十歳に達した青年男子（壮丁）は徴兵検査が義務づけられた。政府は、性病まん延を防ぐため、性病予防キャンペーンを行い、夜這いはタブー化され、ムラ社会の性規範が変わった。青年男子の徴兵検査前の性経験が減り、初交年齢が引き上がった。徴兵検査場での性病検査は、威圧的だった。徴兵検査後に、彼らははじめて買春にはしり、性経験をした〔吉田裕二〇〇二〕。つまり、近代日本の軍隊は、成人男子と遊廓などでの買春を結びつけたのである。

日本各地の師団や歩兵連隊などの兵営所在地には、当然のように遊廓が設けられた。「娼妓取締規則」が制定された同じ一九〇〇年に、内務省警保局は貸座敷免許地を設ける標準として、戸数二〇〇〇戸、人口一万人以上の市街地を第一条件とする内規を定めて通知した。ところが、「兵営所在地・船着場其の他特別の事情あるものは、此の限に在らず」という但し書きがついた。兵営所在地での遊廓設置が例外的に認められた。ここでも、「軍隊に買春はつきもの」という「男性神話」が浮かび上がる。この内規には、遊廓設置の条件として私娼による弊害除去もあげられた。私娼が〝性病の感染源〟として警戒されたからだ〔松下孝昭二〇一三〕。

ところで、当時、性病の代名詞は梅毒だった。梅毒は近世から日本を含む世界中でまん延し、不治の病と恐れられた。日本最初の検梅（性病検査）は、一八六〇年に長崎でロシア艦隊により遊女を対象に行われた。さらに英国公使館の働きかけで、一八七六年に内務省達により全国的な検梅の制度化がはかられた。この内務省達では「娼妓売淫」が梅毒の源とされ、強制検査の対象にされた。公娼の賦金で、梅毒病院が全国的に設立された。梅毒に関して安全な公娼／危険な密売淫（私娼）という区分がなされ、日本人医師養成や医療技術を含む近代的な性管理・統制制度の第一歩となった。英国本国では陸海軍兵士を性病から守るという名目で「伝染病予防法」（一八六四年）が制定されたが、これを背景とした英国公使館からの介入は、明治政府にとって「軍隊を性病検査から守る」という意識転換の第一歩となった〔大川前掲〕。つまり、娼妓への性病検査は、当初から軍隊擁護が目的だった。将兵の性病罹患は、兵力の低下を招くという懸念からだった。

世界史的にみると、一九〇五年に梅毒の病原体が発見され、翌〇六年に診断方法ワッセルマン反応が、一九一〇年に治療薬サルバルサンが開発された。それでも治療には数ヶ月以上を要し、効果も限定的だった。日本では日露戦後の一九〇五年、優生思想に基づく国策としての性病予防の観点から、「日本花柳病予防会」が発足した。二七年に「花柳病予防法」が成立し、芸妓や酌婦、その他の私娼が主な対象にされた〔藤野前掲〕。男性の性病患者数は女性より多いのが世界共通の現象だが、「花柳病」の名が示す通り、感染源の汚名はつねに女性にかぶせられた。梅毒の克服は、第二次大戦末期に英・米で特効薬ペニシリンが大量生産（民間利用は戦後から）されてからである〔福田・鈴木編二〇〇五〕。

軍隊と遊廓―日本と朝鮮の比較　さて、松下〔前掲〕は、日本国内の軍隊・地域・遊廓の関係について、次の四つを抽出した。①遊廓のなかった所に兵営が立地することで遊廓が新設されるケースで、地方の小都市に師団や連隊が置かれた場合に多い（佐倉、善通寺、久留米、村松、大村、篠山、都城《みやこのじょう》、小千谷《おじや》。海軍では横須賀、呉、佐世保、舞鶴、大湊、竹敷など）、②兵営の設置が決まったことで旧来の市街地にあった遊廓が周縁部などに移転されるケース（仙台、弘前、福知山、浜田、高田、豊橋、久居《ひさい》など）、③旧来の遊廓が軍隊の関わりで増設されるケース（日清戦争下の広島、旭川など）、④兵営は設置されたが遊廓が認められないケース（廃娼県などの場合。高崎、和歌山、水戸など）である。

とりわけ①のケースは、日清・日露戦後の軍拡により日本各地の諸都市が衛戍地《えいじゅち》（常時駐屯）となったことで遊廓がはじめて設置されたという点で、朝鮮半島の遊廓新設と同時代性をもつ。ただし朝鮮の場合は、そもそも日本の遊廓のような集娼制はなかったこと、さらに本書でみる朝鮮北部の羅南、ソウルの龍山、南部の鎮海《チネ》などのように、都市そのものが植民地軍である日本軍（陸軍・海軍）の駐屯を目的に設計・建設された軍都に遊廓が新設されたケースだったこと、この二点から前述の日本国内の四つのケースは、朝鮮半島の植民地都市には当てはまらないのではないか。朝鮮の軍都の貸座敷は軍人専用となる場合が少なくなく、軍慰安所的な性格を帯びていく。

　このように近代朝鮮に日本式性売買がもちこまれ、日清戦争、とくに日露戦争を決定的な契機として日本軍駐屯とともに展開した時期は、近代日本の遊廓設置と軍隊との密接な関係や性病管理技術がつくられた時期と重なる。しかし、新たに民族隔離的な植民地都市を形成しながら密売春や事実上の貸座敷が日本人居留地などにもちこまれ遊廓が形成されたこと、時期によりその名称や性格をたびたび変えたこと、植民地期を含む軍事占領下で行われたこと、朝鮮人を巻き込み朝鮮社会の性慣行を変化させたこと、憲兵隊（日本軍）が諸法令制定や取締を主導したこと（後述）、諸法令が日本国内のそれより劣悪な条件だったことなどは、日本国内の遊廓とは異なる植民地的な性格をもつ。ただし植民地遊廓は、羅南・龍山・鎮海のような軍都だけでなく、馬山などの朝鮮南部の商都にもつくられたので、詳しくは本論でみていきたい。

(3)　「植民地遊廓」の確立と日本人／朝鮮人娼妓たち

　朝鮮駐屯の日本軍の動向は、遊廓設置や後述する法制度整備に密接に関わる。確かに、日本人居留地の男性移民向け「居留地遊廓」にはじまり、日清・日露戦争と日本軍駐屯とともに各植民地都市でシステム化された「占領地遊廓」を通じて朝鮮人が公娼制に組み込まれ始めたが、一九一〇年代前半頃までの朝鮮社会に日本式の貸座敷業態はそれほど普及していなかった。また「併合」翌年の一九一一年から一三年にかけて一三道のうち八道の料理店・飲食店に対し新たな管理令を制定し取り締まりを始めたが、主に日本人営業者が対象だった〔藤永二〇〇四〕。諸法令が各道で異なり、適用法令や性風俗も民族別に違いがあったのである。

憲兵警察制度下の「植民地遊廓」の確立と朝鮮軍配備　一九一六年三月三十一日に朝鮮総督府は、私娼を擁する曖昧屋《あいまいや》と性病の流行を背景に、私娼厳禁の方針により、警務総監部令第四号「貸座敷娼妓取締規則」（以下、貸座敷規則。全文は巻末参照）を制定した。日本で使われた「貸座敷」「娼妓」がはじめて朝鮮で公式の法令名となり、民族を問わず管理の対象になった。その植民地的な特徴は、次のようなものであった〔宋一九九四〕。

(1)日本人・朝鮮人を問わず、娼妓の下限年齢が十七歳であり、日本国内より一歳若い。

(2)外出制限が厳しく、人身拘束がさらに強い。既婚女性は娼妓稼ができなくなった。

(3)日本の法令（娼妓取締規則）では娼妓による廃娼、通信、面接、文書、物件の所持、購買その他の自由が保障されたのに対して、朝鮮では業者の遵守項目に契約、廃業、通信、面接の妨害禁止が掲げられたにすぎず、娼妓は日本より劣悪な条件下に置かれた。日本で禁じた張店《はりみせ》（娼妓が店先の格子内に並んで客を待つこと）も禁止されなかった。

さらに、同日に発布された一連の接客業取締規則である「芸妓酌婦芸妓置屋営業取締規則」「料理店飲食店取締規則」「宿屋営業取締規則」とともに、全道統一的な法整備を行った（五月一日施行）。これらにより性売買は、貸座敷の娼妓のみに認められた。これ以降、各道の警務部は貸座敷営業地域（遊廓）を指定した。植民地公娼制（遊廓）の確立である。なお、日本の娼妓取締規則では娼妓名簿登録が明記されたが、朝鮮の貸座敷規則ではそうではないという違いがある。

見逃せないのは、貸座敷・娼妓の許認可などを直接担当する機関として、警察だけでなく憲兵（朝鮮駐箚憲兵隊）が含まれたことだ（同規則第一条・十六条など）。

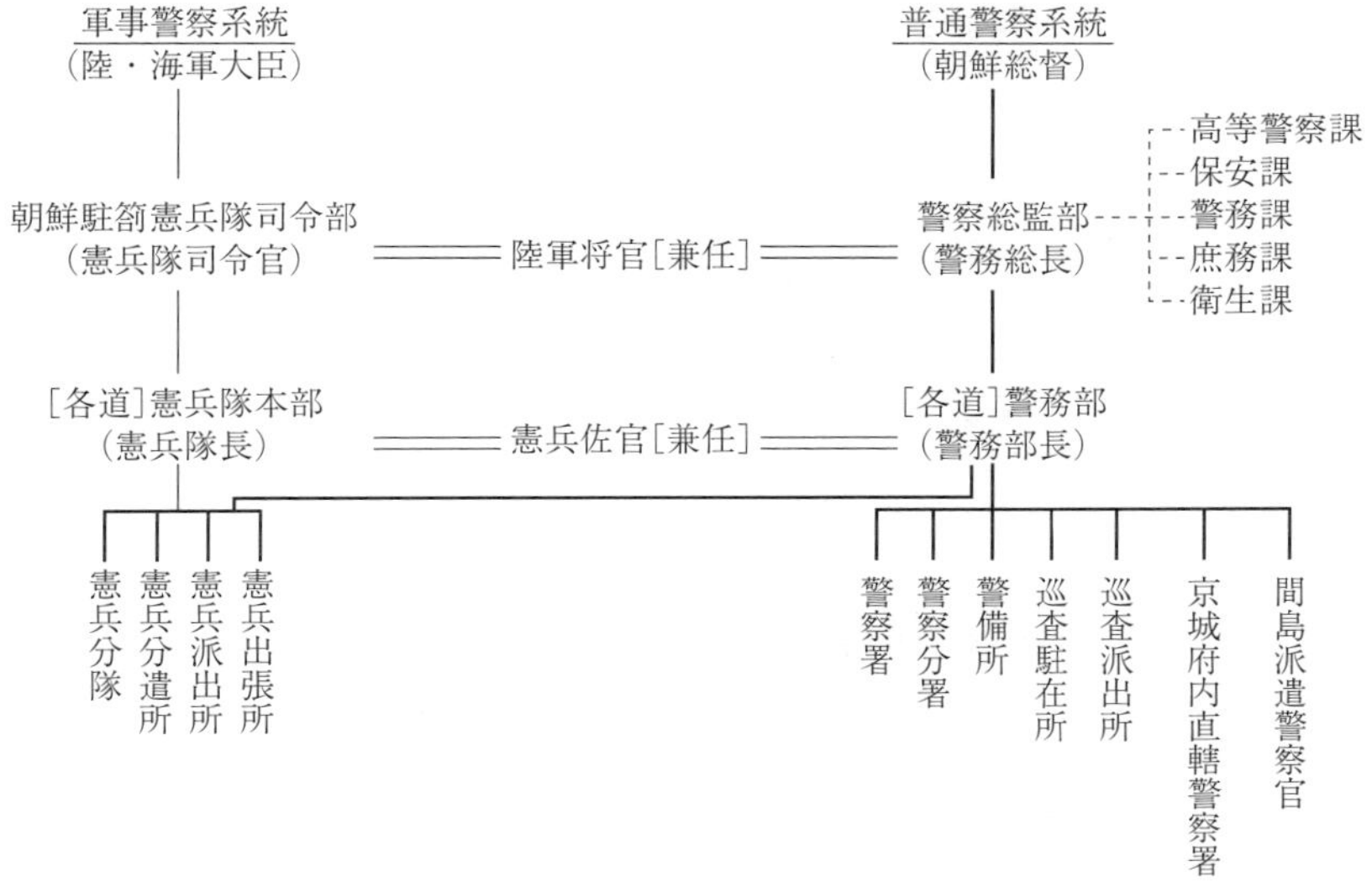

図１　憲兵警察機構（概略図）

出典）松田利彦〔2009〕。

注１）太い実線（━）は普通警察の指揮系統を、細い実線（―）は軍事警察の指揮系統を表す。また、＝は兼任を表す。

それはなぜか。一九一〇年代の武断政治下で、軍事色の強い憲兵警察制度が朝鮮支配の根幹だったことが密接にかかわる。図1が示すように、日本軍の組織（軍事警察）である憲兵に、普通警察事務を行う権限を与えられた。軍事警察系統については陸海軍大臣の指揮を、普通警察系統については朝鮮総督の指揮をうけた。中央で憲兵隊司令官が警察機構のトップである朝鮮総督府警務総長を兼ね、地方では各道の憲兵隊長が各道の警務部長を兼ねた。この時期の朝鮮の憲兵隊は、日本「内地」や朝鮮以外の各憲兵隊とも大きく異なる強い権限をもつ、朝鮮独自の軍事組織だった〔松田前掲〕。

初代の朝鮮総督府警務総長はこの制度をつくった朝鮮駐箚憲兵隊司令官明石元二郎《あかしもとじろう》（小将、表3）であり、「併合」前後から性管理政策を主導した。そもそも明石は、韓国駐箚憲兵隊長、韓国駐箚軍参謀長をつとめて義兵鎮圧を指揮し、韓国駐箚憲兵隊司令官になったあとは憲兵警察制度に

表3　1910年代憲兵警察制度下の朝鮮総督府警務総長（警務総監部）

朝鮮総督	氏名	任官年月	免官年月	前職	後職
寺内正毅（1910.10.1）	明石元二郎	1910年10月	1914年４月	1907.10.3第14憲兵隊長→1907.10.9韓国駐箚憲兵隊長→1908.12.21韓国駐箚軍参謀長→1910.6.15（兼）朝鮮駐箚憲兵隊司令官	参謀次長
	立花小一郎	1914年４月	1916年４月	1912.9.28朝鮮駐箚軍参謀長→1914.4.17（兼）朝鮮駐箚憲兵隊司令官	1916.4.1第19師団長（〜1918.7.24）
長谷川好道（1916.10.14）	古海厳潮	1916年４月	1918年７月	1914.4.17 朝鮮駐箚軍参謀長→1916.4.1（兼）朝鮮駐箚憲兵隊司令官	第17師団長
	児島惣次郎	1918年７月	1919年８月	1918.7.28（兼）朝鮮駐箚憲兵隊司令官	1919.8.20朝鮮憲兵隊司令官→ハサレン州派遣軍司令官（1920〜）

出典）岡本真希子〔2008〕および宮本正明〔2004〕より作成。

よる武断政治を推し進めたエリート軍人だった（のちに台湾総督に就任）。

さらに貸座敷規則を制定したのは、二代目の朝鮮総督府警務総長（＝朝鮮駐箚憲兵隊司令官）の立花小一郎《こいちろう》だった（小将、表3）。立花は、第一軍参謀長、清国駐屯軍参謀、第四軍参謀副長、大本営参謀、近衛歩兵第一旅団長などを経て、一九一二年九月から朝鮮に渡って朝鮮駐箚軍参謀長をつとめ、一九一四年四月に、同郷の明石の後任として第二代目の朝鮮駐箚憲兵隊司令官に就任した生粋のエリート軍人だった。しかも、立花は、朝鮮総督府警務総長として一九一六年三月三十一日付けで貸座敷規則等を出した直後の同年四月に、ソウルの龍山で編制された第十九師団長（中将）になっている（図2）。

つまり、実際に同規則を制定したのは日本軍の組織である憲兵隊であり、それ自体が朝鮮軍（第十九師団）の配備と密接にかかわっていたのである（同師団は一九一九年に羅南に移動）。

近代日本の公娼制では、普通警察が監督取締りを

図2　1916年4月、「新設された第19師団が龍山に入るところ（上図は立花小一郎第19師団長）」（『朝鮮及満洲』1916年5月の口絵）その直前の同年3月、立花は朝鮮総督府警務総長（兼朝鮮駐劄憲兵司令官）として「貸座敷娼妓取締規則」等を制定した。

行なった。しかし、朝鮮では普通警察とともに軍事警察である憲兵（日本軍）が登場した。むしろ憲兵が普通警察を指揮して、性管理を含む民衆の日常生活を統制した。ここに軍事支配を本質とする朝鮮植民地支配の特徴がある。

さらに、ソウル以外では随時だった娼妓の健康診断（性病検査）が全道的に定められたことも注目される。とくにソウルでは日本人娼妓に「五日毎」に行われた。これは一九一六年四月から朝鮮軍の配備が始まったことと密接に関係していて、将兵の「健康」が危険にさらさないよう性病対策が重視されたからだ。その意味で、先述した植民地的な特徴に、

(4)憲兵警察制度の下で、監督取

締機関として警察とともに憲兵（＝日本軍）が介入し、性病検査の徹底が定められた。という項目を追加できよう。

つまり、朝鮮の場合、第一次世界大戦が画期〔藤永二〇〇五ａ〕というよりも、一九一六年四月に始まる朝鮮軍（第十九師団）のソウル龍山などへの配備が植民地公娼制確立の決定的なきっかけになったのである。

また、芸妓・酌婦は、前掲「芸妓酌婦芸妓置屋営業取締規則」によって飲食店・宿屋での営業が禁止されたが、申請時に健康診断が課された（実態的には私娼が繁昌した）。この法規にも監督取締機関として、警察とともに憲兵が登場する。なお、憲兵警察制度は、三・一運動をきっかけに一九一九年八月に廃止され、それ以降は普通警察制度になった。

一方、「朝鮮人娼妓の稼を目的とする貸座敷営業者」に対しては、「当分の間」営業地域指定の適用除外を定めた（貸座敷規則第四十二条）。しかし実際は、ソウルなど朝鮮各地で遊廓の再編成（移転・拡張・新設・廃止）と集娼化政策が行われた。また「芸妓」に妓生が含まれ、それまでの業態である自宅での接待が禁じられた（芸妓酌婦芸妓置屋営業取締規則第一・四条）。一連の諸規則をきっかけに、朝鮮独自の接客女性や業態が、日本式の「娼妓」「芸妓」「酌婦」や日本式業態にカテゴライズされたことも重要な変化である。

以上の、性病との関連で売春女性を管理する日本の性政策は、兵士／男性の買春の当然視（＝男性神話）が前提になっている。だが、普遍化できないことに留意が必要だ。林博史〔二〇一五〕によれば、同時代である一九一〇年代の米軍は兵士の買春を不道徳な行為だと強調し、兵士に性病を含む身体検査をして性病罹患者を処罰することなどを規定して、兵士を管理して買春させない対策をとっていたからだ。

オーラルヒストリーのなかの日本人娼妓　ところで、こうした法・制度に含まれない、次のような性売買が展開したことも見逃せない。たとえば、一九〇〇年代に行われた馬山の軍用鉄道工事、鎮海湾の軍港工事、鎮海の軍都化の工事などには、労働者向けにきまって日本人の売春業者・女性が現れた（第Ⅰ部第4章参照）。また、先駆的なオーラルヒストリーとして知られる森崎和江『からゆきさん』（一九七六年）には、「併合」後も活発だった朝鮮鉄道敷設工事に関係して、朝鮮に渡った「からゆきさん」おキミのライフ・ヒストリーが出てくる。

一八九六年に天草に生まれたおキミは幼い頃に見せ物小屋の養女にされたが、「明治末年、十六歳のとき」（一九一二年）に斡旋業者の李慶春の養女となり、一四人の娘とともに朝鮮に渡った。養女という形態の人身売買が行われていたこと、また十六歳という年齢が日本国内の「娼妓取締規則」の「十八歳未満の者は娼妓たるを得ず」に抵触するので、そうした眼の行き届かない朝鮮に渡ったと推測される。おキミたちは、国境沿いの鉄道敷設の工事現場の先々に設けられた山小屋や温突部屋などを娼楼がわりに、工夫（労働者）の相手をさせられた。娼楼となった温突部屋には、日本人工夫相手、朝鮮人工夫相手、梅毒で「商売」ができなくなった者が入る三つの部屋があり、おキミは朝鮮人相手をした。どの部屋にも日本人少女がいたが、公認された娼妓ではなかったのだろう。また同書には、朝鮮人男性が「性欲をみたす」ためでなく「日本人への憎悪」をぶつけるため、「家や土地を売り、山を越えて日本人の女を買いにくる」という描写がある。

京釜線・京義線、咸鏡線などは、朝鮮総督府管轄の国有幹線鉄道であった。初期に敷設工事を担った韓国の土木会社は駆逐され、日露戦争前後には日本の土木会社が独占した〔鄭在貞二〇〇八〕。おキミの娼楼近くの現場で土木工事を遂行した朝鮮鉄道請負業阿川組とその下請け業を担ったのも、日本人だった。森崎は、京釜線敷設工事中の一九〇四年におキミらのような「鉄道関係者専属の娼妓がいた」こと、おキミの娼楼が鉄道工事と密接に関わって工事場のすすむ先々に移動したことから、日本人出資者の下で李が「娼楼をいとなんでいた」と推察している〔森崎前掲〕。日本人経営者と朝鮮人中間業者の主―従関係は、後の日本軍「慰安婦」制度での日本軍と朝鮮人中間業者の主―従関係を彷彿とさせる。

移動式の性売買施設のなかで二年もたつと、おキミは新入りの面倒をみる立場になり、十九歳で身うけされて娼楼を営まされた。彼女の日課は、少女たちの体調管理と性病管理だった。おキミは、一九二〇年に中国領と国境の接する咸鏡北道の咸鏡線建設工事（一九一四〜二八年）にもしたがったが、国境の町々には「日朝華露の娼家」（ロシア人女性はロシア革命によって流れてきた）が並んだという。植民地のインフラ建設に従事する日本人・朝鮮人男性労働者の管理のために、日本人女性など多民族の女性たちの身体が使われたのである。

植民地遊廓―「買春する宗主国男性」と「売春する宗主国／植民地女性の身体」

この章の最後に、植民地社会における遊廓の広がりを統計からみてみよう。

まず、図3は統計に現れた民族別の貸座敷業者数の推移である。「併合」から一九一〇年代半ばまでに朝鮮人業者数は日本人業者数を上回るが、植民地遊廓が確立する一九一六年前後から二〇年間は日本人業者数が朝鮮人業者数をつねに上回っている。ところが日中全面戦争以降の一九三八年頃から逆転する。次に、図4は民族別の娼妓数の推移である。日本人娼妓数もまた朝鮮人娼妓数をつねに上回るが、一九三九年に逆転する。

このように、植民地支配期という長いスパンでみた場合、戦時期（日中戦争以降）を除いて、貸座敷業者数や娼妓数に関しては日本人が優勢であった。

なお一九二九年に調査された表4の全道の遊廓指定地二五ヶ所平均（実際は二八ヶ所）をみると、貸座敷営業者の六割は日本人、娼妓の六割弱が日本人、遊興人員の八割は日本人、遊興費の九割を日本人（男性）が占めた。一人当たりの遊興費も、日本人男性は朝鮮人に比べ約二倍だった。

一方、図5は、娼妓も含めた民族別の「接客女性数（娼妓・芸妓・酌婦の合計）」の推移である。これをみると、

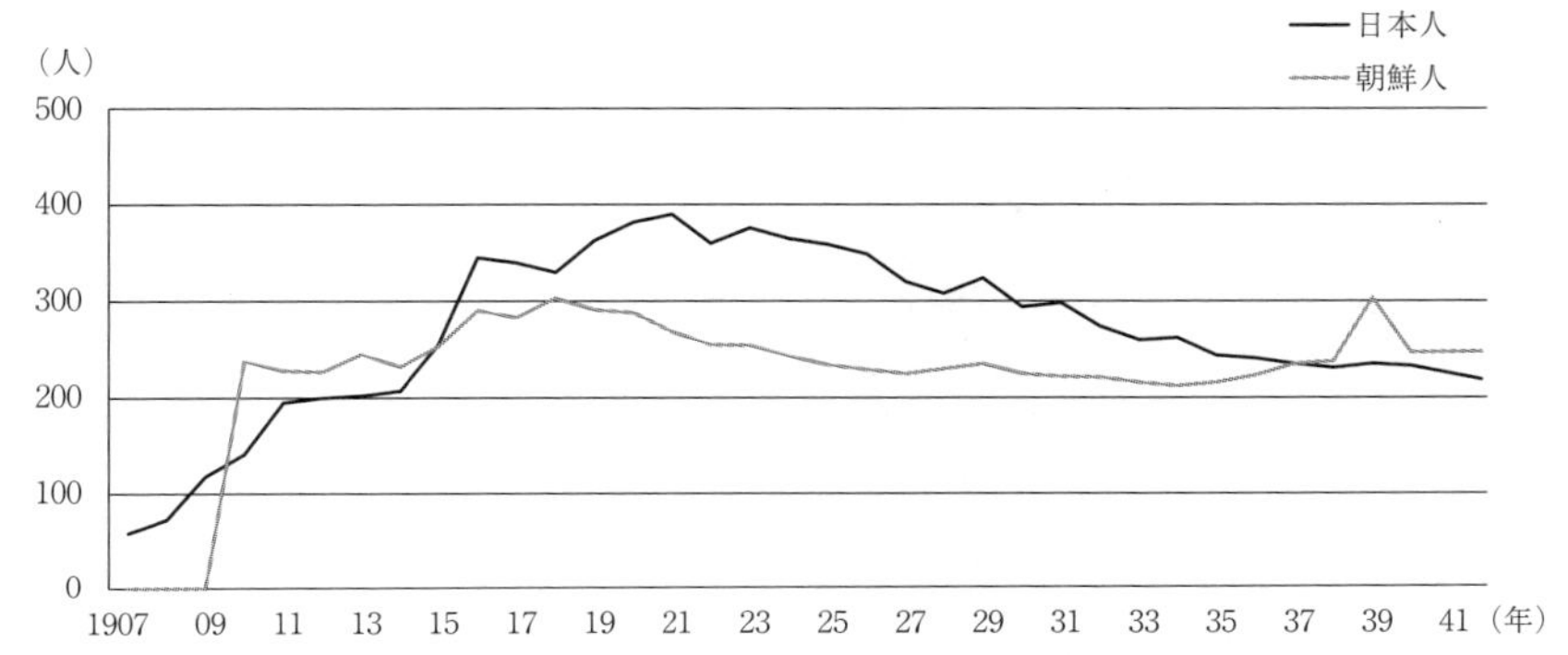

図3　民族別の貸座敷業者数の推移

出典）「警察上取締営業」『統監府統計年報』『朝鮮総督府統計年報』各年度版より作成。

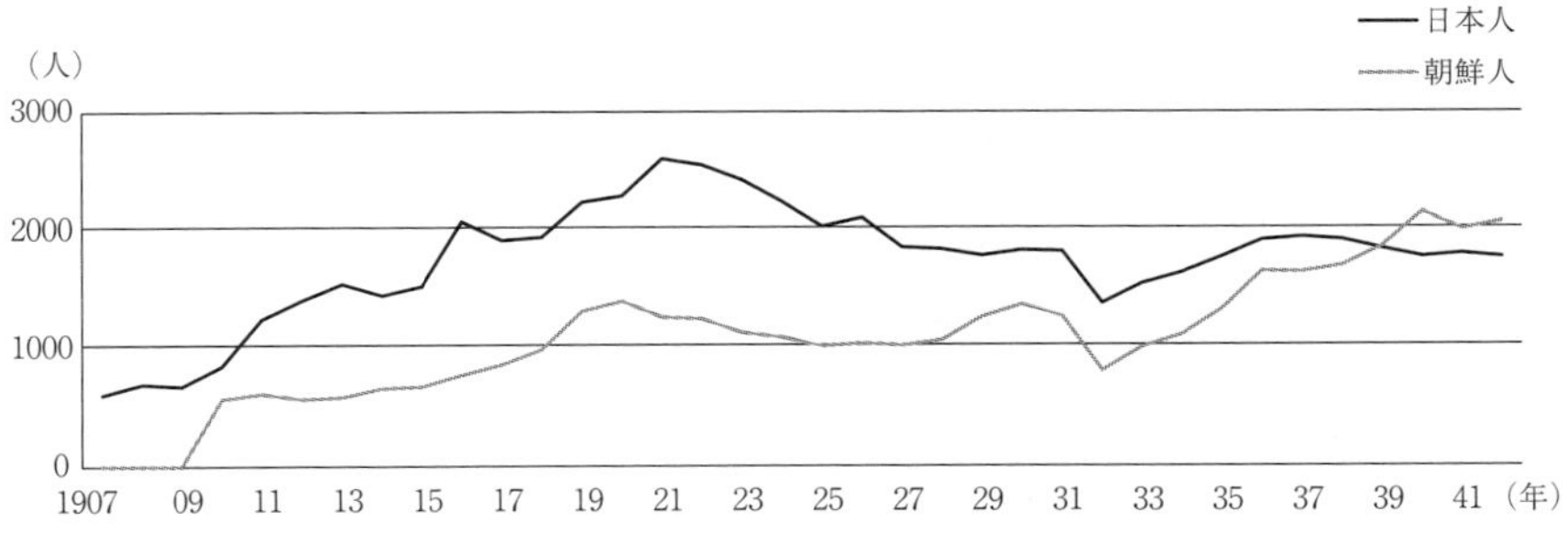

図4　民族別の娼妓数の推移

出典）図3に同じ。

注）1．1919年は「警察上取締営業」に娼妓数の記載がないので、「健康診断」の数字をつかった。
　　2．外国人は省略した。

一九二〇年代後半までは日本人接客女性が朝鮮人のそれをつねに上回ったが、はやくも一九二九年以降に逆転して、朝鮮人接客女性数が増加した。私娼も入れると、実際はさらに多かったであろう。日中戦争前後から日本人接客女性数も増えるが、朝鮮人接客女性数はそれ以上に激増していることが目をひく。

以上のように、貸座敷業者数・娼妓数は植民地期を通じて日本人が朝鮮人より多かったが、朝鮮人接客女性数は一九三〇年前後から逆転していったのである。ただし、在朝日本人／朝鮮

表4　全道25ヶ所の遊廓所在地別の遊客調べ（1929年）

所在地		営業者		娼妓数		遊興人員		遊興費(円)		一人当りの遊興費(円)	
		日	朝	日	朝	日	朝	日	朝	日	朝
全道25ヶ所合計		312	216	1,900	1,385	450,315	110,683	3,587,693	436,459	8	3.9
	日朝比	59.10%	40.90%	57.80%	42.20%	80.30%	19.70%	89.20%	10.80%		

出典）宋連玉〔1994〕より抜粋して一部作成。原典は『廓清』1931年10月号・11月号。

注）宋〔同前〕によれば、1929年の遊廓指定地28ヶ所のうち京畿道2ヶ所、慶尚南道1ヶ所が記載されていない。

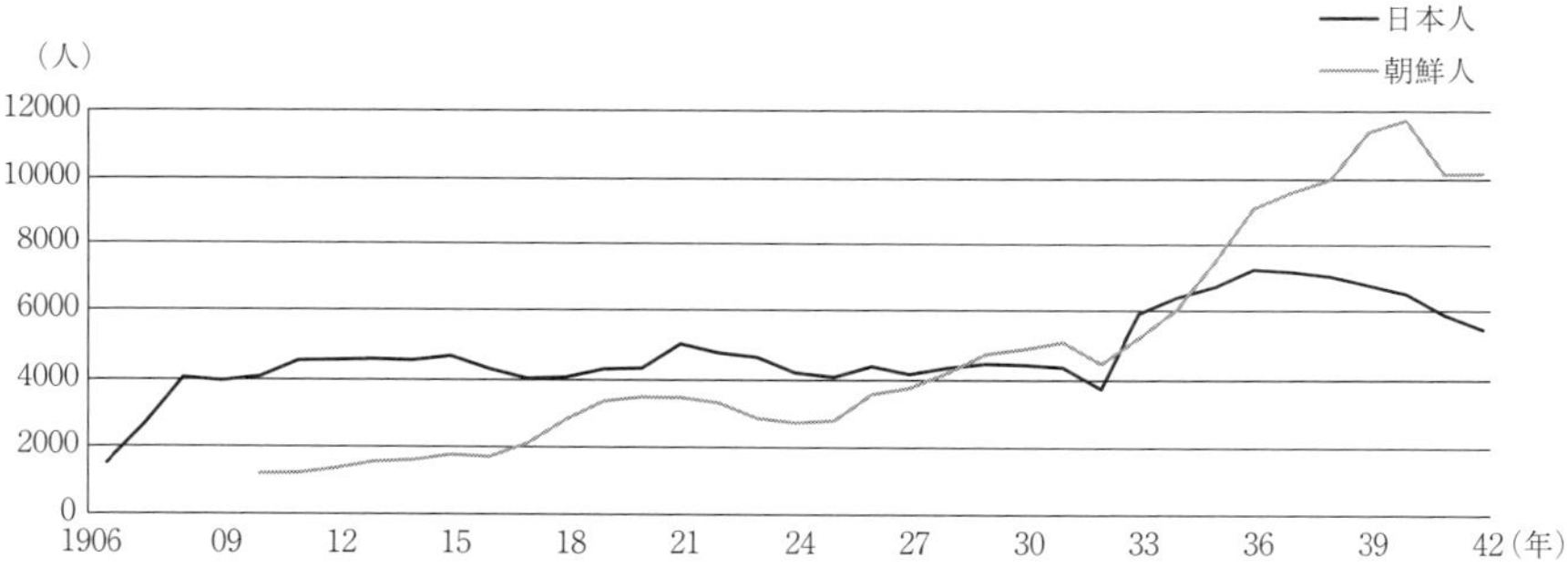

図5　民族別の接客女性数の推移
出典・注）図3に同じ。

人の人口比でみると、日本人業者・娼妓の比率は圧倒的に多いことにも、留意が必要だ。

　以上をふまえて、朝鮮の植民地遊廓とは何だったのかをみよう。

　それは、第一に、植民地都市の日本人居住区につくられ、日本人貸座敷業者と日本人娼妓を中心にした、主に日本人男性——将兵と植民者——を買春客（＝「買春する宗主国男性」）とする性売買システムだった。「貸座敷娼妓取締規則」（一九一六年）によって名実とも確立した。

　日本人娼妓の出身地（一九三〇年現在）は長崎、福岡、熊本、広島、佐賀の順に多く、長崎だけで四分の一を占めた（『廓清』一九三一年十月号）。日本人娼妓は、経済的な利益を業者だけでなく、各地の居留民団や在朝日本人社会にもたらした。ソウルの新町遊廓の場合は、在朝日本人子女の教育費に当てられた（第Ⅰ部第3章）。

植民地支配の要である朝鮮駐屯日本軍と在朝日本人社会を支えたのは、「売春する宗主国女性の身体」への性搾取であった。

第二に、日本人業者・娼妓の上陸と遊廓という日本独自の公娼制（集娼制）の移植と展開が、そのような性売買慣行がなかった朝鮮社会に、朝鮮人業者の誕生と朝鮮人女性の娼妓化・集娼化を促し、朝鮮社会の性売買慣行やセクシュアリティのあり方に決定的な影響を与えた。朝鮮独自の「接客業」は再編成され、「日本化」をせまられた。朝鮮人娼妓の出身地（一九三〇年現在）は慶尚南道、慶尚北道、京畿道、平安南道、全羅北道の順であり、朝鮮南部にある慶南・慶北だけで半分をしめた（前掲『廓清』）。

つまり、植民地期を通じて、日本式性売買システムを取り入れた「売春する植民地女性の身体」がつくられていったのである。さらに、日中全面戦争をきっかけに朝鮮人業者、娼妓、接客女性数が急増し、日本人のそれらを逆転した現象は、日本軍「慰安婦」制度との関連も含めて注目される。

これらの植民地都市ごとの具体的な形成や展開は、本論でみていくことにしよう。

第Ⅰ部

朝鮮南部
——「京城」、馬山・鎮海——

桃山（弥生町）遊廓
「京城」（現ソウル）の日本軍基地龍山《ヨンサン》の近くにあった。年代は不明。（国書刊行会編・上巻〔1986〕）

図1　朝鮮軍（第19師団）配置図（1919.3.12）
第19師団司令部が龍山にあり、第20師団が配備される直前の頃。（辛珠柏〔2010〕）

1　「京城」I

——日本の軍隊と占領地遊廓の形成——

朝鮮王朝五百年の首都漢城府（別名ソウル）は、「韓国併合」直後の一九一〇年十月に公式に京城府に改められた。漢城《ハンソン》から京城《けいじょう》への改称は、一国の首都から帝国日本の一植民地都市への転落を意味した。「併合」以前から日本人が集住し日本風に改められた町名や地名も、一九一四年に正式に認められた。「併合」時に三万八三九七人だった京城府の日本人人口は、一九二〇年に六万五六一七人、二五年七万七八一一人、三五年一一万三三二一人と増え続けた（『朝鮮総督府統計年報』各年度版）。

一九三〇年代初めの植民地都市京城（図2参照）にわけ入ると、清渓川《チョンゲチョン》を境に、その上（以北）を北村《ブッチョン》、その下（以南）を南村《ナムチョン》と呼び、民族別に居住地が異なった。以北は朝鮮式の洞名、以南は日本式の町名で呼ばれた。朝鮮王朝時代の政治的中心部だった北村には鍾路《チョンノ》を中心に朝鮮人が住んだのに対し、南村には本町《ほんまち》（現忠武路《チュンムロ》）、明治《めいじ》町《まち》（現明洞《ミョンドン》）、黄金町《こがねまち》（現乙支路《ウルチロ》）を中心に日本人が集住した。

とりわけ本町には京城郵便局、中央電話局、百貨店（三中井《みなかい》・平田。三越はのちに旭町に移転）、映画館（喜楽館）、劇場（朝日座、京城劇場）、ホテル（本町ホテル）などが軒をつらね、「京城第一の繁華街」（長野末喜『京城の面影』一九三二年）といわれた（図3）。銀行や大会社の本社、鉄道局直営で朝鮮を代表する朝鮮ホテル（長谷川町）や京城ホテル（南山町）、三越（旭町）、丁字屋（南大通）などの百貨店、浪花館（明治町）・中央館（永楽町）・松竹座（黄金町）などの映画館、カフェー・バー・喫茶店（明治町など）などで賑《にぎ》わった。

一方、北村の鍾路にも百貨店（和信）、映画館（団成社、朝鮮劇場）、カフェー・バー（楽園会館、日本人が経営）が

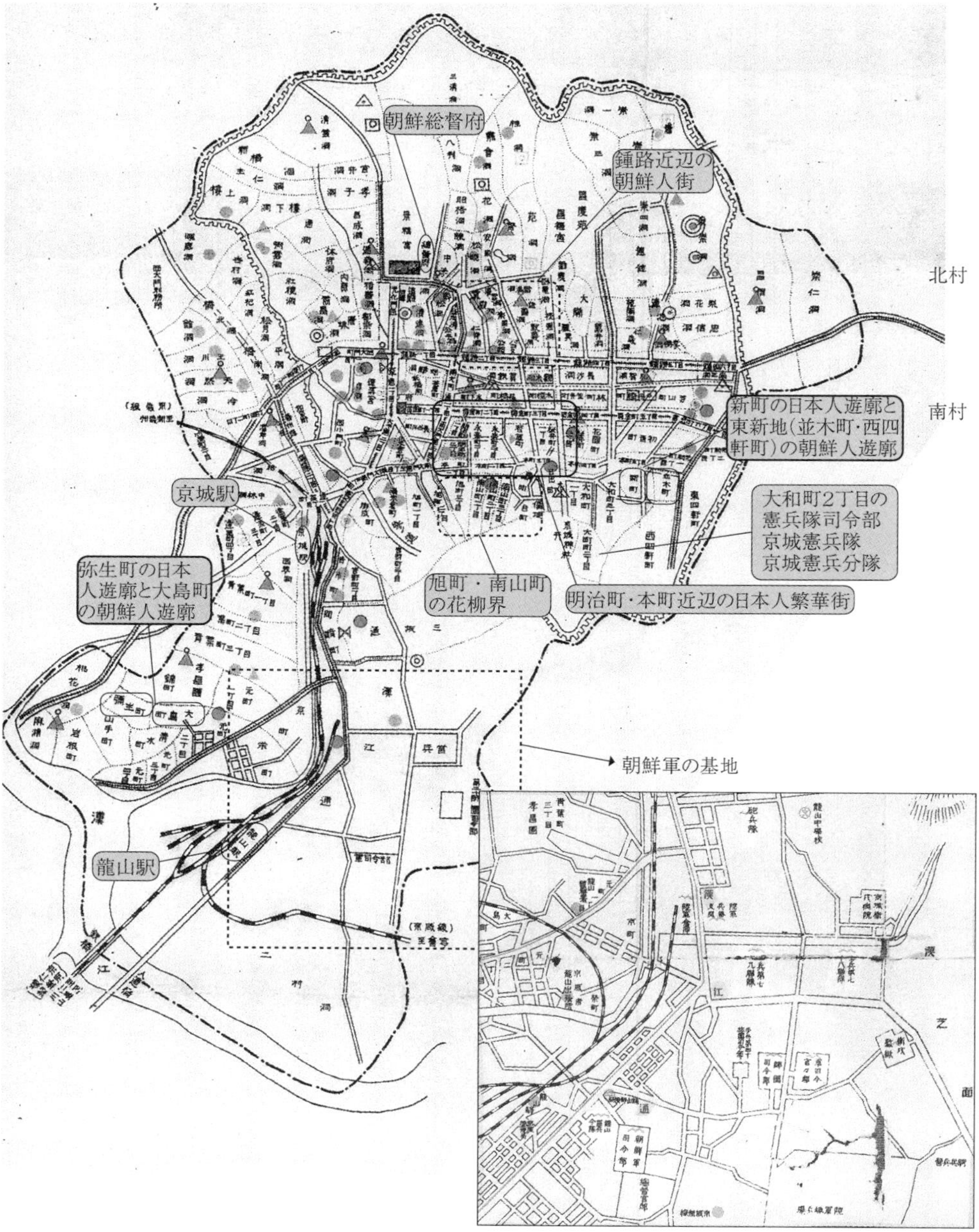

図2　「京城」の遊廓と軍隊（1930年前後）
（1931年版「京城府管内図」に基づき、名産商会1920年代末地図（朝鮮軍の部分）許英恒〔1994〕を加えて、光石亜由美〔2015〕を参考に作成）

図3　本町《ほんまち》（現忠武路《チュンムロ》）の入口

左手は京城郵便局。「京城第一の繁華街」といわれた。（国書刊行会編・上巻〔1986〕）

あったが、規模は小さかった（矢野干城・森川清人共編『新版大京城案内』一九三六年）。また、ソウルの水道普及率（一九二五年）も、日本人側八四・八％、朝鮮人側二八・三％と、三倍の民族格差があった〔橋谷弘二〇〇四〕。

そもそも南村は、朝鮮開港（一八七六年）後の一八八五年に漢城に居留しはじめた日本人によってつくられた新興の市街地だったが、日清・日露戦争をきっかけに膨張し、北村の政治的経済的文化的な役割を奪い、朝鮮最大の植民地大都市京城の中心地になったのである。また韓国駐箚軍（のち朝鮮軍）の兵営地も南村側にある龍山《ヨンサン》の漢江通につくられたので、軍事的な中心地でもあった。民族別の居住地分離、北村から南村への中心地の移動、利便施設の南村集中という都市構造は、日本の朝鮮侵略・植民地化によって創りだされたものだが、現在のソウルの街並みにも影響を与えている。

本稿のテーマである新町《しんまち》遊廓や並木町《なみきまち》遊廓（並木町カルボとも呼ばれた）などがつくられたのも、日本人が集住する南村側だった（図2参照）。本町《ほんまち》通りの終点で坂道にある新町遊廓（本書カバー写真参照）は、植民地朝鮮を代表する大遊廓であり、その新設方式は朝鮮各地の遊廓設置に大きな影響を与えた。新町遊廓の近辺で坂下にできた並木町遊廓には、朝鮮人「娼妓」たちがまとめられた。また軍都龍山につくられた桃山《ももやま》遊廓（のちの弥生町《やよいまち》遊廓）は、軍隊と遊廓との根深い関係を示している。このように、植民地遊廓の形成をみるためには、民族別の居住構造、日本軍の配置への理解が欠かせないのである。二〇一五年三月、共同（韓国人研究者と日本の遊廓社会研究会）で一帯を踏査した時には、旧弥生町遊廓近辺はマンション群に大きく変わって面影はなく、旧大島町（私娼窟）付近は薄暗く取り残された風情だった。

本稿では、開港から一九二〇年代まで植民地大都市ソウルにどのように民族隔離的な居住構造と占領地遊廓がつくられ（本章）、それがどのように植民地遊廓として展開したのか（2章・3章）について、日本軍や在朝日本人社会との関係、性病問題に着目しながら、朝鮮人社会への影響を含めて、みていきたい。以下では、特別な理由がない限り、漢城・京城でなく、ソウルに名称を統一する。

(1)　植民地大都市ソウル——漢城から植民地都市「京城」へ——

朝鮮王朝の首都漢城から植民地都市「京城」へ　伝統的な城壁都市としてつくられた朝鮮王朝の首都漢城は、朝鮮後期になると階層別に居住地が分かれた。重要な居住地は北村と南村だった。北村に王と王族など権勢家や中人階層、南村に両班《ヤンバン》（最上級身分の支配階級）・商人・下層民などが居住し、中間居住地に商工人などの一般民衆が暮らした。朝鮮開港後に日本人が流入すると、北村／南村という階層別の居住空間は、民族別の居住空間＝植民地都市に組み替えられた。その形成過程を金鍾根《キムジョングン》［二〇〇三］などの研究によりみていこう。以下で、日本人（軍を含む）の量的膨張や性別に焦点をあてるのは、性売買との関係をみるためだ。

ソウルに日本人が流入したのは、朝清商民水陸貿易章程（一八八二年）、朝英修好通商条約（八四年）等により、外国人のソウル城内居住が合法化されたことをきっかけに、明治政府が日本人民間人の居住を朝鮮政府に要求し、一八八五年二月から認められてからである。日本人居留地の範囲は、日本公使館を起点とする南山山麓の泥峴《チンコゲ》（珍古介《チンコゲ》、現忠武路《チュンムロ》2街）の一帯に定められた。泥峴《チンコゲ》とは、ぬかるみの坂を意味したように、場末で水はけが悪かった（橋谷前掲）。この頃、ソウルの日本領事館は売春業を禁じた（ただし密売春はあった。後述）。

日本人移民は次々と朝鮮人の家屋や土地を買収して、日本式の建物や家屋を建て居留地を広げた。日清戦争以前まで日本人居留地は、南は南山山麓まで、北は明洞聖堂（現在）、東と西は忠武路2街・3街に該当する地域に広がった。一八八七年に居留民事務所を開設（同年に居留民総大役場に改称）し、居留民会をつくった。一八八七年に京城商業議会が創設された（九二年に京城日本人商業会議所と改称）。領事館移転に伴い、九七年に居留民団役所と商業会議所も領事館付近に移転した。

ソウルに日本人が急増したきっかけは、日清・日露戦争だった。日清戦争からみよう。開戦前の一八九四年六月、日本の参謀本部内に大本営が設立され、同月中旬に大島混成旅団約八〇〇〇人もの大軍が仁川に上陸した。図4は、大島混成旅団長以下「三千の兵」がソウルに乗り込み、泥峴《チンコゲ》＝本町二丁目で「僅少な居留民の保護」に当たった一八九四年七月下旬当時の様子だ（京城府公立小学校教員会編著『続京城史話』一九三七年。傍点引用者、以下同じ）。ソウルには一時的に「三千の兵」が駐屯したことになるが、当時ソウル全体の日本人居留民数は八五〇人程度なので（表1）、派遣軍の規模は明らかに過剰だった。この大島混成旅団が、七月二十三日に朝鮮王宮を襲撃・占領し閔氏政権を転覆させた。日清を開戦にもちこむためだ。二十五日、日清両国は開戦した。日本は、朝鮮を戦場にした日清戦争の勝利を通じて朝鮮への覇権を確立し、一八九六年五月に韓国駐箚隊が設置された。

表1が示すように、日清戦争までは一〇〇〇人以下だった在ソウル日本人人口は、日清戦後の一八九五年末に一気に倍増した。その後、居住地や営業範囲を西に進め、商圏の中心地である南大門一帯まで拡大しはじめた。一八

図4　日清戦争直前（1894年7月下旬）の日本人街（のちの本町2丁目）を「保護」する日本軍

日清戦争の従軍画家久保田米遷による。出典）京城府公立小学校教員会編『続京城史話』1937年。

九六年に南山北麓にあった領事館は、日本人が多く居住する南大門通り付近に移転した。生活の便宜をはかる施設も次々と建設された。朝鮮各地の日本人移民は商人や漁民が多かった〔木村健二一九八九〕が、ソウルでは雑貨商や飲食店などの商業や建設業関連従事者（大工職、左官職など）が多かった。日清戦後には、ソウルでの芸妓営業が認められた（後述）。

第二波の日露戦期の日本人移民の急増ぶりは、それ以前をはるかに上回った（表1・2・3）。一九〇四年二月の開戦とともに、朝鮮各地に多くの民間人が渡航した。日本政府は以前から朝鮮渡航者に旅券の便宜をはかっていたが、戦中の〇四年十一月に外務次官通牒で「一切旅券の携帯を要せず」となり、自由渡航になったためだ〔木村一九九六〕。朝鮮に日本の勢力を扶植するための国策だった。

こうしたなかソウルの居留民会は、双林洞《サンニムドン》の朝鮮人の土地・家屋を捨て値で買収して新町と改称し、一九〇四年十月に特別料理店形式の「新町遊廓」を開設した（後述）。〇四年十一月に京釜鉄道（ソウル―釜山）

表1　ソウルの「京城居住地」の日本人人口の推移
（1895〜1910年9月、男女別）

年次	戸数	人口 男	人口 女	人口 合計	性比（女性100）
1885年	19	71	18	89	394
1886年	34	118	45	163	262
1887年	65	170	75	245	227
1888年	86	230	118	348	195
1889年	130	354	173	527	205
1890年	137	347	175	522	198
1891年	157	435	263	698	165
1892年	169	442	273	715	162
1893年	234	454	325	779	140
1894年	266	510	338	848	151
1895年	500	1,114	725	1,839	154
1896年	479	1,019	730	1,749	140
1897年	471	871	717	1,588	121
1898年	480	946	788	1,734	120
1899年	525	1,117	868	1,985	129
1900年	549	1,157	950	2,107	122
1901年	639	1,395	1,095	2,490	127
1902年	797	1,684	1,350	3,034	125
1903年	902	2,074	1,599	3,673	130
1904年	1,350	3,978	2,345	6,323	170
1905年	1,986	4,160	3,517	7,677	118
1906年	3,216	6,447	5,277	11,724	122
1907年	4,300	8,125	6,754	14,879	120
1908年	6,437	12,004	9,783	21,787	123
1909年	7,745	15,964	12,824	28,788	124
1910年	8,794	19,078	15,390	34,468	124

出典）京城居留民団役所編纂『京城発達史』京城居留民団役所、1912年。

注）1）出典によれば、統計は「各年12月末現在を示す」。ただし1910年は「9月末」である。
2）「龍山区域」人口統計には男女別はない。
3）表3は表1と表2の合計である。
4）合計のミスは修正した。

表2　ソウル「龍山区域」の日本人人口の推移（1897〜1910年）

年次	人口
1897年	35
1898年	46
1899年	52
1900年	65
1901年	80
1902年	150
1903年	192
1904年	350
1905年	1,700
1906年	2,579
1907年	3,142
1908年	6,300
1909年	10,035
1910年	10,638

表3　「京城」「龍山」合計日本人人口（1897〜1910年）

年次	人口
1897年	1,623
1898年	1,780
1899年	2,037
1900年	2,172
1901年	2,570
1902年	3,184
1903年	3,865
1904年	6,673
1905年	9,377
1906年	14,303
1907年	18,021
1908年	28,087
1909年	38,823
1910年	45,106

が開通した。日露戦争を通じて朝鮮支配を確立した日本は、一九〇五年十一月に第二次日韓協約（乙巳保護条約）を強要して朝鮮を保護国とし、統監府と理事庁を設置した。居留民会は居留民役所に改称（一九〇一年四月）され、さらに一九〇六年に京城日本人居留民団が設置された。

表1が示すように、日露戦中の一九〇四年末には前年より倍増して六三〇〇人（表2の龍山区域を入れると六六〇〇人）になり、日露戦後の一九〇六年末には一万人台を突破した（表2の龍山区域を入れると一万四〇〇〇人＝表3）。「併合」直後の一九一〇年九月には、三万五〇〇〇人弱、龍山区域を含めると四万五〇〇〇人以上に激増した。一八八五年に八九人（男七一人、女一八人）からはじまったソウル居住の日本人は二五年間で五〇〇倍以上に膨張し、「併合」後は支配民族として君臨した。注目したいのは、一貫して男性人口が女性人口を上回ったことだ。男性比率は日露戦後に大きく減ったが、それでも男性が多かった。一方、序でみたように、「併合」時の日本人女性（本業）の半数は「芸娼妓酌婦」だった。

植民地都市「京城」の形成と民族別の居住地隔離　ソウル居住日本人の出身地は、「併合」後の調査（一九一一年）によれば、①山口（四〇二八人）、②福岡（三〇七九人）、③東京（二九一八人）、④長崎（二八九九人）、⑤大分（二三九四人）、⑥熊本（二二八七人）、⑦広島（二二四八人）、⑧大阪（一八七二人）、⑨佐賀（一七二三人）、⑩鹿児島（一三八三人）の順だった（京城居留民団役所『京城発達史』一九一二年）。地理的に朝鮮に近い九州・中国地方の出身者が多い。また東京出身者が多いのは、統監府・総督府などの官僚や、銀行員・会社員などの中産階層が大量に移動したことが関係した。これもソウルの特徴である。

「併合」から一九一六年まで、ソウルの日本人居住者人口は増え続けた。日本人の所有地は南村一帯だけでなく、黄金町通り以北に広がり、鍾路や北村など伝統的な朝鮮人居住地にも浸食していく。このことは、これらの地域に住む朝鮮人が追い出されたことを意味した。しかし一九一七年以降、ソウルに移民する日本人数は十数年にわたって停滞する。第一次世界大戦（一九一四年〜）と日本経済の好況、米騒動（一九一八年）、朝鮮全土に広がった三・一運動（一九一九年）とその影響などにより、日本人の移民増加率は伸びなかった。その傾向は一九二九年まで続く。一方、一九二〇年代には、土地を失った朝鮮人離農民がソウルに流入して、土幕民《どまくみん》（都市下層民）になる現象がめだちはじめた。

南村には、主要な植民地統治機関だけでなく、冒頭で述べた先進的な文化・商業施設が建設された。民族別に隔離され、支配民族に利便施設が集中する居住環境の格差は植民地都市に共通するが、朝鮮の場合は三・一運動（一九一九年）であらわれた朝鮮人の反感・抗日機運をさけたいという意味合いもあった。しかし一九二八年頃には、南村への日本人集住の傾向が変わりはじめる。それは、一九二五年末に朝鮮総督府庁舎が、北村にある朝鮮王朝の王宮景福宮《キョンボックン》をさえぎる形で建てられたことが関係する。日本の朝鮮支配の「永続化」を示す象徴性を帯びたからだ。民族隔離的居住が少しずつ緩くなり、日本人居住が北村を含むそのほかの地域に広がりつつあった〔金鍾根前掲〕。

一九三〇年半ばの民族別人口の様相をみてみよう〔李惠恩《イヘウン》一九八四〕。一九三五年のソウルには、四三万七四〇四人が居住した。民族的構成は、朝鮮人七一・〇％（三一万四一五人）、日本人が二七・三％（一一万九六八四人）、中国人（満州国人・中華民国人）一・六％（六八九九人）、その他の外国人が四〇六人（〇・一％）だった。つまり、ソウルの民族別人口は、朝鮮人が四分の三弱、日本人が四分の一強であり、四人に一人が日本人だった。一九三〇年代半ばまでのソウルは、日本人の北村流入がありつつも、北村／南村という民族分離的居住形態が続いていた。

「併合」から二〇年もたつと、日本人植民地二世が増える。植民地二世にとってのソウルは、支障なく日本語の通じる「自分たちの京城」だった。朝鮮語を話せず朝鮮料理を食すこともなく、朝鮮人は「風景の一部」にすぎなかった。それでも植民地二世の日本人女性は、朝鮮人が住む鍾路には「無意識に」近寄らなかったという〔沢井一九九六〕。同じソウルでも、日本人と朝鮮人は別世界に住んでいたのである。

(2) 日本軍の駐屯から常駐化へ――日本人男性中心に軍事化された朝鮮社会――

ソウルの遊廓形成にあたって見逃せないのが、日本軍という男性集団の存在である。次節で述べるように、ソウルでは日清戦後に芸妓営業が認められ（一八九六年）、日露戦中に新町遊廓が設置され（一九〇四年）、日露戦後に韓国駐劄軍の兵営地が建設される龍山に桃山遊廓が設置された（一九〇六年）のも、「併合」後に「貸座敷娼妓取締規則」（一九一六年）など植民地公娼制の根幹となる法規が制定されたのも、日本軍の動向と密接にかかわった。序でも述べたが、以下では、やや詳しく、日露戦から「併合」後までの日本軍の朝鮮常駐化の動きをみていこう〔柳漢喆一九九二、宮本正明二〇〇四、徐民教二〇一五、庵逧二〇一五〕。

日露戦争と韓国駐劄軍の創設　日本軍のソウル常駐と韓国全土の軍事占領が本格化したのは、日露開戦からだ。一九〇四年一月に大韓帝国が局外中立宣言をしたにもかかわらず、二月八日深夜、日本軍は旅順と仁川のロシア艦隊を奇襲攻撃し、さらに仁川上陸とソウル占領のための軍事行動に打って出た。ソウル占領部隊として派遣されたのが、韓国臨時派遣隊（司令官木越安綱《きごしやすつな》少将）だった。こうして日露戦争に突入した。

二月九日に仁川に上陸した木越旅団約二二〇〇名は、ソウル占領をめざした。十九日、第十二師団長・井上光中将の率いる師団主力がソウルに入り、一万人以上の日本軍（一個師団＝約九一九九名と一個旅団＝二二〇〇名）によって完全に占領された。一国の首都が外国軍の支配下に置かれるという武力的な威嚇下で、大韓帝国に強要されたのが「日韓議定書」締結（同年二月二十三日）であった。

韓国駐劄軍は、「日韓議定書」第三条（日本による大韓帝国の独立及び領土保全の保障）・第四条（日本による臨機必要な処置と大韓帝国政府の便宜供与、日本政府の軍事上必要な地点の臨機収容）を根拠に、大韓帝国政府の承認なしに、設立された。一九〇四年三月二十日、韓国駐劄軍司令部が東京で編制され、四月三日にソウルに到着した。同司令官は大本営に直属した（日露戦後の一九〇六年一月、天皇直属に変更）。

編制当時、同司令官原口兼済《はらぐちけんさい》少将に下された訓令によると、駐劄部隊の配置に際して「京城には常に大部隊以上の軍隊を駐劄させること」が厳命された。戦時中の〇四年七月、咸鏡道に「軍政」を施行し、ソウルとその付近に軍事警察制の施行を布告して首都の治安警察権を握った。さらに同年七月、同司令官は「軍律」を主な電信線・鉄道施行区域に公布し、その後に韓国全土に拡大した。朝鮮人に「軍律」違反の処刑者が多数でた。しかし、この「軍律」には法的根拠がなかった〔徐前掲〕。

そのさなかの〇四年十月に、陸軍大将・長谷川好道《よしみち》が韓国駐劄軍司令官として赴任した。長谷川は、のちに統監府が設置され初代統監・伊藤博文が赴任する以前は臨時統監代理職に任命されるなど、軍事的支配と保護国化に核心的な役割を果たした（「併合」後は第二代朝鮮総督に就任）。

韓国駐劄軍司令部の下で、その主力は⑴韓国駐劄軍守備隊、⑵韓国駐劄憲兵隊だった。この二つのソウルでの兵営地が後述する遊廓の設置に関係した。また、憲兵隊は性政策に介入することになる。

まず、⑴からみると、設立初期の韓国駐劄軍の兵力規模は、一個大隊（約一七二一名）、四個大隊（約五七〇×四＝約二二八〇名）、二個中隊（約一三六×二＝約二七二名）で合計四二七三名であった（うちソウル三四三〇人）。日露戦勝利を目前にした一九〇五年七月、大本営は四師団（第十三、十四、十五、十六師団）を新設し、日露講和（ポーツマス）条約締結後の十月十八日、このうち第十三、十五師団を韓国駐劄軍として駐屯させ、二個師団体制にすることを決定した。二個師団なので、単純計算で一万八三九八人である（一個師団の兵力規模＝二個旅団、四個連隊で構成による兵力は約九一九九人で計算、一八九〇年基準）。一九〇五年七月まで日本内は一七の師団（近衛師団、第一師団〜第十六師団）だったので、韓国駐箚軍守備隊の二個師団兵力は日本の兵力の一一・七％に該当する。日本軍のうち一割以上の兵力が保護国期の朝鮮に投入されたのである（以上〔柳漢喆前掲〕）。また軍用鉄道の敷設や電信線の接収・守護も重要な任務だった。もちろん、首都ソウルには韓国駐箚軍の大部隊が常駐した。

一九〇七年の高宗《コジョン》皇帝退位と韓国軍解散をきっかけに、各地で抗日義兵闘争が起こった。その武力鎮圧と対ロシア防備のため、駐箚軍は八度にわたる改編を行った。このうち第七次改編（一九〇九年八月）による一個師団半の兵力体制が、一九一八年の「朝鮮軍」体制（二個師団）まで継続する。

抗日義兵闘争は一九〇七年から一二年前後まで五年間にわたり展開され、日本側からは「韓国征服戦争」、朝鮮側からは日本の植民地化に反対する「全面独立戦争」といえるスケールだった。戦闘した朝鮮人義兵は約一四万人、犠牲者は約二万人だった〔愼蒼宇二〇〇八〕。抗日義兵たちを武力弾圧した主役が韓国駐箚軍守備隊（「併合」後は朝鮮駐箚軍）、そして次に述べる韓国駐箚憲兵隊である。

憲兵隊と憲兵警察制度のはじまり　もう一つの主力である(2)の韓国駐箚憲兵隊は、日露戦開始後の一九〇四年三月に韓国駐箚軍の隷下で発足した。その前身は、日清戦争のさなかに日本が架設した軍用電信線（ソウル―釜山間）を守るため、日清戦後の一八九六年一月に創設された臨時憲兵隊だった。

日露戦後の一九〇五年十月、憲兵隊はソウル、釜山《プサン》、元山《ウォンサン》、義州《ウイジュ》、平壌《ピョンヤン》など一二分隊、五六ヶ所の分遣隊に配置され、韓国駐箚軍司令官の指揮の下で、理事庁警察、顧問警察とあわせて三者体制で治安を担当した〔徐前掲〕。その後、兵力縮小や第十四憲兵隊への改称などを経て、一九〇七年十月に韓国駐箚憲兵隊に再び改称し、各地の抗日義兵への鎮圧を行った。この時に、憲兵隊長になったのが明石元二郎《あかしもとじろう》である。義兵鎮圧の主導権をにぎった明石は、憲兵隊の権限の強化をはかった。この時期、憲兵兵力は二〇〇〇人に増えた。創設当時は三二九名だったので、七倍以上の激増である（憲兵補助員に朝鮮人が募集・採用された）。明石は、〇九年七月に憲兵隊長を退き韓国駐箚軍参謀長を専任したあと、一〇年六月に韓国駐箚憲兵隊司令官（同時に司令部が設けられた）に復帰するやいなや、憲兵隊司令官が警察機構のトップにたつ憲兵警察制度を完成させたのである〔松田二〇〇九〕。

ここで、憲兵と深く関わる警察機構に触れておこう。性管理の政策や取締りも担ったからだ。「併合」前の警察機構には、次の三つの系統があった。①韓国政府の機関である韓国警察であり、〇五年に顧問警察が設置され日本人が中枢をしめた。②日本の外務省系統の領事館警察（〇五年理事庁警察に改編）であり、在朝日本人の保護と取締り（売買春含む）を行った（全体では少数）。これら文民警察と別に、③日本軍の組織（軍事警察）としての憲兵隊があった。一九〇七年十一月に②理事庁警察が①韓国警察に統合され、明石の主導によって一〇年六月に韓国政府から警察事務を「委託」する形で奪い、①韓国警察は③憲兵隊に統合された〔松田前掲〕。憲兵が文官警察の上にたち指揮権をにぎる憲兵警察制度のはじまりである（一〇年九月朝鮮駐箚憲兵隊に、一八年六月朝鮮憲兵隊に改称された）。

この制度の下で、中央では韓国駐箚憲兵隊司令官が統監府（のち朝鮮総督府）警務総長になり、「半島の全警察を掌理」するとともに、「京城の警察事務を直轄」した（永野清『朝鮮警察行政要義』一九一六年）。地方では各道の憲兵隊長が各道の警務部長をかね、その管轄下に文官警察官（警察署、警察分署など）と憲兵（憲兵分隊、憲兵分遣所など）が配属された。また管轄地域は、普通警察事務を行う憲兵が担う地域（軍事警察上、義兵鎮圧上の重点地域）と文官警察が担う地域（都市部や鉄道沿線）に区分され、前者がはるかに広大な面積をしめた〔松田前掲〕。

初代の朝鮮駐箚憲兵隊司令官兼朝鮮総督府警務総長に明石元二郎、二代目に立花小一郎《たちばなこいちろう》がついた（序の表3参照）。憲兵隊は、義兵鎮圧をほぼ終えると、その役割を一般民衆の日常支配にシフトした〔松田前掲〕が、この二人が植民地初期の性管理政策を主導したのである。

台湾の公娼制確立過程が抗日ゲリラ鎮圧を通じて日本の台湾支配を確立していく過程と重なった〔張曉旻二〇〇八〕ように、朝鮮でも似たような過程をたどったと言えるのではないだろうか。

朝鮮駐箚軍から朝鮮軍へ―軍事化された朝鮮社会　「韓国併合」（一九一〇年）後、朝鮮総督府が設立され、朝鮮総督府官制が制定された。朝鮮総督は陸海軍大将から任用され（朝鮮総督府官制第二条）、総督は天皇直隷し（直接所属すること）、陸海軍統率と朝鮮防備をつかさどる（同三条）などが定められた。朝鮮総督には武官（軍人）が任用され、軍隊指揮権が明記された。朝鮮総督を頂点とする強力な軍事的支配体制がつくられたのである。

「併合」に伴い韓国駐箚軍（第二師団）は朝鮮駐箚軍に、臨時韓国派遣隊は臨時朝鮮派遣隊に改名された。その後、第二師団は一九一二年三月に第八師団に、さらに一四年二月に第九師団に交代した。これらの兵力は、二年単位で日本内の師団と連隊が交代で派遣される交代派遣制だった。闘い続けた義兵将の逮捕などにより、一九一五年に抗日義兵と戦うための特殊編制は平時体制に切り替えられた。

同じ頃に日本陸軍は、大陸政策での朝鮮半島の軍事的重要性を主張し、一九一二年に二個師団増設の配備を要求した。これが第二次大隈重信内閣時に正式に認められ、一九一五年十二月に第十九・第二十師団の司令部の創設が閣議決定された。一六年四月に龍山に司令部を置く第十九師団の主力が編制され、朝鮮軍編制作業が本格化した。この第十九師団の師団長に就任したのが、立花小一郎である。先述のように、立花の前職は、朝鮮駐箚憲兵隊長兼警務総長であり、師団長就任直前に植民地公娼制の基本法規となる「貸座敷娼妓取締規則」（一九一六年三月）等を制定したその人である（序・次章参照）。

一九一八年六月、朝鮮駐箚軍司令部は、正式に朝鮮軍司令部に改称され、龍山に置かれた。龍山に第二十師団司令部が一九一九年四月に配備されると同時に、龍山にあった第十九師団司令部は羅南に移転した。両師団の編制は、日本内の師団と同様に歩兵部隊四個連隊と特科部隊（騎兵・砲兵・工兵など）で構成された（第二十師団は別途に鎮海湾重砲兵一個大隊が隷属した。序の表2参照）。第二十師団は一九二一年四月までに編制を終え、咸鏡南北道《ハムギョンナムプット》と江原道《カンウォンド》（第十九師団）以外のソウルを含む南部朝鮮の十道の広範な地域を受け持った（第Ⅱ部1の図1参照）。

第十九・第二十師団への動員は、日本内に新しい師管（防衛および軍事行政を管轄する区域）をつくらないで、すでにある日本のいくつかの師管から徴集兵を補充してなされた。第二十師団の場合、大分県・福岡県・長崎県（第十二師管）、愛媛県・広島県・山口県（第五師管）、広島県・岡山県・島根県（第十七師管）、兵庫県・岡山県・京都府（第十師管）から徴集された（一つの師管から一つの歩兵連隊が構成された）。日本内の師団が駐屯地域から徴集する地域密着型であったのに比べて、朝鮮軍は徴集方法と組織が異なったため同郷意識が薄かったという〔朴延鎬二〇〇五〕。下士卒の兵力（一九二〇年末）は、第十九師団は一万一三五五人、第二十師団が一万二二一人であった〔宮本二〇〇四〕。つまり、日本人単身者を主とした二万二〇〇〇人近くの男性集団が常時、異民族の住む朝鮮に植民地軍として滞在したことになる。師団兵士には、朝鮮での在勤加俸として俸給の三分の一の加俸があり、「二箇年の朝鮮見物」という「喜びの色」があったという（「新師団訪問記」『大阪朝日新聞』一九一六年六月二十五日）。

朝鮮軍で兵役を終えた日本人男性のなかに、朝鮮に定着する者も現れた。それに先行して、日本内の在郷軍人会（一九一〇年）設立とともに、朝鮮にもその支部が設立された。日本は、国防政策と治安維持政策の観点から、在郷軍人に朝鮮への移住を勧めた。植民地朝鮮の在郷軍人は約二一〇〇人以上（一九一一年）だったが、その後会員数は一万九二六五人（一九二一年）に拡大した。また在朝日本人は、二個師団増設後も、居住地域に部隊を移転・誘致する運動を熱心に行った〔朴延鎬前掲〕。

このように日露戦争を本格的な出発点にして、植民地大都市ソウルの一角に、朝鮮半島の軍事的拠点・最高司令部所在地としての陸軍都市・龍山が形成された。植民地朝鮮は、陸海軍大将が歴任した朝鮮総督、朝鮮軍の現役兵、在郷軍人などの日本人男性を中心に、日本軍に依存する高度に軍事化された社会だった。軍事力こそ朝鮮支配の要であり、ソウルはその中心に位置したのである。

(3) 日清・日露戦争とソウルの「占領地遊廓」の新設――新町遊廓と桃山（弥生町）遊廓――

密売春から日清戦争後の芸妓営業公許へ　「併合」前後まで移民者・日本軍を含めて男社会であり、「併合」後も高度に軍事化されたソウルの日本人居留地に、どのように遊廓がつくられたのか。その前史からみよう。

一八八五年二月、日本人のソウル居住が認められて以来、北九州などから「娘子軍《じょうしぐん》」（＝売春女性の集団。別名からゆきさん）が続々と朝鮮に来たが、日本領事館では「国家の体面上」売春業を取り締った（『京城府史』第三巻）。売春営業を許可した釜山・元山との違いである。

しかし警察官僚の今村鞆《とも》「京城花柳の変遷」（『歴史民俗朝鮮漫談』一九二八年）によれば、一八八五年・八六年頃のソウルには「内地人料理店」があったという。密売春（私娼）である。名称が確定できるのは、一八八七年に「井角」、一八九〇年に「花月」が開業してからである。日本人居留民「三百人足らず」は日本公使館・領事館の一帯、当時の地名泥峴《チンコゲ》（のちの本町二丁目から三丁目）の韓人家並に雑居していた。そのなかに料理店が二、三軒開業し、のちに六、七軒に増えた。料理屋と名乗っても、朝鮮家屋の「温突《オンドル》二た間位の御粗末至極」なもので、「仲居と云う名称で、二、三名づつ」抱えた（傍点引用者、以下同じ）。料理屋の主人たちは芸者を日本から連れて来ようとしたが、どうしても「渡航免許が下りなかった」。「国威に関する」ためだった。一八八八年に花月の松井が「大阪から福助と云う一人の芸者を連れて来た」のがソウル初めての芸者だったが、「矢張仲居として届け出た」。つまり、「仲居」という名称で、日本人男性居留民相手に密売春が行われたのである。その後、料理店営業者が共同で芸者を置くよう出願したが、領事の許可が出なかった（今村同前）。

しかし、日清戦争で状況は一転した。戦時中にソウルの料理屋は十数軒に増え、戦後には芸妓営業が公式に承認された（一八九五年五月十五日、京城領事館達第十一号「芸妓営業取締規則」）。料理店では「仲居」から選抜して「芸妓の鑑札を受け」たり、日本から「三、四名実際の芸者を輸入」した。これが朝鮮での「鑑札公許付きの芸者の嚆矢《こうし》」であり、「総員三十余名計り」だった（今村前掲）。この芸者課金は、当時の民団の大きな収入だった（「新町ものがたり2」『朝鮮新聞』一九三四年十一月二日）。一九〇二年のソウルには料理屋一二軒、芸妓四七人、酌婦五一人がいた（香月源太郎『韓国案内』一九〇二年）。それでも遊廓の許可は下りなかった。また日清戦争をきっかけに、ソウルに蝎甫《カルボ》という朝鮮人売春女性が公然と登場した（「はしがき」参照）。

ところが、日露戦争が勝利に傾くと、またしても一転した。ソウルより先に遊廓が設置された仁川の敷島遊廓（「特別料理店」方式）は、「日露戦役のため一時隆盛を極め、急に同業者を増した」（『仁川府史』一九三三年）。仁川の敷島遊廓の盛況ぶりは、ソウルの居留民会や業者を刺激しただろう。次でみるように、ソウルでも、仁川と同じ「特別料理店」方式で新町遊廓が許可・設置されたのである。

日露戦争期の日本軍の常駐化と性病問題　日露戦のさなかに日本人渡航者（主に男性）が韓国領有をあてこんで激増したのは、本章(1)でみた通りだ。「一攫千金の目的を以て、毎航諸種の商品を携へ、先を争ひ渡来入京する者少からざりし」「近来未曾有の大激増大膨張」（前掲『京城発達史』）と言われたほどだった。

では、京城領事館が遊廓設置を「国辱」と否認しながら、一転して遊廓新設を認め、双林洞《サンニムドン》という立地に新町遊廓が設立されたのはなぜか。日本人移民の激増だけでなく、日露開戦直後の日本軍のソウル常駐化・韓国駐箚軍の新設とその駐屯地、隠れた問題として性病問題が関係すると考えられる。

まず、日本軍のソウル常駐化と買春「需要」の増加である。本章(2)でみた通り、日露戦争の開戦当日（一九〇四年二月八日）から日本軍がソウル入りし、ソウルの日本軍は一気に一万人以上に激増した。同年三月に韓国駐箚軍が創設され、四月にソウル入りした。設立初期の韓国駐箚軍の兵力規模は一個大隊（約一七二一名）、四個大隊（約五七〇×四＝約二二八〇名）、二個中隊（約一三六×二＝約二七二名）で合計四二七三名、うちソウルが三四三〇人だった。日本人移民に日本軍将兵が加わり、ソウルの日本人男性集団が一気に増えたのである。一九〇四年十月に陸軍大将・長谷川好道が韓国駐箚軍司令官として入城すると、長谷川大将が駐留した付近は長谷川町と呼ばれた。『新版大京城案内』（一九三六年）は、ソウルに遊廓ができた理由を「日露戦争の頃、兵隊の駐屯数が増加し、内地人の来住者も増した時元気者のエネルギー発散地をつく」るためと述べたが、ここにも「男性集団（軍隊・植民者）に買春はつきもの」という性意識（男性神話）がうかがえる。将兵を含む日本人男性集団の急増は、買春「需要」の増加と一体だった。

次に、軍をゆるがす性病問題がおこったことだ。表4は、日露戦争期の出征部隊別にみた性病患者の統計である。韓国出征部隊の性病患者比率は七・五%と、清国・サハリン・台湾への出征部隊に比べて突出して高く、入院患者比率も高い。これは日露戦争の戦場が朝鮮だったこと、なかでも蔚山《ウルサン》、釜山、仁川、ソウル、鎮南浦《チンナムポ》、群山《クンサン》、元山、平壌、会寧《フェリョン》、龍巌浦《ヨンアムポ》などの軍事的な要衝地を中心に、日本軍にむらがる売春業が増えたことが関係するだろう〔辛二〇〇八〕。もちろん、これはソウルだけでなく韓国各地に駐屯した日本軍全体にかかわる性病の動向だが、日露戦のさなかに各地で日本軍将兵の買春が盛んに行われたこと、そのため将兵の性病が深刻な問題として浮上したことがわかる。

将兵たちの性病問題が日本の陸軍省で大問題になったことは、一九〇四年八月「韓国駐箚軍に於て花柳病増発に付き取締方の件」（陸軍省医務局、アジア歴史資料センター、原文は図5）からも裏付けられる。この公文書は「主務

表4　日露戦争期の出征部隊別の性病患者統計（単位：人）

	全体患者数	性病患者数	性病患者率	入院患者数	入院患者率
出征部隊	1,033,160	16,479	1.6%	6,785	41.2%
韓国出征部隊	18,188	1,366	7.5%	913	66.8%
清国出征部隊	686,326	10,510	1.5%	5,799	55.2%
樺太出征部隊	4,888	139	2.8%	73	52.5%
台湾守備部隊	13,745	528	3.8%	272	51.5%

出典）辛圭煥〔2008〕、原典は陸軍省編『日露戦争統計集』7、東洋書林、1994年。
注：1）性病の原文は「花柳病」。
　　2）「花柳病」の種類は、痳毒性尿道炎、諸病、軟下疳・横痃、梅毒である。

局課提出」明治三十七年（一九〇四）八月九日、「大臣官房結了」明治四十一年（一九〇八）六月十日なので、一九〇四年八月に出されたものだ。これによれば、陸軍大臣（当時、寺内正毅）は、外務大臣（小村寿太郎）と韓国駐剳軍司令官（原口兼済）宛てに、次のように、「軍隊所在地には多数の密売淫婦来集」したとして、「兵力維持・消耗」の観点から、私娼取締りと性病予防を要請した。

「韓国駐剳軍に於て花柳病増発に付き取締方の件

　大臣より外務大臣へ御照会案

韓国駐剳軍隊所在地には多数の密売淫婦来集するの状況にして之を放任するときは軍隊に花柳病を伝播し兵力維持上少なからさる影響を来すの虞《おそれ》有之候に付当該軍隊には夫々取締方内訓可致候尚在韓国領事に於ても右密《ママ》売淫婦に対し相当の取締法を設け病毒の伝播を予防すべき旨訓令相成度及照会候也　八月二十日

　大臣より韓国駐剳軍司令官へ御内訓案

韓国駐剳軍隊所在地には多数の密売淫婦来集するの状況なるを以て兵員の取締を厳にせざるときは花柳病毒を軍隊に伝播し兵力の減耗を来たすに至るの虞少からず　依て各幹部にして一層其取締に注意せしめ以て花柳病患者の増発を防止すべし　右内訓す　八月二十日」（傍線引用者、以下同じ）

外務大臣宛なのは、在朝日本人の性管理政策を担当したのが外務省系の「在韓国領事」だからだろう。「密売淫婦」の民族の違いは不明だが、在韓日本領事に取締りを求めたので、日本人女性（・業者）と推察される。ここでも彼女たちは一方的に

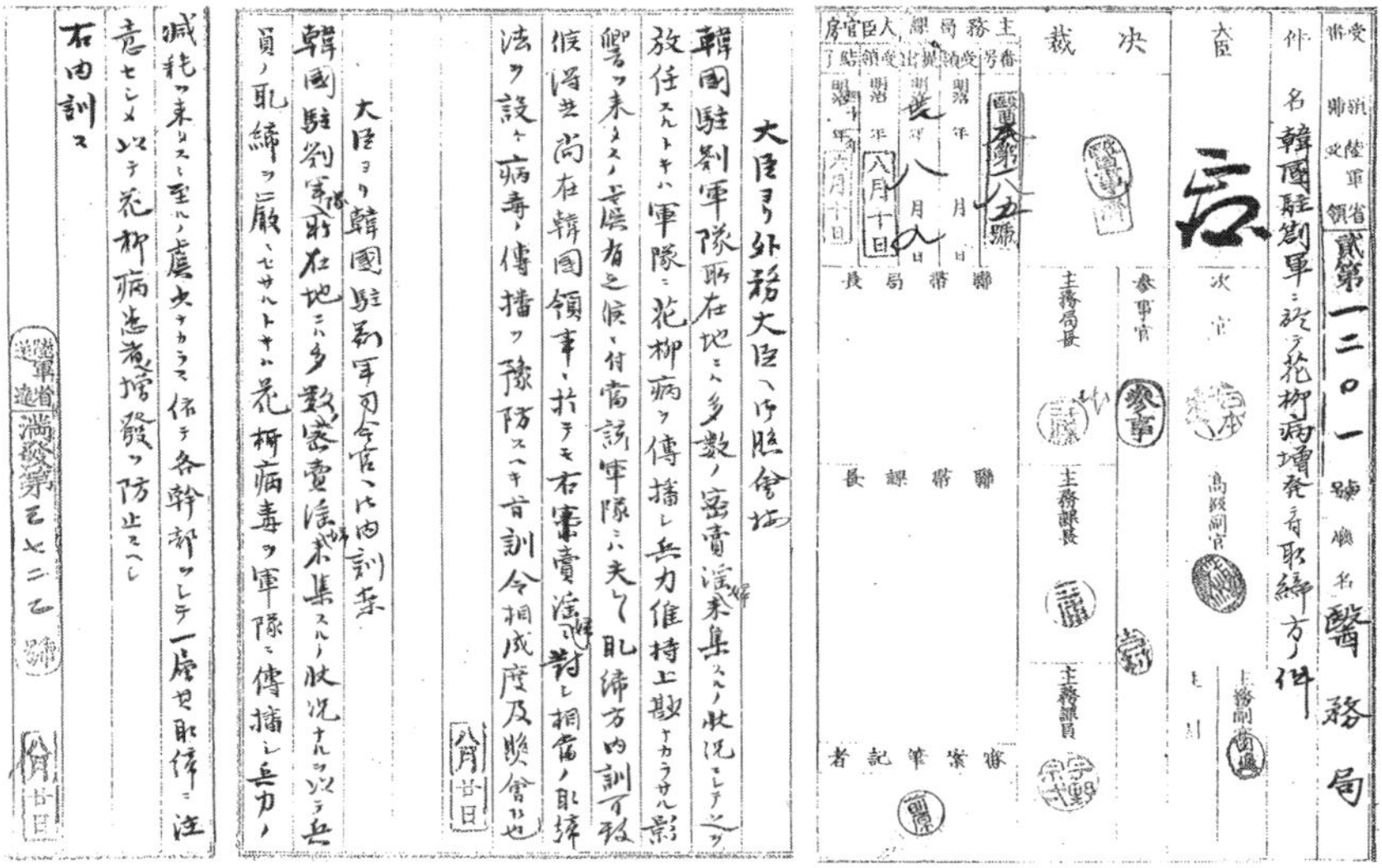
件名 韓國駐劄軍ニ於テ花柳病増発ニ付取締方ノ件

大臣ヨリ外務大臣ヘ照會按

韓國駐劄軍隊所在地ニハ多數ノ密賣淫婦集合スルノ状況ニシテ之ヲ放任スルトキハ軍隊ニ花柳病ヲ傳播シ兵力維持上鮮少ナラサル影響ヲ来スノ虞有之候ニ付當該軍隊ニ於テハ夫々取締方内訓可致候得共尚在韓國領事ニ於テモ右密賣淫婦ニ對シ相當ノ取締法ヲ設ケ病毒ノ傳播ヲ豫防スヘキ旨訓令相成度及照會候也

大臣ヨリ韓國駐劄軍司令官ヘ内訓案

韓國駐劄軍所在地ニハ多數密賣淫婦集合スルノ状況ナルヲ以テ兵員ノ取締ヲ厳ニセサルトキハ花柳病毒ノ軍隊ニ傳播シ兵力ノ減耗ヲ来スニ至ルノ虞大ナルヲ以テ依テ各幹部ヲシテ一層其取締ニ注意セシメ以テ花柳病患者増發ヲ防止スヘシ

右内訓ス

図5　「韓国駐劄軍に於て花柳病増発に付き取締方の件」（1904年8月9日）

性病感染源にされ、取締り対象になっている。

では、日本軍はソウルのどこに駐屯したのか。前述の韓国駐劄軍司令部は一九〇四年四月にソウル入りし、長谷川町に駐留後、同年八月に大和町駐劄隊兵舎に移転し、〇八年十月に龍山に移転した（前掲『京城の面影』）。つまり、新町遊廓が双林洞に開業した一九〇四年十月当時、韓国駐劄軍司令部は大和町にあり、新町遊廓はこの大和町に比較的近い。また、龍山に一九〇六年に桃山遊廓がつくられたのは、この韓国駐劄軍司令部の移転先の龍山に、軍部が建設されるのをあて込んだからだ。

韓国駐劄軍司令部などが龍山に移転した後、大和町にきたのが韓国駐劄憲兵隊だった。一九〇九年十一月、大和町に韓国駐劄憲兵隊の本部（全道を統括）と京城憲兵分隊（管区は京畿道一円、黄海道・江原道の一部）が置かれたのが確認できる（憲兵司令官谷田文衛「憲兵司令部　韓国駐劄憲兵隊配置及管区改正の件」一九〇九年十月三十日、アジア歴史資料センター）。一〇年六月に明石元二郎が韓国駐劄憲兵隊司令官となり、同時に憲兵隊司令部も設置された（「併合」後、韓国を朝鮮に改称）。憲兵警察制度のもとで、憲兵隊司

図6　新町遊廓と憲兵隊の位置

出典）朝鮮駐箚憲兵隊司令部『京城龍山市街図』（1911年5月）の一部分。

令官が警務総長を兼ね、全道とソウルを統括したのは先述の通りである。図6が示すように、朝鮮全体とソウルの遊廓を監督・取締る憲兵隊の本部は、朝鮮最大の新町遊廓の目と鼻の先にあった。大和町二丁目の憲兵隊は、一九三〇年代以降の植民地二世の眼にも「泣く子も黙る」と恐れられた〔沢井一九九六〕。

このように新町遊廓は、日露開戦により激増した日本軍を含む日本人男性集団を背景に、京城居留民会が財源確保を理由に遊廓新設を画策し、それまで「国辱」だと否定した京城領事館がはじめて認めることで設置された。新町遊廓の開業時には近くに韓国駐箚軍司令部があり、同軍の龍山移転後には憲兵隊司令部がやってきた。龍山の桃山遊廓（のちの弥生町遊廓）の近くには、韓国駐箚軍（のち朝鮮駐箚軍→朝鮮軍）があった。遊廓の立地に、日本軍は密接に関係したのである。

「占領地遊廓」新町遊廓の新設　新町遊廓の新設

を主導したのは、ソウルの居留民会（民団）だった。実際に対象の土地（双林洞）を買収した民会議員の菊田眞、警察官僚の今村鞆、新町遊廓の楼主の赤荻與三郎などによる手記や新聞記事、京城府『京城府史』などからみてみよう。

〈居留民団の画策〉日露戦の連戦連勝の報道、日韓議定書の締結、慰問大使伊藤博文や長谷川韓国駐箚軍司令官のソウル入りで、在朝日本人は沸き立った。同じ頃、居留民長の中井喜太郎（錦城）が財源確保のために遊廓設置を企てた。中井は、読売新聞編集長・主筆をつとめ、朝鮮に渡り漢城新報社長などを歴任した人物である。ところが、領事館は「風紀上の見地より公娼制度は絶対に不可」とした。

一九〇四年五月初旬に民団の意向により、名義人として料理屋組合一一軒（花月、菊翠、井門、南山楼、松栄楼、□《ママ》川楼、第一楼、月下楼、京城楼、清月楼、大桝楼）の連合で、遊廓設置願を提出した（「新町ものがたり1」『朝鮮新聞』一九三四年十一月一日）。またもや京城の領事は「日本人の醜業《ママ》者を、異国人の目に暴《さら》すは、国辱」という見地から許可しなかった（今村前掲）。もちろん、この「異国人」とは、朝鮮人ではなく、欧米人をさす。

日露戦さなかで保護国化直前のこの時期は、日本の性管理政策は地域により違いがあった。釜山・元山では日本と同じく売春業を公認し「貸座敷」「娼妓」という用語を使って管理したのに対して、欧米人が多数居住する首都ソウルと仁川では「国家の体面」を重視して、建前では「貸座敷」方式の遊廓や売春を禁じた（宋二〇一〇）。「国辱」という言葉に、それがよく表れている。

その後、中井ら民団は、東京の外務省にまで「領事を取替えよ」と強力に運動した（今村前掲）。ところが、民団と領事の交渉により急転直下、「貸座敷と娼妓は罷《まか》りならぬが特別料理店と第二種芸妓の名称なら許す」（前掲「新町ものがたり1」）ことになった。

そこで同年六月、中井民団長の提案で、曽我勉（民会議員長）により土地買収委員六人が推挙されたが辞退したので、菊田眞（民会議員）が全権委任を条件に引き受け買収に着手した。遊廓予定地とされた双林洞に住む朝鮮人は、外国人への土地売買を拒んだ当時の地域の有力者趙東潤《チョドンユン》を恐れて買収に応じなかった。しかし菊田は、趙の土地を高値で買収したあと、日本軍用地として無償収用の噂ありとの策略を用いて、「坪八銭から八十銭の間で八千三百坪を四千四百円で買収」した（前掲「新町ものがたり1」）。菊田自身の言によれば、「当初六千円にて三千坪を買収する予定なりしも、意想外《ママ》に安き値段で、沢山の土地を獲った」（菊田眞「新町遊廓の創設」藤村徳一編『居留民之昔物語』一九二七年）。要するに、詐欺的手法で安く買い叩いたのである。なお、同年七月、韓国駐箚軍司令官がソウルとその付近に軍事警察制を布告し、首都の治安警察権をにぎった（徐二〇一五）ことも見逃せない。

〈新町遊廓設置と教育費確保〉こうして買収した土地から「韓人家屋を取り除け、丘陵を切り拓き、地均しを施し、京城に於ける特別料理店の営業地となし新町と命名」した（一九一四年に正式に町名となった）。これ以降「京城に於て娼妓業を営まんとする者は此地域に限られたる」とされた。「特別料理店」という名の「娼妓業」の営業地、つまり遊廓である。民役所は、地ならしした地所を特別料理店の営業者に限って貸与する形式をとった。貸付規約には「新町一丁目二丁目の全部を料理店の営業地」、〇五年六月以降は「新町三丁目同四丁目も料理店の建築地」が明記された。賃借料は一坪一ヶ月「金七銭」（最低価格）で、競争入札希望者は保証金として新町一丁目二丁目は「金百円以上」、三丁目同四丁目は「金三十円以上」の前納が定められた。遊廓設置の目的は「居留地の新財源」「風紀取締上」の便利をはかるとされた（前掲『京城発達史』）が、重視されたのは財源確保だった。

翌一九〇五年の居留民会の「歳入」（経常部）には、「新町貸地料金六、七一六円」の記載がある（前掲『京城発達史』）ので、土地買収の投資額は一年でほぼ回収されたことになる。買収から三〇年後に菊田は、この借地料に加えて特別料理店の営業課金、第二種芸者課金が「府政へ大きな貢献を続けて来た」と自賛した。その一端は次の通りだ。新町遊廓の第二種芸妓（実際は娼妓）は、「三ヶ年の前借で百五十円乃至二百五十円」で日本国内から人身売買され、揚代金は「明し（一夜を明かす接客）が四円で時間花（一時間単位の接客）、二時間一円五十銭、三時間二円」だった。芸妓・買春客とも激増し「新町は素晴らしい繁昌を示した」ため、〇五年の第二種芸妓課金八七〇〇円（一人月額五円）が一九一一年には一万三六〇〇円に跳ね上がった（「新町ものがたり2」『朝鮮新聞』一九三四年十一月二日）。遊廓経営がいかにうま味のあるビジネスかがわかる。それだけ女性の性が搾取されたことになる。

財源確保に関して興味深いのは、民長・中井による新町遊廓設置の目的が「子弟《ママ》の教育費」と公衆衛生費用の捻出（赤荻與三郎「遊廓街二十五年史」『朝鮮公論』一九三五年十月号）、とくに教育費捻出が強調されたことだ。実際に、「居留民団が地主となり、貸座敷業者に貸し、その得た地代を小学校経営費にし」、その後「土地は、居留民団から京城府が引き継いで所有し、府の財源の一つになっている」という（前掲『新版大京城案内』）。しかし正確には「新町一帯は永く京城府学校組合の大きな財源となった」（前掲「新町ものがたり1」）とあるように、「併合」後には京城府学校組合が引き継ぎ、在朝日本人子女の教育費として使われたのである（第2章）。

〈「占領地遊廓」新町遊廓の誕生〉　一九〇四年十月十日、京城領事館令第三号「料理店取締規則」が出された。京城領事館は、この規則を通じて料理店を第一種・第二種にわけ、貸座敷にあたる第二種料理店を日本領事館の指定区域内のみに限定して、新町遊廓の営業を許可した（『京城府史』第3巻）。

赤荻與三郎によれば、「京城遊廓街の起り」は日露戦中の一九〇四年十月二十五日に双林洞（のちの新町）にできた第一楼だった。赤荻はその楼主だった。「草深い温突屋」「まったくの真っ暗わづか灯すランプの下」で、「内地から招い」た「店開きの妓共は一〇人で、第二種芸妓の鑑札をうけて」営業を始めたが、「戦時中で」「たった一軒しかなかったため」「とても繁昌して、お客の需要に応じきれなかった」。一ヶ月後にはさらに清月楼、層林館（双林館と思われる）、月下楼、松月楼、京城楼、大里、井門楼など七軒できた（赤荻前掲）。一方、菊田によれば、第一楼、京城楼、大黒楼、大桝楼、□《不明》山楼、松栄楼、月下楼、井門、双林館の九軒だった（前掲「新町ものがたり1」）。

このうち料理屋組合一一軒の共同で建てられた双林館は、客間五〇余、娼妓五〇余人を抱えるほど大規模だったが、「十七歳未満の女を客席に出した」ため開業一ヶ月で営業停止、一年後に解散した。その後も続いたのは、第一楼だけだった（今村前掲）。赤荻は、第二種料理店（＝貸座敷）の経営により大富豪になった（第2章）。

開廓と同じ一九〇四年十月、第二種芸妓（＝娼妓）の性病を検査・治療する駆梅院《くばいいん》が設置された。同年十月に海軍省ゆかりの漢城病院が居留地に下付され、公立病院になった。駆梅院は翌〇五年三月に居留民団立になり、〇六年十二月に漢城病院に付属する新町病院になった（前掲『京城発達史』）。事実上の遊廓の創設と娼妓の性病検査開始には、軍の意向が反映されたと推測できよう。この時期は、大韓帝国期でありながら日露戦さなかで、軍事占領下におかれたソウルには日本軍が大量にいたからだ。

居留民会の主導で領事館の認可を受け、「特別料理店」「第二種料理店」「第二種芸妓」「乙種芸妓」という様態をとって、「遊廓とも娼妓とも言わず」（今村前掲）、新町に集娼制の日本式遊廓が新設された。つまり、「特別料理店」方式の「占領地遊廓」だった。そのため、楼主が「内地」に募集時に「娼妓でないものの如く、欺く弊害があり」、日本人女性を連れてきた後に紛議がたびたび起こった（今村前掲）。曖昧な業態は、就業詐欺の口実にも使われたのである。

ソウルでの居留民会主導の遊廓設置方式は、朝鮮各地の遊廓創設に大きな影響を与えた。「京城は率先して民団の財源涵養を目的とし、新町遊廓を開設」し「意外の成功」だったので、「各地民団も競ふて遊廓設置に取りかかった」という（保高正記『群山開港史』一九二五年。群山の遊廓は〔金富子二〇一〇〕）。

朝鮮人接客女性への性管理政策のはじまり　日露戦争は、朝鮮人業者・接客女性に対する性政策にも大きな変化をもたらした。以下の措置は、韓国政府の名で行われたが、日本軍の軍事占領下であり、日本・日本軍の意向が反映されていた。

〈集娼区設定と性病検診〉まず、日露開戦直後の一九〇四年四月、大韓帝国警務庁はソウルの三牌《サムペ》など朝鮮人接客女性の居住地を制限する集娼区設定にのり出した。その経緯は『皇城新聞』によれば、次のようなものだった。「近ごろ巷《ちまた》で、淫売を買う弊風がひどい。外国人たちがしばしば村の家をたずね、娼女がいるかどうかを問うので、住民たちは驚いている」（「娼女定区」『皇城新聞』一九〇四年四月二十七日、原文漢字ハングル、訳引用者）。この外国人とは、ソウルに急増した日本人男性とみてよい。同記事はつづけて、大韓帝国警務庁が、各地の「遊女の夫、五〇余人」を招いて、政府は性売買を禁じているが「良家がたいへん困っている」ので、居住区を設けて四〇日以内の移転を命じたという。

興味深い記事である。ここからわかるのは、第一に、「買春を欲する日本人男性の身体」が「売春する朝鮮人女性の身体」をつくったこと、第二に、買春を求める日本人男性から「良家」（の娘）を守るために、朝鮮人接客女性が防波堤にされたことだ。こうして一九〇四年六月にソウルの詩洞《シドン》（植民地期の笠井町、現・中区笠井洞《イプチョンドン》）に賞花室《サンファシル》が設置され〔朴貞愛二〇〇九a〕、詩洞以外の売春を禁じる訓令が出された。これ以降、詩洞や賞花堂は三牌の代名詞となった〔藤永二〇〇四〕。

この集娼化の背景に関して、宋連玉〔二〇一〇〕は、池錫永《チソギョン》（官立漢城医学校校長）に代表される韓国政府内で浮上した性病問題があったと指摘する。つまり、韓国政府は性病検査を義務化した近代公娼制導入により民族の将来を危うくする性病を予防しようとしたが、これが治安と財政確保の面から売春管理をめざす日本側の利害と結果的に一致し、公娼制導入への準備がすすめられたとした。

そのため、次にのり出したのが性病検診だった。ソウルで朝鮮人への検梅（性病検診）がはじまったのは、統監府の介入によって韓国に衛生警察が誕生した直後の一九〇六年二月だった〔朴貞愛二〇一六〕。検査は警察が選んだ日本人軍医が行い、その方式は器具による局部検査だった。対象は「賞花堂（三牌）、売淫隠女、売淫下類」とされたが、具体的には賞花堂（三牌）と隠君子（二牌）であり、妓生は免れたようだ。初検診では一〇八名が検査をうけ、以後毎月一回、日本人医師により実施された。一九〇八年六月には一八六人に増えたが、この時の検査では、二七名が不健康（性病）と診断された。屈辱を与える強制的な性病検診に対して、賞花堂（三牌）たちはストライキをしたり、妓生への転籍をはかったり、逃走を企てたり、自殺をはかったりなどのさまざまな方法で抵抗した（統監府警務第二課「妓生及娼妓に関する関係綴」一九〇八年）。性病検診への朝鮮人接客女性の反発は激しかった。

〈「団束令」の制定〉第三に、こうした性病検診の経験を土台に、朝鮮人を対象とする性売買管理の法令がはじめて制定された。朝鮮王朝時代の性売買禁止政策からの転換だった。韓国警察のトップが日本人になったことが関係する。一九〇七年七月に警務庁が警視庁に改編されたのち、一九〇八年九月二十八日、ソウルでは警視総監の若林賚蔵《らいぞう》の名で朝鮮人を対象に、大韓帝国警視庁令第五号「妓生団束令」、同六号「娼妓団束令」が制定された。「団束」とは取締という意味で、両者とも五条の簡単な条文である。内容は妓生・娼妓を認可営業にすること、組合設立を認めることなどだった。妓生と娼妓の取締規定が別々なのは、階級が違うとされたからだ。妓生は技芸をもつ高尚な存在、娼妓は性売買を専業とする下等な存在とみなされた。前者は伝統的な官妓だったが、後者は近代に入って出現した。ただし日本は妓生を「売淫婦である点では同じ」と認識した。結局、両「団束令」は、性病検診が強制された娼妓の範囲をさらに広げ、反発が激しい妓生への性病検診を開くものだった（朴貞愛二〇一六）。

両「団束令」の三日後の十月一日、ソウルにいる妓生・娼妓が召集され、警視庁第二課長の浜島尹松による諭告が行われた。警察当局によって、妓生と娼妓がはじめて次のように定義された。妓生は「旧来官妓又は妓生と呼びたるものを総称」、また娼妓とは「賞花室、蝎甫、又は色酒家の酌婦を総称」とされた（性病検査の対象だった二牌は除外され、蝎甫・色酒家が入った。（藤永前掲））。

さらに同年十月六日に出された「妓生及娼妓団束令施行心得」（警視庁訓令甲第四一号）では、妓生・娼妓とも夫ある者には稼業を認可しない、妓生・娼妓の認可年齢は十五歳などが定められた（日本は娼妓が十八歳、芸妓が十三歳以上）。この十五歳という認可年齢に関して、日本人には許可しなかった少女売春を許可したこと、これが朝鮮人女性を売春業者市場に吸引する要因となったこと、さらに両「団束令」が「日本人兵士の安全のために必要であった」という宋連玉〔前掲〕の指摘は重要だ。日露戦中から日本軍が大量に常駐するソウルでは、朝鮮人接客女性への性管理が重視されたのである。

一九〇九年八月、警視庁の指示によって賞花堂（三牌）・蝎甫・色酒家《セクチュガ》が集められ「漢城娼妓組合」が結成されたが、結成の主な目的も性病（検梅）費用の捻出にあった〔藤永前掲〕。

以上の措置がとられたのはソウルなど一部地域だった。しかし、ソウルで「日本軍兵士の安全」のために妓生・三牌などの性管理をはじめたことは、朝鮮人をのちの植民地公娼制に組み込む布石となった。

韓国駐箚軍と桃山遊廓（弥生町遊廓）の新設

日露戦争をきっかけに、日本陸軍の駐屯を目的に造成されたのが軍都・龍山である。そもそも当時の龍山は、漢城＝城内から離れた城外とされた。その軍都・龍山に近接してつくられたのが、桃山遊廓（のちの弥生町遊廓）である。ただし、桃山遊廓に関する資料は、新町遊廓に比べて少ない。

朝鮮王朝時代の龍山は、国内有数の江港の一つであり、都城防衛の軍事的要所だった。朝鮮開港後、朝鮮王朝政府は一八八四年十月に龍山を市場として開いた。日本人の龍山移住は、一八八七年前後からはじまった。一八九九年に京仁線（ソウル—仁川）鉄道工事にともない、同年龍山駅が建てられた。

龍山が「突如として発展」「膨張し、一新市街を形成」したのは、やはり日露戦後からだった。とりわけ「龍山に軍司令部其他重要なる軍事機関」が置かれ、「遂年倍加の趨勢を以て人口を増し」たのだ。一九〇四年に軍用の京義鉄道が着工したことも、多くの労働者を集めた。つまり、軍事基地建設と鉄道敷設が、日本人人口急増の最大の要因であった。一八九七年に三五人だった日本人数は、一九〇四年に三五〇人、翌〇五年には一七〇〇人に急増し、龍山に主要な部隊の兵営施設が完成して韓国駐箚軍司令部が移転（〇八年）した後の〇九年には一万人を超えた（前掲表2）。一九〇七年九月に龍山居留民団が組織され、一九一〇年七月に京城居留民団に吸収合併された（前掲『京城発達史』）。

もう少し詳しく軍都建設の経緯をみよう。日露戦中・戦後に韓国駐箚軍が朝鮮各地に常駐化するなか、龍山や平壌・義州も含め膨大な土地を収容し、練兵場などをつくろうとした。このうち三〇〇万坪を収容対象とした龍山一帯の土地収容は、一九〇五年七月からはじまった。同年八月、日本は地上物件の移転費用を賠償金の名目で大韓帝国政府に支払ったが、当時の龍山には私有田地、家屋、墳墓があった。日本は、これらを移転しようと軍隊を動員して、墓をあばいたりした。反発した朝鮮人住民が抗議したが、日本は憲兵を動員して鎮圧し、一九〇六年四月から基地建設を強行した。一九〇七年には軍用地を整理し、一部は鉄道用地に分割して、一部は大韓帝国政府に返却したので、最終的に確定した面積は一一八万坪弱だった（辛珠栢二〇〇七）。

一九〇八年十月に韓国駐箚軍司令部は、大和町二丁目の庁舎から龍山の新しい軍事基地に移転し、同年十二月に落成式を行った（『京城府史』第二巻）。この時点でも、「暴徒（抗日義兵を指す—引用者）は今尚ほ各所に出没して、韓半島は鉄道沿線と日本市街と朝鮮市街の他は殆ど危険界の状態」（「龍山兵営の落成」『朝鮮』一九〇九年一月号）であった。一九一〇年四月までに、①軍司令部、軍司令官官舎、職員宿舎、②師団司令部、師団長宿舎、職員宿舎、③歩兵連隊本部、兵営、職員宿舎、④騎兵中隊兵営、職員宿舎、⑤野砲兵中隊兵営、職員宿舎が完成した。それ以外の付属の建物は、一九一三年十一月までにすべて完成した。また鉄道官舎も、龍山の都市構成に大きな役割を果たした。

こうしたなか畑弥左衛門が、龍山地区にのちに桃山遊廓といわれる遊廓地を確保した。畑弥左衛門は、一九〇五年に「一帯無縁墓地」「桃の木が沢山あった」ところに料亭を創業し、桃山と命名したとされる（前掲『続京城史話』）。しかし、実際は「民有墳塚九百余箇所を無理に毀破」し告訴されたにもかかわらず、遊廓地として確保され、龍山居留民団内の遊廓設置の利権争いのなかで、同地が選定され桃山遊廓となった。一九一二年に、皇室ゆかりの「桃山」の名を忌避して、「弥生町遊廓」と改称した（宋連玉二〇一〇）。しかし、桃山遊廓の名はその後も続いた。

なお「第二種芸妓」（娼妓）への性病検診は、遊廓業者が機関を設けて行い、龍山居留民団が「一箇年百八十円の補助」した。業者の請願により、一九一〇年四月に民団立病院として、龍山桃山駆梅院が設置された（前掲『京城発達史』）。

その後、龍山には一九一六年に第十九師団、その移動後の一九一九年に第二十師団が常設されたが、龍山居住日本人が期待するほど龍山は発展しなかったようだ（『京城府史』第三巻）。

保護国期の花柳界と芸妓売春の黙許　本章の最後に、保護国期の「花柳界」に触れよう。初代伊藤博文、次の曾禰荒助の韓国統監時代は、「京城の花柳界」の最盛期だった。日露戦争期にソウルに次々に料亭が開業し、一九〇六年に数十軒におよび、二枚芸妓と酌婦が抱えられた。伊藤が統監になった後の〇七年頃、料亭四〇余軒、芸妓は七〇人近くに激増した。次の曾禰統監時代は「百四十軒の料亭」「八十何人の芸妓」「百九十何人の酌婦」で「毎夜の如く」「大小役人の酔客を以て満員箱入れの大盛況」だった。しかも「一流の料亭や芸者の淫売（＝売春）に対しては少しも取締」が行われないまま「黙許」され、その後も「一種の慣例」となったという（ホクロの人「京城花柳界略史」『朝鮮及満洲』一九二一年十一月）。特権層男性向けの芸妓売春は、野放しだったのである。

なかでも花月、掬水、清華亭の三料亭が有名だった。花月は芸者三十余人を抱え、花月、掬水には伊藤などが盛んに出入りし、官邸まで出入りし芸妓がつめかけたりした。「当時の統監官邸は、宛然場末の安待合に等しく、京城の大妓小妓は大手を振って出入りし、……乱痴気騒ぎの修羅場」だったのは、公然の秘密だった（一記者「恋の統監府と総督府」『朝鮮公論』一九一三年五月）。また清華亭は宋秉畯《ソンビョンジュン》（「親日派」として有名）の後援があり、日本・朝鮮の策士たちの策謀地だった。当時の芸者は「大官連」が目的だったので「粒が揃い」、「芸事」もすぐれていたという（今村前掲）。

しかし、「韓国併合」を前後した寺内正毅統監・朝鮮総督時代には、こうした料理店は振るわなくなった。興味深いことに、「併合」後の「京城芸妓」の三分の一は内縁の夫がいて「子持ち芸妓」も多かったとされた半面、「踊りは勿論、三味線だって碌《ろく》すッぽ弾けぬ」「植民地の色彩に染められた芸妓のみ」と酷評された（南山粋人「色々の芸者」『朝鮮及満洲』一九一六年一月号）。日本人男性の視点からだが、芸妓／娼妓の境界があいまいだったこと、芸妓の年齢が比較的高かったことがうかがえる。

2 「京城」Ⅱ

――植民地遊廓の確立と朝鮮軍――

(1) 憲兵警察制度下の性管理政策

保護国期の性病の流行と私娼の取締り　前章でみたように、ソウルには新町遊廓、桃山遊廓が新設されたが、私娼は増加の一途をたどり性病が流行した。私娼取締りと性病対策がいたちごっこで行われた。

まず、統監府設置後の一九〇七年頃、京城理事庁（領事館の後身）が私娼の取締り強化にのりだした。そもそも遊廓設置以前に本町、旭町、北米倉町、長谷川町、大平町、黄金町、青葉町などの小料理屋に「白首稼業」「白首屋」（原文ママ）が相当数いたという。白首《しらくび》とはおしろいを首筋に塗り付けた「下等な」売春女性をさし、私娼の蔑称である。日本人私娼は「内地人を主とする者、中には朝鮮人、支那人《ママ》を専門に稼いで居たものもあった」という。三浦彌五郎理事庁理事官時代の一九〇七年、「市内小料理屋」を吉野町南廟の前に「中の新地」という場所をつくってまとめられた（前掲『京城の面影』）。

こうしたなか、一九〇九年五月、京城理事庁は「花柳病予防規則」を制定した。同規則は第一種料理店だけでなく、「飲食店」営業者にも「抱女」（＝私娼）の性病検査を義務づけ、「花柳病」のまま稼業した場合は営業停止・禁止にし、違反した医師・抱主・抱女に拘留・科料に処すなどとした（『統監府公報』一九〇九年五月二十九日）。「飲食店」の私娼が性病の感染源とみなされ、性病検査や処罰の対象になった。これは主に日本人業者や女性が対象だが、背景には軍隊の性病対策があるだろう。朝鮮人にも一九〇八年九月に、ソウルで「妓生団束令」「娼妓団束令」が制定されたのは前章でみた通りだ。

なお、「併合」直前の玉代《ぎょくだい》（遊興費）は、「▲芸妓一時間八十銭、▲娼妓は一夜三円乃至《ないし》三円五十銭、▲酌婦（即ち淫売婦のこと）二時間一円、一夜一円五十銭乃至二円、▲外国娼婦一時間一円以上二円、一夜四、五円、▲カルポー（韓国の下等淫売）一時間三十銭、一夜一円内外、▲妓生一夜四、五円の相場なり、考えてみれば共同便所料も頗る廉ならず」（「朝鮮問答」『朝鮮』一九一〇年五月号。傍点引用者、以下同じ）であったという。ここには、売春女性たちを「共同便所」と見くだし、日本人娼妓＞日本人私娼＞朝鮮人私娼と序列化する視線がみえる（芸妓・妓生除く、外国娼婦の正体は不明）。

憲兵警察制度と明石元二郎の性管理政策　「併合」前後になっても、植民地権力の性政策の焦点は、性病の流行にあった。日本人男性の買春が盛んだったからだが、当局の取締りは一方的に性売買女性に向かった。

韓国警察権を「委任」された警務総監部は、「併合」直前の一九一〇年七月、次のような方針をとった。⑴枢要市街地では「風俗上特別取締を要する業を為す者」を「一定の地域（遊廓《ママ》）を定め之に移転営業」させ、小市街地では「遊廓設置までに至る迄の間」「商家等と雑居の状態」で営業を認め、⑵「普通の料理屋・飲食店」の「売淫行為」を厳禁するというものだ（「私娼取締に就て」『朝鮮彙報』一九一七年一月）。つまり、⑴ソウルなど主要市街地での集娼化（ほかは当分放置）、⑵「普通の料理店・飲食店」の私娼取締りがめざされたのである。

ここで重要なのは、監督取締りの主体が、外務省系の理事庁警察（対象は日本人）・韓国警察（対象は朝鮮人）から、両者を統合した警務総監部（対象は日本人・朝鮮人）にシフトしたことだ。同年六月にはじまった憲兵警察制度が関係する。前章でみたように、警務総監部のトップ＝警務総長に就いたのは、韓国駐劄憲兵隊司令官の明石元二郎

図1　「韓国併合」直前の韓国駐剳憲兵隊本部・京城憲兵分隊（国書刊行会編・上巻〔1986〕）

である。警察権を握った憲兵隊が、性管理政策を主導しはじめた。その主眼は日本軍将兵の「健康な身体」を守るための性病対策にあった。同年一〇月一日に警務総監部の各課の事務内容が定められたが、衛生課保健係の事務の一つが「検梅に関する事項」と明記されていた（「朝鮮総督府警務総監部事務分掌規程」『復刻版朝鮮憲兵隊歴史』第2巻、所収）。

また前掲「私娼の取締に就て」で、当局は私娼を次のように定義した。日本人の私娼については、「芸妓、酌婦、又は料理屋、飲食店、遊戯場等の雇女若《もし》くは主婦等」であり、「特に飲食店の雇女に多く其の他安宿又は裏長屋等」（傍点引用者、以下同じ）だとして、「飲食店の雇女」を強調した。朝鮮人の私娼では、「以前官妓と称したる」妓生、宿屋（客主や酒幕）や「飲食店若は酒店」の主婦（概ね「妾」）、「通称隠君子《ウングンジャ》」をあげた。とくに隠君子を「高等淫売婦」として、元妓生が「虚栄心」や「生活困難」により「醜業を為」した者が多く、「有らゆる悪辣なる手段を弄して富豪の子弟を誘惑し金銭物品を貪り資産を蕩尽せしむるを常」だと指弾した。当局の、娼婦となった朝鮮人女性をとりわけ「道徳的に堕落」した存在とみなす、植民地主義に基づく民族観・ジェンダー観をみてとれる。

明石元二郎警務総長（＝憲兵隊司令官）は、⑴の方針に基づき、市内に散在した曖昧屋飲食店に新町への移転を命じ、一九一一年六月、荒井初太郎の私有地である「大和新地」に二一軒の特別料理店が新装した（前掲「新町ものがたり2」）。これも私娼取締り・集娼化を通じた性病対策である。

同時に、第二種料理店（＝貸座敷）の第二種芸妓（＝実態的な娼妓）の性病対策も行われた。一九一一年六月、明石警務総長の名で出された「第二種料理店抱芸妓健康診断施行規則改正」（『朝鮮総督府官報』一九一一年六月二十八日）では、新町・桃山町とともに前述の「仲《ママ》ノ新地」も遊廓（第二種料理店方式）に分類され、「毎週二回」の性病検査が義務づけられた。「中の新地」は、「併合」後に明石警務総長につぶされ新町に移転されるとともに、新町が拡張されて「大和新地」がつくられた（今村前掲）。

続いて同年七月、明石警務総長名で出された「第二種芸妓健康診断施行心得」（『朝鮮総督府官報』一九一一年七月三十一日）では、「警察官署は……警察官吏を健康診断所に派遣し」、芸妓名簿に誤診がないか、不参芸妓がいないか、受診芸妓の人違いなどへの「注意監督」を定めた。

注目したいのは、この「警察官吏」に普通警察系統の「直轄警察署・同警察分署」だけでなく、「警察署の事務を取扱ふ京城、龍山の憲兵分隊」、つまり軍事警察系統の朝鮮駐劄憲兵隊が明示的に含まれたことだ。大和町にある京城の憲兵分隊（図1）は新町遊廓に、龍山の憲兵分隊は桃山遊廓（弥生町遊廓）にそれぞれ近い（三二ページ図2）。日本軍が性病対策に敏感になっていたことがうかがえる。一九一〇年末時点で憲兵職員の約四分の一が普通警察業務に従事したが、翌一一年からほぼ全員が普通警察業務に従事する体制にシフトした（松田二〇〇九）ことも関連しよう。つまり、憲兵警察の任務が義兵鎮圧（治安）から、性管理を含む民衆の日常支配に移ったのである。

一方、警察は、私娼（「密売淫犯者」「密売淫常習者」）を警察犯処罰規則で取締る一方、臨時または随時の「健康診断」（性病検査）を強制した。当時の検査は、医師が「婦人の局部その他」への「伝染性疾患」有無を検するものだった。性病にかかった私娼は入院治療し、治癒するまで居住が制限され、外出が禁止された（前掲『朝鮮警察行政要義』）。つまり、性病検査を強制された点で、定期／臨時・随時の違いはあるものの、准公娼といえる第二種芸妓／私娼の境界はあいまいだったのである。

しかし、当局が何度取り締まっても私娼は「繁昌」した。急増する日本人男性（日本軍兵士含む）にとって、その身体が「安価」だったからだ。当局が私娼を取締り、公娼や私娼の性病を管理しても、買春男性は放免されているので、性病のまん延を防げるはずはなかった。

日本人男性がみたソウルの日本人私娼たち

では、どんな日本人女性がなぜソウルで私娼稼業したのか。当事者の記録はないに等しい。ソウルではないが、序で紹介した森崎和江によるオーラルヒストリーがわずかにあるだけである。そこで、当時の在朝日本人男性の眼にうつった日本人娼妓たちを紹介したい。

在朝日本人男性による二大総合雑誌である『朝鮮』（一九〇八年三月創刊、一二年一月より『朝鮮及満洲』に改題）、『朝鮮公論』（一三年四月創刊）には、ソウルの花柳界や娼妓のようすなどが毎号のように写真も含めて掲載されている（前述の「恋の統監府と総督府」など）。『朝鮮』には日本国内の移民希望者向けに「朝鮮問答」が連載されたが、前述の通り、芸妓・娼妓の玉代や料理店などの質問がたびたび登場する。移民先の朝鮮で、日本と同じように買春できるかどうかは、日本人男性の一大関心事だったのだ。

ここで取りあげる天来生「奈落の女」（『朝鮮及満洲』一九一六年五月号）も、その一つだ。副題には「記者親しく彼等の真相を探り十数人の『売られたる女』の経路を聞く」とある。「奈落」という表現にも女性たちへの男性目線の卑賤視が感じられるが、この記者がとりあげたのは、公認された第二種料理店以外の「うどんや」などの料理店（いわゆる曖昧屋）で、私娼にされた日本人女性たちである。後述する「貸座敷娼妓取締規則」が出される直前のようすがわかる。

第一に、「夫」「親」などの借金（前借金）を理由に、「夫」などによって「奉公」などと騙されて私娼「稼業」を行うようになったケースである。詐欺的人身売買がいかに横行していたかがうかがえる。

「十七、八の田舎々々した肥つた、丸顔の少女」は、「広島の市外《まちはず》れの百姓家で生れ」、小学校を出て叔父さんを頼り釜山に来て、近所の三十歳近い憲兵に言い寄られ所帯を持った。三ヶ月後、「夫」は憲兵を辞して帰郷すると言い出したが、旅費がないため彼女に「奉公」を命じた。男は帰郷後に呼ぶという約束を信じた彼女は、「京城の料理屋に雇われることにして四十円の前借をした」。京城に来ると「南大門外のうどんやの提灯のついた小さな店に連れて行かれた」。そこでみせられた「契約書」には（この契約が少女の自由意志でないのは明らかだが）

> 一金四十円也、右借用候上は、貴店にて稼業の上、収入の半金を貴店に食料として仕払ひ、半金を右金額の返済に当つ可く候、但し髪結い賃、風呂銭、化粧品紙代等は自分持ちの事（傍点は原文）

という意味のことが記されてあった。しだいに「稼業」の意味がわかった彼女は、男に救いを求め手紙を出したが、なしのつぶてだった。「今じゃ借金は二倍近く」になったという。店と女性の取り分は五割ずつだが、女性の取り分から借金の返済に当て、さらに「髪結い賃、風呂銭、化粧品紙代等」も女性がもった。そのため女性は債務奴隷化したのである。「稼業」から抜けだせない仕組みだったことがわかる。

これ以外にも、「夫」に売られたケースが紹介されている。生活に困った夫は故郷に帰りたいと哀願したので、二十二歳の彼女は夫の旅費の一部を工面するため、「太平町の飲食店に十円借金をして雇われた」。二、三日して「店の主人から客をとる様勧められた」が、「亭主の外は男を知ら」ない彼女は「亭主ある身」だからと拒絶した。しかし「十円直《す》ぐ返せ」と主人に迫られ、彼女は応じざるをえなかった。その後、「故郷に帰った筈の亭主が同じ町内で、自分より年の若い美しい女と同居してゐることを発見」した。彼女は「僅か十円の借金を、二三ヶ月すぎた今も払うことが出来ずに、稼業をつづけている」。夫が「稼業」を知らなかったとは考えられないので、夫に騙され売られたのであろう。

「親」に売られたケースもあった。十二歳から子守りをしていた「下女」が十六歳のときに、「大きな銀行の小使」をしている「父親の要求」で、「桜井町の料理店に移された」という。彼女は「酒を飲むと親を呪ふような言葉を平気で客の耳に入れた」という。

また奉公先から「稼業」に売られたケースもある。「太平町の入口に近い家」で、「二十二、三の色の白いしやくれた様な顔の女が『稼業』をして」いた。彼女は「島根県の者で友達と一伴に来て宿屋に奉公」したところ、一年半後に父親の病気の時に「三十五円送金」した。同郷の宿屋の主婦《おかみ》が親切から貸してくれたと信じていたら、奉公先からここに送り込まれ「今借金は五十円位になってゐるが、払える見込みはない、稼業の方は山分け」ということで「稼業」することになった。山分けと言いながら、「皆とられて仕舞んだよ」と語ったという。

第二に、貧困ゆえに「稼業」に至ったケースである。「黄金町の、軒の低い、温突屋の中では、三十五六の女が子どもをつれて、稼業をして」いた。夫が亡くなり「奉公口を探した」が「母子が飢死するのを遁れたい為め」だった。

第三に、日本国内から少女が就業詐欺で人身売買されたケースもあった。「徳島の田舎に生まれた十五、六の小女《ママ》」は、「京城から帰った村の人に誘われて家を逃げ出したが、その人は故郷での話とは違って、黄金町で小さい料理店を営んでいる家の主人」であった。旅費が彼女の借金（前借金）になっただけでなく、「見も知らぬ旅の男に処女の貞操を売らせられた」という。日本国内からの人身売買である。

第四に、職を求めて朝鮮に渡り、「稼業」に至ったケースもあった。「朝鮮は給金がいいという朋輩のたより」を聞き、大邱《テグ》の旅館で女中をしている友人を訪ねて、単身で朝鮮に渡った山口県出身の若い女性（二十二、三歳）は、大邸ではいい口がなく、「一人京城に来て、口入屋の世話で、黄金町の或飲食店に行った」。しかし「『祝儀があるから』と聞いた話は虚で、客をとらねば小使一文も手に残らなかった」ので、ここを逃げ出し、幾度か店を代わるうちに、「今まで卑しんでいた女達と同じ生活に落ちてしまった」という。

もちろん、これらは一部にすぎない。記者はこうした私娼街について、次のように述べる。

京城の街の中心を為してゐる黄金町から桜井町、若草町、長谷川町、太平町、北米倉町を本場にして、そこから岐れて、何処の横町にも、三軒や四軒のこうした店を見ぬ町は無い、彼等は組合を組織して、組長とか、幹事とか、監査役といふ者を選んで、一つには警察の取締に対抗し、質《たち》の悪い客を警戒し、一つには女の自由を束縛する手段を講じてゐる、前借と云つても十円位から四十円までのものだ、女の稼業の代価は五十銭から一円、宿屋の代わりをして三円までだが、皆主人の取得に為って、小使まで借金に加へて行くやうに仕組まれてゐる（傍線引用者、以下同じ）

日本人街のいたるところに私娼がいた。私娼の「稼業の代価」は、前述の「朝鮮問答」に比べても安い。しかも私娼街の「主人」たちは組合を組織し、警察の取締や悪質な客に対抗するとともに、「女の自由を束縛」して債務奴隷にし、巧妙に性を搾取する「仕組み」がつくられていたことがうかがえる。

最後に、記者は「そこから伝播される病毒」、つまり性病の「恐ろしさ」に言及し、「検梅だけでも決行したら」と思いつつも、「検梅をすれば私娼を公認したこと」になり、「彼等を掃蕩《そうとう》せねばならぬのだが」「掃討か検梅か二者何れかを選ばねばならぬ」と悩むそぶりをみせる。ここには人身売買や性売買のあり方、女性たちが病原菌扱いされていることを批判するまなざしはない。そもそも男性たちが買春しなければ、性病にかかることはないという発想もなかったのである。

(2) ソウルの「植民地遊廓」の確立と朝鮮軍

ソウルの植民地遊廓―朝鮮軍配備と性病対策　憲兵隊・警察は、「併合」前後から私娼を取締り、准公娼（第二種芸妓）や私娼の性病検査に介入した。しかし、既にみたように、「併合」後も「旧態に復し私娼は市中至る所無限に増加」し、「花柳病」も流行した（前掲「私娼取締に就て」）。芸妓／第二種芸妓（娼妓）／私娼との境界もあいまいだった。そのため私娼厳禁の趣旨に基づき、さらにこれらの違いを明確化し、性病対策を整えるため、明石の後任である朝鮮総督府警務総長立花小一郎《たちばなこいちろう》の名で一九一六年三月三十一日に制定したのが、警務総監部令第四号「貸座敷娼妓取締規則」（以下、貸座敷規則。全文は巻末参照）など一連の法的措置だった（前掲「私娼取締に就て」）。それまで民族別に異なり、朝鮮各地で異なった性売買の法令が、「貸座敷」「娼妓」という「内地」と同じ名称を使って、はじめて体系化・統一化されたのである（実施は同年五月一日から）。

〈朝鮮軍（第十九師団）の配備〉では、なぜ制定・施行が一九一六年なのか。序で述べたように、一九一六年四月から朝鮮軍（第十九師団）の配備が始まったことが密接に関連する。

すなわち、一九一六年四月一日から、第九師団を引き継いで、龍山に司令部を置く第十九師団の主力が編制され、朝鮮軍編制作業が本格化した。その隷下には、同日に編制され、咸興に司令部を置く第三十七旅団などがあった。同年四月に編制され龍山に置かれた第四十旅団司令部は、第二十師団創設に備えた部隊だった（十二ページの表2参照）。具体的な編制作業が完了にむかうと、一八年六月に朝鮮駐劄軍司令部は朝鮮軍司令部に改称され、龍山に置かれた。三〇ページの図1は、一九一九年三月当時の朝鮮軍（第十九師団）の配置図である。その後、一九年四月、龍山に第二十師団司令部が創設され、同時に龍山にあった第十九師団司令部は羅南に移転した。こうして、二

図２　第19師団開庁式当日の師団司令部（1916年５月）
1916年５月１日、龍山歩兵連隊の軍旗授与式後に開庁祝賀式を挙げようとするところ。司令部は龍山の丘上漢江に南面した場所にあった。（『朝鮮写真画報特別号　朝鮮師団創設記念号』朝鮮写真通信社、1916年10月、国立国会図書館憲政資料室蔵）

図３　龍山兵営全景（中央）、**歩兵第78連隊**（左）、**歩兵第79連隊**（右）
（「京城百景」「朝鮮写真絵はがきデーターベース」）

一年四月にかけて朝鮮軍が段階的に配備されていった〔辛珠柏二〇一〇〕。

ソウルの日本人にとっても、常設師団の新設は一大関心事だった。「（一九一六年）四月から龍山に新設せられた常設師団の軍人軍族《ママ》の一大集団」は、将来の「一大顧客」として歓迎された（蒲生大夢「師団設置と龍山の将来」『朝鮮及満洲』一九一六年四月）。そのためにも公娼制を確立し、次のように万全な性病対策が急がれたのである。

〈憲兵隊の役割〉ここでも注目すべきは、憲兵隊の具体的な役割だ。第一に、貸座敷規則第一条に「警察署長（警察署の事務を取扱う憲兵分隊、憲兵分遣所の長を含む以下同じ）」とあるように、監督取締機関として警察だけでなく憲兵隊が貸座敷営業の願出と許可をはじめ細部にわたる絶大な権限をもった。「警察官又は憲兵」は、貸座敷の臨検や営業用帳簿の検査（同規則第三十条）などもできた。実際に、龍山憲兵分隊長の名で、ソウル龍山の「大島町金小粉《キムソブン》に対し娼妓稼の許可」の取消を行っている（「朝鮮総督府官報」一九一六年七月五日）。

第二に、同規則二十二条～二十八条では、健康診断書の携帯、警察署長（「憲兵分隊、憲兵分遣所の長を含む」）の指定場所での娼妓（公娼）の定期的な健康診断を詳細に義務づけた。

第三に、同規則の実施に先立ち、同年四月に警務総長の名で「娼妓健康診断施行手続」が定められ、警察官吏または憲兵による診断所派遣が明記された（第二条「朝鮮総督府官報」同年四月二十日、巻末資料参照）。娼妓の性病検診の診断所派遣に、憲兵が登場することに注意したい。警察署は毎月、「娼妓健康診断ノ成績」を警務部長（憲兵隊）に報告する義務があった（第七条）。

第四に、貸座敷以外での稼業、とくに飲食店での私娼稼業を禁止した（料理屋飲食店営業取締規則・芸妓酌婦芸妓置屋営業取締規則）。私娼が「性病感染源」とみなされたからだ。また芸妓・酌婦には、営業時や求めに応じて警察署長（「警察の事務を取り扱う憲兵分隊、憲兵分遣所の長を含む」）に健康診断書を提出させた（芸妓酌婦芸妓置屋営業取締規則第一条・八条）。ここにも憲兵隊が登場する。

序でもみたように、立花小一郎警務総長（＝憲兵隊司令官）が貸座敷規則を三月末日に出し、その直後の四月に龍山で編制された第十九師団長になった（序の表3参照）。李炯植《イヒョンシク》〔二〇一四〕は、立花の日記（国会図書館憲政資料室所蔵）をつかって警務総長時代の長官会議（朝鮮総督府の最高決定機関）での主要案件を整理したが、ここに貸座敷規則制定などは入っていないので、その政策決定過程は明らかではない。しかし以上の経緯から、こうした性管理政策には日本軍の意思が反映されたとみてよいだろう。辛珠柏〔二〇一〇〕が指摘したように、日本陸軍が朝鮮常駐二個師団体制へと作り変えはじめた時点、つまり植民地での政治・軍事的支配体制が完備されつつあった時点で、性売買に対する統制と管理政策が統一的な体系をもつようになったのである。

〈性病対策としての植民地遊廓の確立〉　このように、憲兵隊（日本軍）が一九一〇年代の性管理政策の主体となり取締監督機関として全面的に登場したことを背景に、朝鮮軍（第十九師団）の配備をきっかけとして各地でバラバラだった健康診断（性病検査）をこれらの法規で全道統一化し、「朝鮮における検梅事務に一新紀元を画」（「売娼婦健康診断の状況」〔『朝鮮彙報』一九一六年六月〕）したことも、植民地遊廓（公娼制）確立の歴史的な意義だった。

この「売娼婦健康診断の状況」は、同規則制定前後の性病検診報告である。これによれば、健康診断所数は全国で六五ヶ所だった（一九一五年末）。通常は週一回、嘱託警察医や公医が検診するが、「京城府各遊廓」では「内地人に対し特に五日毎に施行」された。とくにソウルが重視されたのは、朝鮮軍将兵の「性病防止」のためだろう。性病検診の備品消耗品も国庫支援だった。また密売春女性にも性病検査や治療手続きを行った。治療費の資力がない私娼には、国費で支弁された。公娼・私娼ふくめ、性病検査への国家的支援が行われたのである。

「花柳病」罹患率は、日本人娼妓二・九三％、朝鮮人娼妓五・四五％と後者が格段に高かった。興味深いのは、この報告が、「花柳病」が社会に与える影響として朝鮮における徴兵検査の成績をあげたことだ。植民地権力のねらいが、日本人将兵／男性の「健康」にあったことがうかがえる。それによると、在朝日本人男性の性病罹患率は一九一三年六・五四％、一九一四年四・七二％、一九一五年二・八三％、一九一六年四・〇三％と推移した。日本人娼妓より、男性の罹患率が高かった。

貸座敷営業地域の指定　貸座敷規則が実施された同年五月一日から、各道の警務部長は次々と貸座敷営業地域（遊廓）を指定した。憲兵警察制度下で、各道の警務部長をつとめたのは各道の憲兵隊長である。京畿道の場合、警務部長隈部親信の名で同規則第三条による「貸座敷営業指定地域」として、京城府では新町と弥生町の表示の場所が告示された（図4参照。朝鮮総督府京畿道警察部告示第一号、同年五月一日）。さらに同告示第二号は、貸座敷営業者と娼妓の定義をしている（同日）。

「貸座敷娼妓取締規則第四十一条第二項に依り同規則施行前許可を受け現に第二種料理店営業を為す者（乙種芸妓の稼を目的とする料理屋営業を含む）は貸座敷営業者とし又第二種芸妓及乙種芸妓営業を為す者（鮮人《ママ》娼妓を含む）は娼妓稼として之を指定す　　朝鮮総督府京畿道警務部長　隈部親信」（『京城府史』第三巻）

貸座敷営業者とは「第二種料理店営業を為す者（乙種芸妓の稼を目的とする料理屋営業を含む）」、娼妓とは「第二種芸妓及乙種芸妓営業を為す者（鮮人《ママ》娼妓を含む）」と明確に定義された（各道で定義は異なる）。つまり、第二種料理店は「貸座敷」、第二種（乙種）芸妓は「娼妓」へと「内地並み」に改称され、ここに朝鮮人娼妓も含まれた。「国家的体面」を気にすることなく、名実とも植民地遊廓（公娼制）が確立されたのである。しかし、その内実が「内地より劣悪」だったのは、序でみた通りだ。

貸座敷規則の制定直前（一九一五年末）の朝鮮全国の公娼数は、日本人三七九三人、朝鮮人一二七一人、外国人四人、計五〇六八人、ソウルは日本人五五四人、朝鮮人三二〇人（三二一人の誤植）、外国人四人、計八七九人であった。ソウルの公娼数は全国の一七・三％を占め、日本人娼妓は新町遊廓三九九人、弥生町遊廓五五人で「数に於て朝鮮第一位」をしめた（『京城府史』第三巻）。在朝日本人口に占める日本人娼妓数は三・一%、男子人口では五・七%だが、この比率は「甚だ過ぎたるの感」と称されるほど多かった（前掲「売娼婦健康診断の状況」）。

このように、憲兵警察制度の下で、朝鮮軍（第十九師団）の配備を前に、性病を恐れて私娼の取締・集娼化を行い、性病検査を厳重にして、朝鮮軍将兵及び在朝日本人男性に「安全な女性の身体」を提供するため、朝鮮人「娼妓」を含めて、植民地公娼制を確立した。日本軍による軍事占領／支配を核心とする植民地朝鮮において、兵力に関係する性管理政策はきわめて重要な統治技術だったのである。

しかしながら、私娼は減らなかった。普通警察制度になった一九二〇年代にも私娼の「徹底的取締」を期したが、朝鮮に散在した私娼数は日・朝合計「七千六百五十一人」に達した（一九二四年七月調査、朝鮮総督府警務局『朝鮮警察の概要』一九二七年）。ソウルでも「遊廓の繁昌に伴って白首屋も繁昌」した。一九三〇年代に入っても「いわゆる飲食店と称し、白首……酌婦を置いて置るところは二百軒以上」にのぼった（前掲『京城の面影』）。

一方、「京城芸者の淫売（＝売春）は公然の事実」であり、京畿道警察部長自らが「統監府時代から今日迄芸者の淫売取締

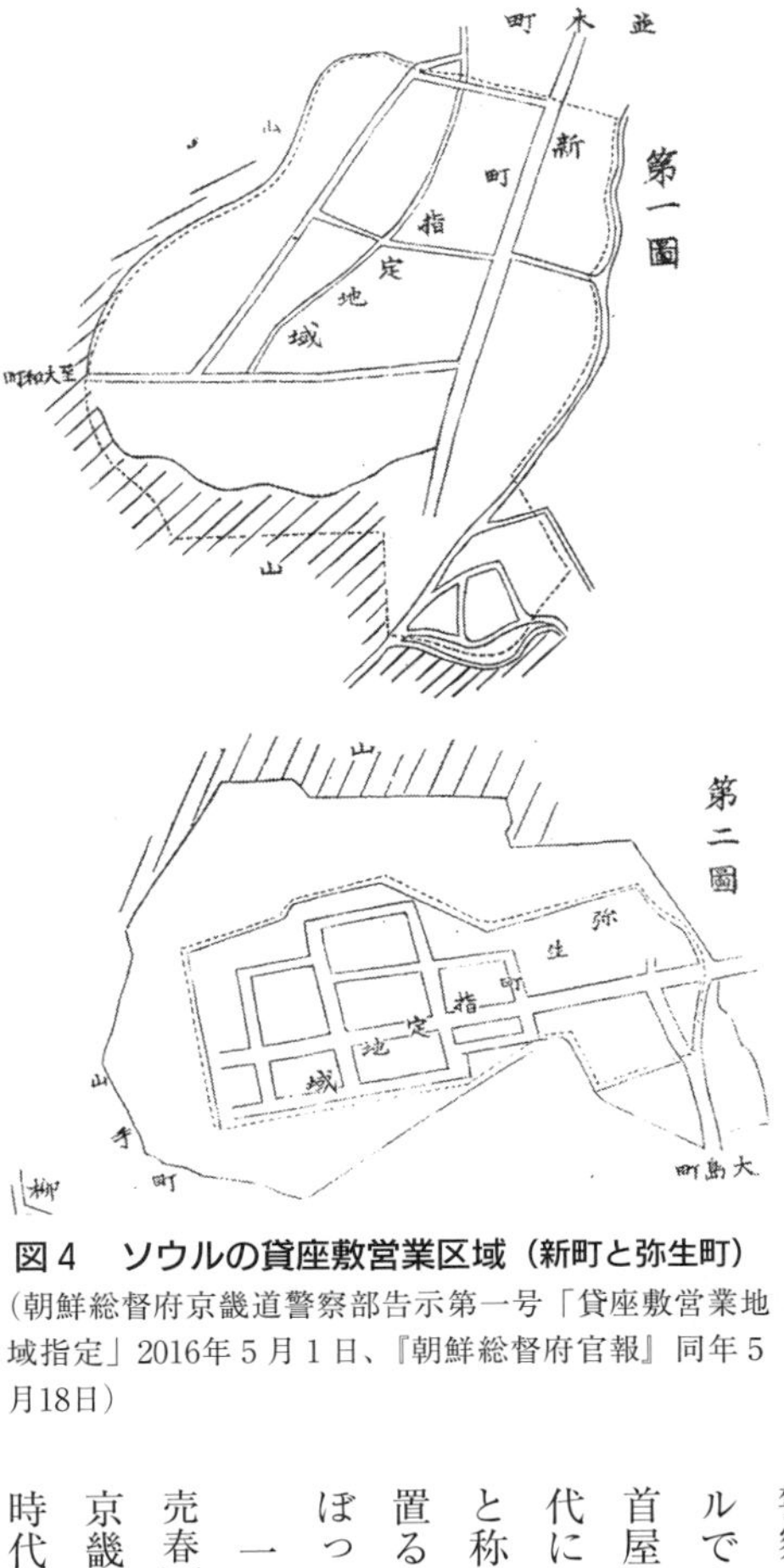

図４　ソウルの貸座敷営業区域（新町と弥生町）
（朝鮮総督府京畿道警察部告示第一号「貸座敷営業地域指定」2016年５月１日、『朝鮮総督府官報』同年５月18日）

と云うことが殆《ほとん》ど行われて居なかった」と認めるほどだった(一記者「京城の風紀取締に就て」『朝鮮及満洲』一九二二年六月)。前者は庶民男性向け、後者は特権男性向けである。飲食店の私娼を取り締るのに、一流料亭の芸妓売春は取り締らない点で、当局の性管理政策は矛盾に満ちたものだった。

朝鮮人遊廓の形成―並木町遊廓と大島町遊廓

ところで、貸座敷娼妓取締規則では朝鮮人「娼妓」も対象になったが、ソウルの朝鮮人の性売買慣行にどのような影響を与えたのか。同規則の制定前のようすと、同規則後にどのように朝鮮人遊廓(「並木町カルボ」)が新町遊廓の近辺に形成されたのかをみていこう。

蝎甫《カルボ》(色酒家)は零細な飲食店や大衆酒場(酒幕)の接待女性だが、私娼とみなされた。一九一〇年代前半のソウルの蝎甫を、日本人男性は次のように観察した。

蝎甫《カルボ》は色酒家と言って酒家《スリチビ》に、又は自分の家、或は抱へ主の家に於て客に淫を鬻《ひさ》ぐものであって、都邑を通じて至る所に散在して居る。目下京城では太平通り、北米倉町、新町辺に最も多く、赤字で抱女の名を記した軒を掲げて、我が吉原その他の遊廓に於ける妓夫とでも言った客引の男を門口に張らして、盛んと通りがかりの客を呼び止める所で此の客引たるものが又頗《すこぶ》る面白い。大抵はその夫なのである。／……道徳が何の彼のと言っても問題は既にその域を超越して、ただ開いた口が塞がらぬばかりである。而《しか》も売淫料は驚くほど至廉なるもので、大抵二十五銭、それに客引への心づけ五銭、都合三十銭である。色酒家の蝎甫《カルボ》にしても、朝鮮酒を鱈腹飲んで、それに食って一夜の宿泊料二円か二円五十銭である。安い国の人間の操は矢張り安い。

(宮崎九州「朝鮮の妓生と蝎甫《カルボ》」『女の世界』一九一六年五月十日臨時増刊。一部のふりがなは原文ママ)

蝎甫の廉価な玉代や日本と違う性売買慣行への蔑視観が伝わってくるが、彼女たちが「太平通り、北米倉町、新町辺」に多かったことがわかる。また別の日本人男性は同じ頃の「北米倉町一帯に巣食う朝鮮女」と客引きの様子を以下のように記した。

> 饂飩屋、料理店等の赤提灯の影に佇む鮮童《ちょんがー》の群……「旦那、別嬪居ります、こっちへいらっしゃい」／と声は低いが流暢な日本語、袖引きての襲撃には逍《さす》がに一驚、それが相手選ばず男さえ見れば此の始末。「こちらへ」と彼等が云へるを振り向けば狭き路地に、ずらりと並んだ軒灯には紅桃、梅紅、梅花など云える蝎甫《カルボ》名が赤黒の文字とりどりに書き記されたもの、鮮童《ちょんがー》の導くまま路地に入れば、逍《さす》がは春を売る女街、例の朝鮮式の髪に悪烈な白粉こてこて縫った蝎甫《カルボ》連、乙に澄し込んで温突内に立て膝格好は妙なり。
>
> （夜行子「夜の京城」『朝鮮及満洲』一九一六年一月号、ふりがなは原文ママ）

「鮮童《ちょんがー》」（チョンガーは独身男、若い男の意）が「流暢な日本語」で客引きしているので、主な買春客が日本人男性だとわかる。そもそも「北米倉町一帯」は日本人居住区なので、当然といえる。

注目されるのは、貸座敷規則以降の変化である。植民地権力は、朝鮮人娼妓を抱える貸座敷営業者に対し「当分の間」営業地域指定の適用除外を定めた（同規則第四十二条）。その意図に関して、同規則を出した警務総監部の中野有光（保安課長・警務官）は、以下のように述べている。

> 内地人は内地に多くある例と同じく、貸座敷業者内に娼妓を抱えて営業しているのが多いが、鮮人《ママ》は多くは一人の娼妓が一家の内に於て営業する風習である、之れを同一規則で制限することは頗る困難であるが、一般取締上から全然内鮮人《ママ》を区別して終う事も考え物であったし、鮮人《ママ》の事実上の業態を認めて漸次或場所に集住せしめて内地式と朝鮮式との両方のものを取締って遺憾なきまでに変化せしめたい希望であるのだ、……
>
> （中野有光「鏡台の抽斗に勘定帖を持っている芸妓」『朝鮮及満洲』一九一六年六月号）

貸座敷で営業する日本人娼妓と異なり、朝鮮人娼妓の場合は「一人の娼妓が一家の内に於て営業する風習」だった。植民地権力はこの業態をいったん認めたうえで、集住化を促し、「遺憾なきまでに変化」、つまり業態を「内地化」させようとしたのである。

一九一七年二月末から、ソウルの朝鮮人「娼妓」の集娼化が本格的にはじまった。隈部親信警務部長（＝憲兵隊長）時代に宮舘南部警察署長の方針で、赤萩・北野ら貸座敷業者が中心となり、市内に散在した「カルボ窟」を新町遊廓の東隣にある並木町（現双林洞《サンニムドン》）に移転するよう命じた（前掲「新町ものがたり2」）。具体的には、本町警察署が本町・鍾路警察署管内の「色酒家」（＝蝎甫）に関して、娼妓たちを三月十五日以内に新町の近辺の並木町に移すよう命じた。しかし、並木町にはそれほどの家はないので、並木町、そして三牌が集められていた笠井町（旧詩洞）の二ヶ所に移るようにした。同年八月二十二日に業者たちは新町遊廓の東側に四八九三坪の土地を編入し、その直後の二十七日に鹽澤義夫京畿道警務部長の名で新町遊廓（貸座敷営業地域）の拡張を認めた（京畿道警務部告示第一号「貸座敷営業地域変更指定」）。一九一八年春頃からここに家屋を建てはじめ、十二月に工事が終わるや本町警察署は十二月二十七・二十八日に北米倉町の朝鮮人「娼妓」を新町に移させ、笠井町の「娼妓」も翌一九年三月までに移動させた。並木町は「東新地」と名づけられたという。日本人貸座敷業者の出資により、ソウルではじめて朝鮮人「娼妓」を集めた「東新地」遊廓（並木町、さらに西四軒町）が新町遊廓に隣接してつくられた（以上〔藤永二〇〇四、朴鉉二〇一五〕）。

また、龍山には、弥生町遊廓の近くに、朝鮮人娼妓がいる大島町遊廓があった。その設立経緯は明らかではないが、貸座敷規則前からすでに朝鮮人集娼地区として存在し、その後も営業を「黙認」された（『東亜日報』一九三〇年十二月五日）。一九二〇年に入ると、弥生町遊廓が「好成績」なのに対して大島町遊廓は「不況」だったため、弥生町遊廓内への移転話がでた（『朝鮮新聞』二四年五月七日）。一九三〇年末に大島町の人口増と衛生問題によって移転話が本格化し、弥生町遊廓と「合併」される方向になった（前掲『東亜日報』）が、進まなかったようだ。ようやく三二年になって、弥生町の大塚熊本と栄町の祝一郎の二人（日本人）の共同経営により弥生町遊廓病院の後ろに

表1　ソウル市内の各遊廓の娼妓数（1923年頃）

	遊廓名	日本人	朝鮮人	外国人	合　計
京城	新町遊廓	461人	58人	2人	521人
	西四軒町（・並木町？）		309人		309人
龍山	弥生町	190人			190人
	大島町		102人		102人
合　計		651人	469人	2人	1,122人

出典）「娼妓千四百人　京畿道だけで」『東亜日報』1923年6月12日より作成。
注）表で省略したが、仁川（日本人119人、朝鮮人100人）、開城（朝鮮人15人）なので、京畿道で計1,356人である。

表2　ソウルの貸座敷業組合（1922年）

場所	遊廓名	組合名	所在地	組合長
京城	新町遊廓	新町貸座敷業組合	新町12	安川伊吉
	並木町遊廓	漢城貸座敷組合	並木町66	金泰玉
龍山	弥生町遊廓	弥生町貸座敷業組合	弥生町	福井浩一
	大島町遊廓	大島町貸座敷業組合	大島町80	朴順榮

出典）京城商業会議所『京城商工名録』1923年より筆者作成。
注）同書凡例によれば、1922年現在のもの。

ある約二〇〇〇坪の土地に建築費用四万円で新築するが、ここに大島町から移転するのは楼主二〇名、娼婦二〇〇名ほどだという（『毎日申報』三二年七月二十六日）。その後、大島町遊廓の所在地は、弥生町に移った。

地域別、民族別の植民地遊廓の展開―一九二〇年代　このように、一九一〇年代には新町遊廓に隣接する並木町・西四軒町に、また龍山の弥生町遊廓の近くの大島町に、それぞれ朝鮮人集娼区がつくられ、南村側（日本人居住地）に地域別・民族別に集娼地区が整えられた。

表1から、一九二〇年代前半の様子がうかがえる（並木町はないが西四軒町に含まれると考えられる）。ソウルだけで一一〇〇人以上の娼妓がいた（日本人六五一人、朝鮮人が四六九人）が、このうち新町遊廓の娼妓数がいかに多いかがわかる。新町遊廓には少数の朝鮮

人娼妓がいるが、弥生町には皆無だ。また、地域別・民族別に貸座敷業組合もそろった〔表2〕。

なお、同規則と一連の諸規則（一九一六年）により、妓生は「芸妓」に分類され、自宅に客を招き宴席をはる伝統的な妓生の営業形態から、呼び出されて接待する料理店方式への変更を余儀なくされた。ソウルの妓生組合は、日本式の券番（見番・検番ともいい、芸妓の取り次ぎや送迎、玉代の清算などを行った）への変化を促された〔「芸妓酌婦芸妓置屋営業取締規則」〕。また、それまで「娼妓」に分類された三牌は、妓生に「昇格」するなど、接客女性の再編成が促された〔藤永二〇〇四〕。妓生を含む芸妓、酌婦は、性売買を禁じられたが、営業申請時や警察署長の求めに応じて健康診断書の提出が義務づけられた。在朝日本人男性向けの性病対策であったことは言うまでもない。

3 「京城」Ⅲ

——植民地遊廓と植民地社会——

(1) 性にまみれた在朝日本人社会

『朝鮮ニ於ケル花柳病ノ統計的観察』 朝鮮軍司令部が一九二一年に発行した『朝鮮ニ於ケル花柳病ノ統計的観察』は、植民地朝鮮の性病に関する詳細なデータ集である。著者の山田弘倫《こうりん》は陸軍軍医監、平馬左橘《ひらまさきつ》は陸軍三等軍医正である。朝鮮軍司令部が性病の動向に神経をとがらせていたことがわかる。

データの出所は、一九一七年から一九年までの三年間に朝鮮総督府警務部衛生課が調査した全道の「公私立病院の公医」の提供による朝鮮人九万六七五五名、在朝日本人五万二九一二名の性病患者である（日本国内は一九一二～一六年まで）。この調査が一九一七年から行われたのは偶然ではなく、貸座敷娼妓取締規則制定後の性病罹患の動向をみようとする意図があったと推測される。

その内訳は、「（花柳病）蔓延の実数」の把握は不可能なので、「多方面に亘り患者の実数を調査し一般患者に対する割合」と「壮丁《そうてい》、軍隊及花柳病の泉源たる売淫婦の景況」を総合して「推定」したものだ。しかし、住民一〇〇〇人に対する「受診花柳病」の割合は日本人平均五七・八二‰（パーミル＝千分率）に対して、朝鮮人のそれは平均二・一〇‰と圧倒的に少なかった。「併合」間もない一九一〇年代に西洋医療の普及率は低く、朝鮮人は「公私立病院」で受診しなかった（買春率も低かった）ためと考えられる。二〇～三〇年代でも西洋医療に包摂されず、

「患者」化されない朝鮮人が大多数だったのである〔愼蒼健二〇一〇〕。これらに留意しながら、データをみよう。

まず、一般患者に対する性病患者比率は、在朝日本人が六九・七‰、朝鮮人六一・五八‰の順であった。日本国内が五二・〇七‰なのに比べると、在朝日本人の突出ぶりがめだつ（「付図第二」同書所収）。ただし朝鮮人患者比率はそもそも受診率が低く、人口比における娼妓比率がはるかに低いこと（後述）から、実際はさらに低いと推察される。性別でみると、在朝日本人「男七対女四」、朝鮮人「男二対女一」、日本国内「男七対女三」であり、民族の別なく男性が女性の二倍近く性病に罹患していた。それでも、同書では「朝鮮在住の女子羅《ママ》患率は内地女子より比較的高」いことが強調されている。

次に、「帝国陸軍」で比較してみよう。在朝鮮の軍隊は一八・六四‰であり、在朝日本人に比べても格段に低い。同じ日本軍である在関東州軍隊（二五・二三‰）、台湾軍隊（二二・五九‰）、日本国内（二一・七八‰）に比べて最も低い（「付図第一」）。日露戦争時に朝鮮駐屯日本軍の性病罹患率が高かった時と様変わりだ。同書の別の統計で一九一二年から五年間平均一四‰強だったが、一九一七年に「急に増加」しその後四年間は平均二二‰になったという。貸座敷娼妓取締規則施行後に、朝鮮に来た朝鮮軍兵士が買春に走った可能性が示唆される。

興味深いことに、満二十歳に達した日本人青年男子（壮丁）に義務づけられた徴兵検査時の性病検査では、①中国（原文「支那」、五八・五六‰）、②台湾（四七・〇三‰）、③関東州（四〇・一三‰）、④朝鮮（三一・二八‰）、⑤日本（原文「内地」、二二・九二‰）、⑥樺太（二二・七八‰）の順である。日本国内にくらべて、植民地在住の日本人男性の性病罹患率が格段に高い。徴兵検査では「帝国男子全員ニ対シ漏レナク身体検査」を行うため、この数値は信頼性が高く、各地在住の動向がわかる。

朝鮮内の徴兵検査場である龍山・平壌・光州・釜山・大邱・義州・咸興・羅南・大田・元山を比べると、龍山（一七・六‰）が最も低い。羅南（二五・三‰）も三番目に低い。龍山に朝鮮軍・第二十師団の司令部、羅南に第十九師団司令部があったので、龍山・羅南での性病管理ぶりがうかがえる。

表1　民族別にみた公娼一人に対する住民数（1920年）　単位：人

	住民数	公娼数	公娼一人に対する住民数
在朝日本人	346,496	3,646	95
朝　鮮　人	16,891,289	2,655	6,362
合計	17,237,785	6,301	2,736

出典）山田弘倫・平馬左橘『朝鮮ニ於ケル花柳病ノ統計的観察』朝鮮軍司令部、1921年。
注）1．同表の原文では「売淫婦数」となっているが、同書本文では「公娼」なので公娼とした。
2．同表では1919年もあげているが、省略した。
3．計算上の間違いは修正した。

在朝日本人社会と性売買・性病　最後に、接客女性の動向と性病をみてみよう。表1は健康診断をうけた公娼一人に対する住民数であるが、在朝日本人社会の公娼割合は九五人であり、朝鮮人社会の六三六二人に比べて著しく少ない。つまり、在朝日本人社会の公娼数は、飛び抜けて多い。朝鮮の六つの植民地都市別に比較した表2をみよう。朝鮮人社会も都市になると平均三八九人と大幅に下落するが、それでも在朝日本人社会の平均九二人よりは少ない。一方、在朝日本人社会では平壌六一人、釜山六四人、元山八八人の順であり、ソウル（京城）の一二五人は都市別では高くはない。

ところが、日本の各都市の公娼一人に対する住民数と比較すると、東京市は三四〇人、大阪は二三四人である。ドイツではベルリンが六〇八人、ドレスデン一七一三人、ライプチヒ五八八人などである（一九〇五年・〇六年）。この統計の通りならば、朝鮮の植民地都市の人口比にみる公娼数がいかに突出して多いかがわかる。

表3から一九一〇年代後半期の公娼の民族別性病罹患率（原文は「健康診断受検延人員対する有毒者」）をみよう。日本人公娼一一九・二‰が朝鮮人公娼一五九・五‰を下回るのは、前者への性病管理が徹底的だったからだろう。それでも在朝日本軍の一八‰に比べれば、両者ともきわめて高い。

表２　朝鮮の植民地都市での公娼一人に対する住民数（1920年）

単位：人

植民地都市	住民数		公娼数	公娼一人に対する住民数
京城府	日本人	64,630	518	125
	朝鮮人	180,107	547	329
釜山府	日本人	32,786	510	64
	朝鮮人	40,549	59	687
平壌府	日本人	12,417	202	61
	朝鮮人	45,618	115	397
大邱府	日本人	11,756	101	116
	朝鮮人	32,137	44	730
仁川府	日本人	11,078	104	107
	朝鮮人	23,484	92	255
元山府	日本人	7,064	80	88
	朝鮮人	19,583	21	933
合計	日本人	139,731	1,515	92
	朝鮮人	341,478	878	389

出典）表１に同じ。筆者の作成による。
注）１．同表原文は「売淫婦」だが、本文では「公娼」なので公娼とした。
　　２．同表原文に外国人の記述もあるが、少数なので省略した。
　　３．原文の「釜山」は「釜山府」とした。

　さらに、表４から接客女性別の罹患率にみると、芸妓、酌婦、娼妓、私娼（原文「密淫売」）の順に高くなるが、とくに私娼は日本人一九三・四‰、朝鮮人二六一・四‰とずばぬけて高い。接客女性別にみると、つねに朝鮮人の罹患率が上回っている。とりわけ朝鮮人私娼が突出しているのは、劣悪な環境・待遇や性病管理対象外だったためだろう。当時の朝鮮人社会に性売買がそれほど普及していなかったこととは対照的に、朝鮮人接客女性たちは性病に悩まされていたと言えるだろう。

　以上をまとめると、植民地朝鮮社会では、第一に、在朝日本人、徴兵時の日本人青年男子（壮丁）の性病罹患率は、日本内地よりも格段に高い。女性の罹患率も日本より高い。第二に、日本版図内の帝国陸軍のなかでは在朝鮮の軍隊の罹患率は低いが、一九一七年以降は増加傾向にあった。第三に、在朝日本人人口に比しての日本人公娼数は、日本国内よりも多い。とくに都市別の公娼数でみると、東京・大阪、ドイツの各都市に比べても、朝鮮のどの植民地都市も日本人公娼数がはるかに多い。

表3　民族別の公娼の性病罹患率（1916〜20年）

	日本人公娼			朝鮮人公娼		
年度	公娼数	性病	日本人性病罹患率(‰)	公娼数	性病	朝鮮人性病罹患率(‰)
1916年度	3,586	2,441	68.070	1,401	1,329	94.861
1917年度	3,193	4,512	141.309	1,758	3,126	177.816
1918年度	3,477	4,137	118.982	2,866	4,343	151.535
1919年度	3,409	4,796	140.686	2,486	4,687	188.536
1920年度	3,646	4,750	130.280	2,655	4,326	162.938
平均	17,311	20,636	119.207	11,166	17,811	159.511

出典）表1に同じ。筆者作成。

注）1.原文は「健康診断受検延人員に対する有毒者」である。原文の「売淫婦」「花柳病」「売淫婦計に対する花柳病計」はそれぞれ公娼、性病、性病罹患率にした。
2.計算ミスは修正した。

表4　民族別・接客女性別の性病罹患率（1916〜20年）

接客女性別	民族別	千分率(‰)
芸妓	日本人芸妓	16.6
	朝鮮人芸妓	26.7
娼妓	日本人娼妓	24.2
	朝鮮人娼妓	54.9
	日本国内娼妓	20.5
酌婦	日本人酌婦	32.2
	朝鮮人酌婦	49.2
私娼	日本人私娼	193.4
	朝鮮人私娼	261.4
	日本国内私娼	201.7

出典）表1に同じ。筆者作成。
注）1.接客女性（原文「売淫婦」）の統計は1916〜20年の5年間の平均。
私娼（原文「密淫売」は1919年度は不明のため除算。
2.日本国内娼妓（原文「内地娼妓」）は1918年、日本国内私娼（「内地密売淫」）は1920年調べ。

第四に、娼妓（公娼）をはじめ芸妓・酌婦、私娼などの性病罹患率は朝鮮人が高く、娼妓の罹患率は日本人・朝鮮人とも日本内地よりも高い。朝鮮人私娼の罹患率はとくに高い。こうした事実には、在朝日本人の半数が植民地都市（「府」居住者は四九・八％、『朝鮮総督府統計年報』一九二〇年度版）に住み、その日本人居住区では公認遊廓をはじめ性売買が盛んだったという事情が反映されている。在朝日本人社会は、性売買と性病が極度にまん延した「性にまみれた社会」であり、その弊害が主に朝鮮人私娼に及んでいたのである。

だからこそ、日本人将兵／植民者を性病から守るため、日本人はもちろん朝鮮人をも対象に、娼妓を性病検診・集娼化するシステムとして植民地公娼制が確立されなければならなかった。性管理政策は、植民地権力の重要な統治技術の一つだったのだ。しかし、思惑通りにならなかったのはみてきた通りである。

この調査は憲兵警察制度下で行われたが、普通警察制度に移行した一九二〇年代には、朝鮮軍は性病対策に直接介入しなかったようだ。日本で一九二七年に「花柳病予防法」が公布された（施行は二八年九月）が、朝鮮では施行されなかった〔朴貞愛二〇一六〕。しかし、影響がなかったわけではない。二八年十月に警察当局の発意により、新町遊廓で約三〇〇名の娼妓・楼主が集められ、花柳病予防新薬（一本二四銭で楼主の負担）の使用方法が説明されたという（『釜山日報』一九二八年十月十五日）。

(2)　ソウルの植民地遊廓と娼妓・業者・買春客たち

主に一九二〇年代の新町遊廓や弥生町遊廓のようすをみよう。図1は新町遊廓の写真である。

娼妓たち　劣悪な待遇におかれた娼妓たちは、さまざまな方法で抵抗した。その様子はしばしば新聞に載った。

図1　新町遊廓

年代不明。日本式家屋が並んでいる。日本服を着た男性がみえる。「（朝鮮名所）京城新町遊廓ノ一部」と記載あり。（「朝鮮写真絵はがきデータベース」）

「米櫃《こめびつ》である娼妓を苛《さいな》むな　悪行楼主は許さぬ本町署で立案」（『朝鮮新聞』一九二四年九月十三日）もその一つだ。日本語新聞なので、この娼妓は日本人娼妓だろう。記事では、新町遊廓の大桝楼で、娼妓十数名が結束して楼主の虐待事実を所轄の本町《ほんまち》警察署に訴え「優遇方法」を迫った。警察署は一ヶ月ほど各楼を調査し「言語を絶する生活とその虐待」の実態から娼妓の「優遇案」を次のように指示した。

一．客席用衣類の支給　△季節に応じたる長襦袢、着物等一切の必要衣裳類を現品支給すること　△前項の衣裳類は適合のもの　△衣裳実費として毎月四、五円の現金支給を為し居る向きあるも到底少額にして需要不十分なり

二．娼妓の疾病　△要すれば娼妓の疾病時に休養せしむるため特に適当なる休養室を設け置くこと　△食物は相当滋養物を摂取せしめ最も懇切に慰藉看護すること

三．娼妓の賄　△要すれば娼妓一人の賄い料最低

月額を定め置くこと

四．稼業上必要なる費用　△髪結賃一箇月六回乃至八回位を最小限度と為し支払うこと　△客用まつち代茶代等現品を支給すること　△使い紙　…用途上最も潤沢に支給すべき…紙質も…改善すべし…△洗濯賃は之亦当然楼主に於て負担支弁　（…は引用者が略したことをさす）。

五．賃借計算簿に就て　△賃借計算簿□冊共一冊は必ず娼妓に交付し置くものとす　△賃借計算に付全然娼妓に印鑑を提出せしめ楼主に於て勝手に捺印するものあり毎月三日迄に前月の計算を詳記し娼妓と共に捺印するものとす

注意事項

一．娼妓の外出に就て　娼妓の外出に就ては仲居等の手不足のため全員に満足を与ふること困難なる事情あるべきも力めて便宜を供与し悪感情を与へざる様注意すること

二．御茶引について　御茶を引きたる（客がなくて暇の意、引用者）場合に御茶引部屋又は張店等を娼妓の寝所にするのは懲罰的意味を含んで待遇上外観上両つながら面白からず客の有無にかかわらず等しく子供部屋に就寝せしむる様改善すること

三．娼妓の寝具に就て　娼妓の寝具就中《なかんずく》敷布枕覆等は時々洗濯を為し清潔なるものを与ふること　以上

以上の警察による待遇改善案は、逆説的に娼妓の劣悪な待遇を物語るものになっている。娼妓たちは衣食住を満足に与えられず、稼業上に必要な衣装、髪結賃、客用マッチ代・茶代、使い紙、洗濯賃も自前または制限された。病気になれば冷遇され、外出も自由にできず、客待ちでヒマな時は懲罰的に寝場所を奪われた。楼主が娼妓の賃借計算簿をにぎり、娼妓に知らせず賃借計算に捺印した場合もあった。楼主がいかに巧妙に娼妓たちを搾取し、奴隷

的待遇をしていたかがわかる。

この記事が書かれた一九二四年頃から、新町遊廓の不況対策に関する記事が増えた。まず、娼妓たちの花代をさげて「時間制」になった（『朝鮮新聞』二四年五月二十九日）。昼間は最初の一時間一円五〇銭、二時間目一円、三時間目からは毎時間五〇銭、夜間は最初二円、二時間目からは昼間と同じである。そのため「夜でも三時間三円五〇銭となり私娼より低廉」となったという。それだけ、娼妓の待遇が劣悪化したことを意味する。そのなかで、先述の娼妓虐待と「優遇案」が起こったのである。

次に、翌二五年三月に新町遊廓から娼妓の「送り込み制」（券番制度）の実施許可を本町警察署に出願し（同前二五年三月二十八日）、五月に認可された（同前二五年五月九日）。後者に関しては、本町警察署が娼妓約四〇〇人を集めて説明を行った。記事によれば、(1)娼妓（稼業者）は一種の賃貸料を全収益金の二割として館に支払う、衣裳料装具等を負担する、前借金は無利息として娼妓の稼業収入から返済する自前制度になった、(2)楼主（営業者）は、住食費、組合費、疾病費等を負担する、娼妓券番の存立費の手数料を全収益の五分から支払う、(3)両者折半は公課金月額二円（三円？不鮮明：引用者）五〇銭、というものだ。楼主は娼妓の全稼ぎ高の二分の一が収入となり、そこから娼妓の住食費組合費その他を差し引くが、結果的に「楼主としての収益は従前と大差な」いという。自前稼ぎとなった娼妓は年季に関係なく、前借金を返すまで稼業をしなければならず、待遇改善には遠かった。

以上は新町遊廓の日本人娼妓の事例だが、弥生町遊廓では軍都龍山ならではの事件が起こった。上等兵（二十三歳）がしばしば登楼した一福楼の日本人娼妓（十九歳）にふられたことで心中を迫り、それが失敗すると弾薬庫の裏山付近で縊死《いし》した事件が発生し、龍山憲兵隊が調査した（同前二六年十月十三日）。この事件は、弥生町遊廓と日本軍将兵との密接な関係を裏づけている。

表5　ソウルの貸座敷営業者の営業規模（1927〜28年頃）

	民族別経営	内訳	平均納税額(円)
新町遊廓	日本人経営(54人)	新町(47戸)、西四軒町(7戸)	86.09
	朝鮮人経営(37人)	並木町(25戸)、西四軒町(12戸)	15.30
弥生町遊廓	日本人経営(17人)	弥生町(17戸)	72.01
	朝鮮人経営(13人)	大島町(13戸)	18.61

出典）天野謙編輯『朝鮮商工大鑑』（朝鮮商工研究会、1929年）より作成。
注）1.同書凡例によれば、1927年または1928年のもの。
2.京城府など府は営業税年額10円以上の納税者を記載。
3.新町遊廓の日本人経営54人は置屋2人を含む。
4.弥生町遊廓の日本人経営は18人だが、うち1名は税額無回答なので17人から割り出した。

貸座敷業者たち　朝鮮商工研究会『朝鮮商工大鑑』（一九二九年）には、一九二〇年代後半のソウルの貸座敷営業者の屋号、税額、電話の有無、住所、経営者の実名の記載がある（ただし朝鮮人経営には電話や屋号の記載はない）。表5は、民族別に納税額をまとめたものである。

納税額から経営規模を判断すると、新町遊廓のうち日本人経営（五四人、うち置屋二人、新町・西四軒町）は八六・〇九円、朝鮮人経営（三七人、並木町・西四軒町）は一五・三〇円、弥生町遊廓では日本人経営（一七人）七二・〇一円、朝鮮人経営（一三人、大島町）は一八・六一円である。つまり日本人経営の遊廓は朝鮮人の四〜六倍の規模だった。これに比べて、朝鮮人経営は零細だった。

なかでも特筆すべきは、赤荻與三郎である。赤荻は、新町遊廓創設時から続いた第一楼をもち、もっとも高額の納税者だった（二九八・一五円）。それだけではない。赤荻は、同じく新町に芸妓置屋の江戸屋（納税額一三四・九円）、西四軒町に料理屋の南山荘（同二六八円）をもつ（前掲『朝鮮商工大鑑』）など大富豪だった。赤荻は、一九三五年に京城府会議員選に当選した〔宋一九九四〕ので、貸座敷経営で財をなし地元の名士にのしあがったのである。

萩森茂『京城と仁川』（一九二九年）にも、ソウルの二大遊廓の楼名と楼主名の記載がある（表6）。同書によれば、新町遊廓は貸座敷数五五、娼妓数二六一人（民族別記載はないが日本人と推察）、楼主はすべて日本人である。

表6　ソウル（新町遊廓・弥生遊廓）の楼名（日本人経営）

	楼　名
新町遊廓（55軒）	京花楼、栄月楼、都楼、宝栄、金波、住の家、第一楼、叶家、一力、喜代本、春の家、梅の家、遊月楼、君の江、菊本、大桝、汲月、若松楼、第一楼支店、菊水、華山、角好、望月、富貴、琴住、朝鮮楼、白楊、栄、金水、鳴門、新清月、常盤楼、登美家、寿楼、富美家、阿けぼの、万遊楼、富久家、太平楼、玉家、白扇、大力、秀京、河合、玉の江、清月、登仙閣、君の江、福島楼、山陽楼、泉楼、正家、大和家、幸楼、○《ママ》楼丸
弥生（町）遊廓（20軒）	花月楼、大黒楼、松月楼、常盤楼、高陽楼、山遊楼、金波、入船楼、大黒、一福楼、三幸楼、喜楽楼、三芳楼、君乃家、弥生楼、白水楼、一富士、富田楼、桃廼家、○《ママ》丸楼

出典）萩森茂『京城と仁川』（大陸情報社、1929年）より作成。

名前から女性と判断できる楼主は少なくとも二三人いる。赤荻は、第一楼以外に叶家・華山の楼主との記述もある。一方、龍山にある弥生遊廓は貸座敷数二〇、娼妓数は一三五人（民族別記載なし）で、楼主はすべて日本人（うち一〇名が女性楼主と判断）である。

このように、一九二〇年代後半、日本人が経営するソウルの遊廓だけで貸座敷数七五、娼妓数は三八六人に達した。これらは、ほぼ同じ時期に調査された表7の日本人経営の貸座敷数と日本人娼妓数にほぼ合致する。しかも同表をみると、ソウルの日本人経営貸座敷数は、朝鮮全体の四分の一、日本人娼妓数で五分の一を占めた。これに加えて新町遊廓では、朝鮮人の貸座敷営業者八一人、娼妓三〇九人であり、日本人の業者・娼妓を上回った。両者を合わせると、業者数一三五、娼妓数五六〇人に達し、新町遊廓がいかに大規模だったかがわかる（並木町・西四軒町の朝鮮人遊廓が含まれたと推察される）。一方、弥生町の遊廓は同表では日本人営業者だけである（後述）。

買春客と遊興方法　最後に、買春客たちをみよう。表7は、『廓清』による新町遊廓と弥生町遊廓、および全道二五ヶ所の遊廓の遊客調べ（一九二九年）である。

まず、全道二五ヶ所平均からみると、遊廓営業者の六割は日本人、娼妓の六割弱が日本人、遊興人員の八割は日本人、遊興費の九割は日本人が占めた。

表7　遊廓所在地別の遊客調べ（ソウルのみと全道、1929年）

	営業者		娼妓数		遊興人員		遊興費(円)		一人当たり遊興費(円)	
所在地	日	朝	日	朝	日	朝	日	朝	日	朝
京城府新町	54	81	251	309	93,219	3,743	947,377	24,487	10.2	6.5
日朝比	40.0%	60.0%	44.8%	55.2%	96.1%	3.9%	97.5%	2.5%		
龍山弥生町	20	0	138	3	24,907	1,412	227,280	5,171	9.1	3.7
日朝比	100.0%	0.0%	97.9%	2.1%	94.6%	5.4%	97.8%	2.2%		
全道25ヵ所合計	312	216	1,900	1,385	450,315	110,683	3,587,693	436,459	8.0	3.9
日朝比	59.1%	40.9%	57.8%	42.2%	80.3%	19.7%	89.2%	10.8%		

出典）宋連玉〔1994〕より抜粋して、新たに作成。原典は『廓清』1931年10月号・11月号。
注）宋〔同前〕によれば、1929年の遊廓指定地28ヶ所のうち京畿道2ヶ所、慶尚南道1ヶ所が記載されていない。

一人当たりの遊興費も、日本人（八円）は朝鮮人（四円）の二倍だった。民族別人口比からみても、日本人男性の買春率は圧倒的である。一九二九年当時の遊廓が所在した都邑の人口比からみると、日本人男性は朝鮮人男性の一二倍の頻度で買春をし、農村人口を含めた朝鮮全体の男性人口比では五七倍になった〔宋一九九四〕。

次に、ソウルの二大遊廓を比較してみよう。共通するのは遊興人員の九五％以上が日本人男性であり、全道の八割よりもきわめて高いことだ。まず、新町遊廓は、営業者・娼妓の数が朝鮮最多であり、朝鮮人の比率も高い。一人当たりの遊興費も日本人（一〇円）、朝鮮人（六・五円）と全道平均より高い。

これに対して、龍山にある弥生町遊廓は、すべての営業者、ほとんどの娼妓が日本人である点が、新町遊廓と対照的である。同じく軍都である鎮海の遊廓（第4章参照）でも営業者はすべて日本人、娼妓も日本人が多い点などが類似する。軍事上の理由が考えられる。ただし龍山の場合は、この表にはないが、弥生町遊廓に近い大島町に朝鮮人業者・娼妓が多数いた。それが含まれないのは移転前だからだろう。また、飲食店などの私娼と買春客は、この表には含まれないことにも留意が必要だ。

ところで、大日本帝国版図（日本、台湾、朝鮮、関東州）の買春ガイドブックというべき『全国遊廓案内』（一九三〇年）は、遊廓ごとの規模や楼名、娼妓の稼ぎ方、遊興方法の記載が詳しい。同書によれば、新町遊廓の娼妓数は「約九百人位」と表7に比べて大幅に多いが、楼名の記載はなく記述も少ない（しかも新地遊廓と誤記）。一方、弥生《ママ》遊廓は娼妓数「（日本人）百五十人」「鮮人《ママ》二人」と記され、娼楼名の記載がある。稼ぎ方や遊興方法はどうか。新町遊廓では「娼妓は居稼ぎ」とあるので、住み込みの娼妓が買春客を相手にした。送り込みはなくなったのだろうか。

また、買春客が娼妓を選ぶ方法は「全部写真制」で、遊興は「時間」（制）で「廻しは絶対にない」という。「廻し」をせず一対一で客の相手にするのは、大阪式である。玉代は「御定《おきま》り（標準、並の意―引用者）一泊は芸娼妓七円。唯の娼妓は六円で酒肴附」だった。弥生遊廓でも「居稼ぎ制」「写真式」は同じだが、一人の客に一人の娼妓が接客する「通し花制」で、玉代は「御定り甲（芸娼妓）が七円、乙（娼妓）六円」だった。両遊廓とも、芸妓の鑑札をもつ二枚鑑札の娼妓が多かったとした。

このように、同じソウルでも遊廓のあり方に違いがありつつも、朝鮮の植民地遊廓は、将兵を含む日本人男性買春客の性的享楽のために、日本人娼妓・朝鮮人娼妓が民族別かつ地域別に、日本国内よりも過剰に提供されていたのである。

(3)　植民地遊廓と植民地社会

在朝日本人社会と教育を支えた新町遊廓　日本人娼妓を多数抱えた新町遊廓は、一九一〇年代に貸座敷娼妓取締規則などを通じて整備されていった。一九一五年に市政五周年を記念して「朝鮮物産共進会」（一九一五年九月十一日~十月三十日）が開催された時には、ソウルの遊廓で三〇万円近い消費があった〔朴鉉二〇一五〕。

一九二〇年代に入ると、営業地域はさらに拡大し、周囲の自然環境や地目などが大きく変化した。興味深いのは、土地所有者の人的構成とその変化である。一九一七年及び一九二七年の『地籍目録』の変化を検討した朴鉉〔前掲〕は、次の興味深い事実を指摘している。

まず、一九一七年に合計二三個の地番の所有者は一二名だった（個人・団体含め）。このうち目を引くのは、一一～一七・二〇・二二番地を所有していた京城学校組合だった。京城学校組合は新町の土地の半分程度、しかももっとも高い地価の土地を所有しており、一九二七年にも同じ土地を所有していた。これは、一九〇四年当時の居留民会（のち居留民団と改称）が新町遊廓を設置した理由、つまり財源確保の名目が在朝日本人の子女教育にあったからである。居留民団は「併合」後の一九一四年に撤廃されたが、この民団の財産の大部分が京城学校組合に継承された。京城学校組合の役割でもっとも重要なのは、日本人子女のための学校運営費の捻出だった（日本人は学校組合費、朝鮮人は学校費と異なった）。一九二七年当時、新町遊廓の学校組合所有の土地は「五千七百余坪」で、「坪一六銭乃至《ないし》二〇銭」で貸与した（本誌記者「新町遊廓移転問題の真相」『朝鮮及満洲』一九二七年六月号）ので、地代収入は九一二円～一一四〇円だったことになる。少なくとも一九三〇年代前半までソウルの在朝日本人子女教育の財源（の一部）は、新町遊廓の地代でまかなわれていた（前掲「新町ものがたり1」）。

また、一九一七年当時、それ以外の土地所有者には足立瀧二郎、中村しんぞう、古城管堂などがいた。足立は十八銀行支配人、中村・古城は京城居留民団の代表や商工会議所の委員などをつとめる日本人社会の名士たちだった。ただし彼ら自身は、遊廓運営には関わらなかった。

ところが、一九二七年になると、様相が変化する。土地所有者数が一二名（一九一七年）から四五名に増えて細分化された。このうち確認できるだけで一二人の貸座敷の楼主（田中幸三郎が新町六―一、玉木音吉が新町六―二）が、新町の土地所有者になった。前掲『朝鮮商工大鑑』によると、田中は「住の家」、玉木は「玉の江」の楼主だった。また、愛知産業会社（三番地を所有）、朝鮮土地経営株式会社（一八番地一帯と一九番の一部を所有）なども土地所有者だった。とくに朝鮮土地経営株式会社は、新町遊廓の創設時に第一楼をかまえた赤萩與三郎が北野善造とともに、一九一九年に朝鮮人遊廓を建設する（前掲の「並木町カルボ」）ためにつくった大正土地建物会社を一九二四年に合併したものだった。また国有地も増加したという。新町遊廓の第一楼の楼主赤萩は、新町遊廓開設当初の一年間で「一万七、八千円」の地代だったが、開設から三〇年経った一九三〇年代でも「営業税、家屋税、地税など併せて一ヶ年五万六、七千円の税金」が新町一帯からあがるので、財源確保に貢献したと自賛した（赤萩前掲）。

しかし、新町遊廓がつねに順調だったわけではない。一九二七年頃には、公娼廃止世論の盛り上がり（後述）、「京城府の膨張に伴う東部の発展」を阻止するという新町遊廓の立地問題、営業不振、教育上の問題などにより、新町遊廓移転問題が持ち上がったりもした（前掲「新町遊廓移転問題の真相」）。

ところが、一九二九年に、植民地統治二〇周年を記念して朝鮮博覧会（同年九月十二日から十月三十一日まで）が開催されると様相が一変する。新町遊廓と朝鮮人遊廓の娼妓五六二名により八二万七三七〇円三七銭の所得を得たという。新町遊廓は同年一日当たり二〇〇〇円程度の売り上げだったが、博覧会開始後にはその二倍、日によっては三倍もの利益を得た。朴鉉（前掲）によれば、平壌の娼妓が一人当たり五円程度（一九二九年）だったのに比べると、新町遊廓の娼妓が一人当たり一四七二円だったので、新町遊廓の売上げがいかに破格だったかがわかる。

新町遊廓は、日本人娼妓への性搾取を通じて、日本人遊廓業者だけでなく、在朝日本人社会の子女教育、産業、政治的・経済的リーダーたちを経済的に支えるのに核心的な役割を果たしたのである。

日本人男性がみたソウルの朝鮮人娼妓たち

ところで、当時の日本人男性は、ソウルの朝鮮人娼妓たちをどうみていたのか。日本国内の廃娼運動誌『廓清』（一九二六年八月）に掲載された奥村龍三（神戸基督教青年会総主事）「朝鮮の公娼に就いて」をみよう。日本の廃娼運動をすすめる立場からの貴重な観察である。

奥村は、まず「朝鮮統治は……なかなか予想以上成功」「大体鮮人《ママ》は……満足をもちつつある事は事実」などと植民地支配を肯定する。廃娼運動家も帝国意識から自由ではなかった。そのうえで、「京城府の新町遊廓と、仁川の遊廓を見た」として、日本人娼妓と比較しながら、次のように述べた。

> 私共日本人の眼には、鮮人《ママ》売春婦が実に可憐に、無邪気に、子供子供しく見ゆるのであります。あんな可憐な、非挑発的な少女をと思われるのであります。その少女たちが、三四人裏長屋にやうな、小屋の入口に立つて、客を呼ぶのです。／……そして、大して粉飾して居るでなく、白い上下の着物を来《ママ》て立って居る姿は、決して、日本の娼婦型の婦人とは云へないのです。伊達巻に荒い浴衣をみだらに着てゐる。この辺の日本売春婦とは、較べものではないのです。それ程、可憐に感ぜられるのです。／彼等は大体午後八時から、午前二時迄三円であります（日本娼妓は六円から七円）が其の前借金の低額には実に驚きました。仁川の遊廓の入口にある巡査発出所で、帳簿を見せて貰ったのです。三ヶ年前借二百五十円、三百円が多いのです。稀に四円、五百円を見うけました、（日本娼妓の前借金は三年一千円から二千円でした）而かも鮮人《ママ》の年齢が、十六歳、十七歳、十八歳と云ふ処であったことです。

ここから、次のことがわかる。第一に、「荒い浴衣をみだらに着ている」という表現に日本人娼妓への卑賤視が感じられるが、その日本人娼妓に比べて朝鮮人娼妓の年齢が「十六歳、十七歳、十八歳」と「可憐に、無邪気に、子供子供しく見ゆる」「非挑発的な」十代の少女であったこと、第二に、花代《はなだい》（遊興費）が日本人娼妓「六円から七円」、朝鮮人娼妓「三円」とほぼ半額であり民族別に序列化されていたこと、前借金が日本人娼妓「三年一千円から二千円」に比べ、朝鮮人娼妓「三ヶ年前借二百五十円、三百円」と日本人の八分の一から三分の一ほどの「低額」だったことだ。

つまり、朝鮮人娼妓には、「若い」「安い」という特徴があった。これらが朝鮮人女性に業者が眼をつける理由であろう。ただし、貸座敷娼妓取締規則では「十七歳以上」が娼妓の下限年齢なので、「十六歳」なら違法だ。そもそも同規則（第十六条）では、「娼妓稼」を始める前に警察署長に願書や契約書などの書面の提出が求められたが、当時の朝鮮人女性のほとんどが文字の読み書きができなかった〔金富子二〇〇五a〕ので、これらが本人によって実行されていたかどうかは疑わしい。

なお、『廓清』の調査（一九二七年）では、朝鮮人娼妓の場合二十歳以下が二三・一％、二十歳〜二十五歳が六一・一％と実際は二十代前半が多かったので、一般化には慎重であらねばならない。しかし日本人娼妓（それぞれ一六・五％、四八・七％）より、年齢が低かったのは確かだ〔宋連玉一九九四〕。

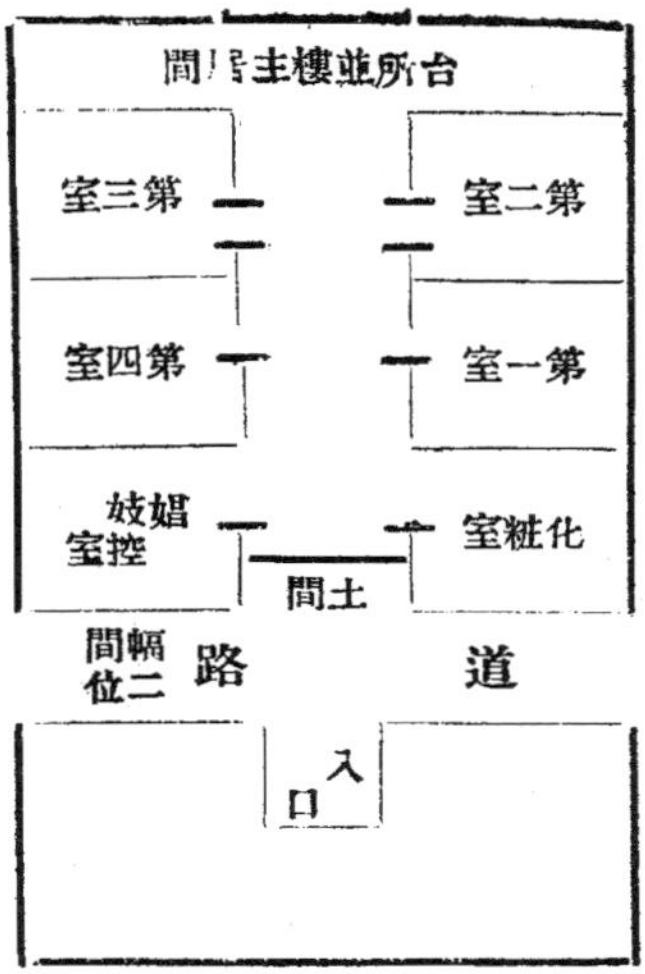

図2　朝鮮人遊廓の家屋のようす
（奥村龍三「朝鮮の公娼に就いて」『廓清』1926年8月）

朝鮮人娼妓に未成年の少女が比較的多いのは、貸座敷規則の下限年齢が日本より一歳若く「有夫」を禁じたこと（第十七条）、当時は早婚が多く十代後半で結婚した（一九二五年で平均十九・六二歳。「内地」日本人女性は二十四歳。中谷・河内「朝鮮に於ける女子の未婚残存率に関する若干の統計的考察（2）」朝鮮総督府『調査月報』一九四四年八・九月号）という朝鮮社会固有の背景が関係するだろう。未成年の多さは、一九三〇年代に出現する朝鮮人「慰安婦」の特徴〔金富子二〇一八〕と合致することにも注意したい。

さらに奥村は、「朝鮮人の貞操問題に対する考へは、未だ未だ低級」、家屋や設備も「非衛生的、原始的」「各室二畳敷位の小室」「豚小屋」と表現される劣悪な環境だったと記す（図3）。帝国／男性のまなざしからみた植民地／女性への民族／ジェンダー観・衛生観が読み取れる。そのうえで奥村は、人口比での朝鮮娼妓数に比べて「日本娼妓の数の方が多数」として、娼妓数の制限を提言した。

朝鮮人の植民地公娼制批判―一九二〇年代を中心に　一方、朝鮮人（主に知識人男性）は公娼制をどうみていたのか。一九二〇年に『東亜日報』『朝鮮日報』等が創刊された。ここでは『東亜日報』紙「社説」を中心にみていこう（以下〔金富子二〇一一〕）。

『東亜日報』に公娼制を論じた社説が登場するのは、一九二〇年代半ば頃からである。一九二六年八月六日付社説「朝鮮の公娼―廃止の方針を勧める―」や一九二七年五月十四日付「公娼廃止運動の帰着点」等がそれである。一九一六年に植民地公娼制が確立し、一九二〇年代には朝鮮人娼妓数や接客女性数（芸妓・娼妓・酌婦）も増える趨勢（一九二九年に後者は日本人を逆転、序を参照）にあった。その一方で廃娼運動が盛り上がり、社会問題となった。以下の社説は、このような状況下で論じられた。

前者の社説では、日本では①数百年に及ぶ遊廓発達の歴史があり、②遊廓が社会的な「相当な社交機関」の価値のためその存在を認定する一般感情があるため、③「遊廓に出入りすることをそれほど恥辱と感じない気風」があるが、「朝鮮では全然それとは違う」と断ずる。すなわち、「現今の朝鮮にある公娼制度は朝鮮にはないものを最近幾十年間に日本人が朝鮮に輸入した制度」「朝鮮人の感情には至極の卑陋《ひろう》な考えを引き起こす制度」（傍点引用者、以下同じ）であるため、公娼制度の「社会的意義」には日本人と朝鮮人では「実に千里の差がある」と、両者の認識の違いを対比させる。そのうえで、朝鮮では「（廃止に）こだわる何らの社会的根拠がない」、したがって

「漸進的《ぜんしんてき》にこの制度を滅消させることは決して難問題ではない」と当局に全廃を勧める。

後者の社説では、「単純な貞操観念の見地から」娼妓や娼楼に出入りする男子を責める前に、「如斯《かくのごとき》現象を起らしめた制度（社会制度或は経済制度）」を責めるべきとして再び公娼制度の廃止を提言した。

また、別の社説（一九二七年八月六日付「公娼と私娼」）では、公娼制度を「経済的に独立し得ない女子の弱点と、横暴なる男性の享楽が野合して生じた制度」と、今日でいうジェンダー間の権力関係から生ずる問題ととらえている。さらに男女の人格尊重の見地から公娼／私娼の差別化を批判し、廃娼によって社会風紀や花柳病が悪化するという俗説を退け、「少なからざる女子を一平生（一生の意）非人間的生涯に終らしめる惨状」を批判し、公娼が「私娼になるとしても……奴隷的生活から解放すると云ふ人道的な意味から」、公娼廃止を支持する。

ここには、当時の日本のジャーナリズムに顕著だったとされる売春女性への卑賤視はみられない。もちろん、この時期の朝鮮社会に娼妓への卑賤視がなかったことを意味しないし、表面化しなかっただけとも考えられる（遊廓での買春が高嶺の花であり朝鮮人男性に浸透していなかった）。しかし売春女性への蔑視は、当時の民族言論ではあまり公論化されていなかった。むしろ問題視したのは、「（在朝日本人）壮年男子である四・五万人の感情と幾個楼主の営利欲」（一九二六年社説）を公認する日本の植民地権力と娼妓を産み出す社会制度・経済制度に対してだった。公娼制を持ちこむことに痛みを感じない植民地権力、買春客と貸座敷業者を抱える在朝日本人社会への痛烈な批判がみてとれる。

つまり、当時の民族言論では、公娼制を「朝鮮にはないものを最近幾十年間に日本人が朝鮮に輸入した制度」ととらえる植民地主義への批判を伴ったナショナリズムの視点、「女性の経済的弱点と男性の横暴な享楽」というジェンダー間の権力関係としてとらえる視点、朝鮮人娼妓の出現はその植民地政策がもたらした「社会制度或は経済制度」＝植民地社会経済構造の産物であり階級的な性搾取ととらえる「階級」の視点があった。

とりわけ強調されたのは、公娼制の朝鮮移植と植民地政策批判という抵抗のナショナリズムだったと考えられる。それは、女性の身体の所有・管理（性の支配）が「民族」支配の象徴的行為であるため、自民族女性の身体を占有できなかった朝鮮人（知識人男性）の家父長的なナショナリズムが、「日本人が朝鮮に輸入した」公娼制批判を通じて、女性の身体に投影されたともみることができる。抗日ナショナリズムの文脈に沿うからこそ、朝鮮人女性への性搾取が問題にされたともいえよう。しかし、この時期の公娼認識には、ナショナリズムだけに還元できない階級やジェンダーへの視点が含まれたことは留意したい。ところが、一九三〇年代に入ると、抗日のナショナリズムが後景に退き、公娼制の廃止ではなく存続を前提に、植民地権力側に性病対策を求める言説が登場する。その背景には「花柳病の拡大」、朝鮮人男性の「買う身体」化があったとみられる〔金前掲〕。

一方、一九二〇年代には、当事者である朝鮮人接客女性たちも、沈黙しなかった。彼女たちは人身売買や劣悪な待遇に対して、自殺や心中、逃亡などで抗ったり、自由廃業を勝ち取ったり（日本人娼妓も同様）、断髪や同盟休業・同盟断食などのさまざまな方法で抵抗した。

さらに、朝鮮人による廃娼運動組織も生まれた。キリスト者を中心に、一九二三年に売春反対を掲げた朝鮮女子基督教節制会が結成され、翌二四年には廃娼運動を展開した公娼廃止期成会が組織された。女性運動の統一戦線として一九二七年に結成された槿友会《クヌフェ》も、行動綱領に「人身売買、および公娼廃止」を掲げた。しかし植民地下の朝鮮では、日本の廃娼運動のような広範な運動は展開できなかった〔宋一九九四〕。朝鮮の廃娼運動が再び開花するのは、日本敗戦＝植民地解放後であった。

一九三〇年代の植民地遊廓の変化

最後に、一九三〇年代ソウルの植民地遊廓の変化について簡単に触れよう。一九二〇年代後半から急増するカフェーやバーがソウルの性売買業態を一新する勢いをみせ、既存の遊廓も変化を促された。日本人男性の買春記というべき「イットの京城」（前掲『新版大京城案内』一九三六年）には、日中全面戦争前夜の様子が次のように記されている。

新町遊廓の「遊女」は、日本人・朝鮮人合計「六百六十人」（二月調べ）、うち「三百三十二人が朝鮮娘」だった。日本人娼妓は新町に属し妓楼は五三軒だが、多くはホールをもっていて、「遊女たちはそこに溜る、コーヒ一杯十銭でお客へサービスもする」という。これは当時、興隆をきわめていたカフェー対策であったとみられる。さらに「大阪の飛田、東京の新宿と同じ式で洋室ベットの設備」「色硝子張りのウインド」も備えられ、洋式化していた。新町遊廓は、大阪や東京の影響を受けて大きく変貌した。

また新町近辺の「並木町カルボ」を「朝鮮娼妓の街」「気軽に探索出来る猟奇の巷」と紹介し、新町の東裏とともに「三百三十余人の女が八十軒の貸座敷に巣を喰」っていると記した。朝鮮人娼妓が細道の両側に立って「アナタ、イラッシャイヨ」「ヨイハナシガアルヨ」「アナタ、ミタコトアルヨ（一度お客に来たではないか、という意味）」と日本語で客の呼び込みをしたとの記述から、買春客の多くが日本人男性だとわかる。性売買は、朝鮮式の家屋（韓屋）で行われた。

このように新町遊廓は、娼妓数六六〇人を擁し、相変わらず植民地朝鮮最大の遊廓であった。日本人娼妓のいる遊廓（五三軒）と朝鮮人娼妓のいる遊廓（八〇軒）が地域的・民族的に区分されており、日本人買春客はその両方を訪問しながら、とくに「並木町カルボ」は朝鮮人娼妓を相手に韓屋で「気軽に」異国情緒を味わう性的享楽地帯だった。

また、龍山の弥生町遊廓は、娼妓数は三一二人（二月調べ）、うち朝鮮人は一二五名、「内地人の見学者も相当にある」という。また相当数の酌婦（私娼）が「スリ《マ》チビ《マ》」（スルチブ＝居酒屋のこと。スルは酒、チブは家の意）などに散在した。

一方、同書は北村（朝鮮人居住地）にある鍾路のスルチブ（原文「スルチビ」）を「居酒屋」として紹介している。鍾路だけで二二〇軒の居酒屋がある。それ以外のスルチブとして和泉町（西大門）や敦義町に散在する「内外酒店」があり、「下等な酩酊屋」「女と酒の家」であるとする。「一軒に三、四人から五、六人の若い女」がいて「地方の農家から連れ出されて売られた女が多い」という。買春客が鍾路方面の朝鮮宿に泊まって待機すると現れるという「隠君子《ウングンジャ》」の描写もある。「多くは国語（日本語）を解しない、話はできない」という密売春に対しては、「内地人旅行者の立ち寄るべき処ではない」としている。庶民の朝鮮人男性が買春客なのだろう。

また、朝鮮料理屋での遊び方も紹介されている。その多くは鍾路付近にあり、「内地人」向けで「国語」を解するボーイが案内した。しかも「妓生はたいてい国語を上手に話す」という。買春客は日本人が多いのだろう。朝鮮料理屋の妓生は、植民地期を通じて、教養をつみ歌舞音曲を専らとする伝統を守る一方で、女給出身で流行歌を二三知っている位の「お酒の酌をする程度のも」含めて様態が大きく逸脱・変化した。そもそも朝鮮には日本のような料理屋の類はなく、客は妓生宅に遊びに行くのが常であった。しかし、芸妓酌婦芸妓置屋営業取締規則（一九一六年）をきっかけに日本式の料理屋方式や警察・憲兵監督下の券番化が促され、時間制の花代《はなだい》（線香代）方式になった。前借金で抱え主に抱えられる日本の芸妓と違って、妓生は自宅から通ったし、券番に関しても「料理屋から券番に知らせると券番から妓生が来る、だから券番は妓生の共同事務所」とされており、違いがあったようだ。

このようにソウルには、植民地朝鮮最大の新町遊廓を中心に、日本軍将兵を含む男性買春客の民族・階級に応じて、娼妓・芸妓・酌婦、妓生・隠君子・蝎甫たちが遊廓、料理屋、飲食店の業種別に、そして居住地別・民族別・階級別に配置されていた。さらに朝鮮式の接客業は独自性を残しながらも「日本化」される趨勢にあった。選択の自由があるのは、もちろん日本人買春客たちだった。

また、重要な変化として、一九三四年十二月に「貸座敷娼妓取締規則」が改正され、第一条から「警察署の事務を取扱ふ憲兵分隊、憲兵分遣所の長を含む以下同し」など憲兵関連が削られた（朝鮮総督府官報一九三四年十二月十二日）。これは何を意味するのだろうか。日中全面戦争がはじまると、植民地遊廓は大きく様相を変えることを含め、別の課題にしたい。

4　馬山・鎮海

——商都と海軍都市——

本章では、釜山に近い慶尚南道《キョンサンナムド》の馬山《マサン》と鎮海《チネ》のケースをみよう（図1参照）。帝国日本は、まず馬山浦に進出し、ついで鎮海に軍港（要港部）都市をつくり、それぞれに日本式性売買をもちこんだ。

そもそも馬山は朝鮮王朝時代に昌原《チャンウォン》府の一部だったが、一八世紀後半から慶尚南道の代表的な穀物集散地として発達した屈指の市場〔許正道二〇〇五〕であり、伝統的な商都だった。一方、鎮海は、朝鮮王朝・大韓帝国時代の名称は昌原府熊中《ウンチュン》面・熊西《ウンソ》面だったが、日本の軍関係者によって鎮海湾という海域の名称として使われはじめた。日清戦争後、ロシアと日本はともに朝鮮半島に海軍根拠地を探し、馬山浦・鎮海湾（・巨済島《コジェド》）に目をつけた。朝鮮南海にのぞむ自然の良港であり、軍事的な要衝として有望だったからだ。

馬山浦が一八九九年に開港するや、日本はその軍事的要衝を買占め、ロシアの進出を妨害した。日露開戦に関する近年の研究によって、馬山と鎮海湾を舞台に日本軍による隠された軍事行動が明らかにされた。開戦一ヶ月前から日本は、韓国（一八九七年に「大韓帝国」に改称）の許可なく韓国の領海に海底電線を敷設した。そのうえで、日露開戦（日本軍による旅順・仁川奇襲）に二日先立つ一九〇四年二月六日、日本軍（第三艦隊）が鎮海湾を占領し馬山電信局を占拠した。つまり、韓国の主権と領土に対する侵略戦争が行われた。これが日露戦争最初の軍事行動だったが、当時でも国際法違反だったため秘匿されたのである〔和田春樹二〇一〇、金文子二〇一四〕。なお、鎮海という地名は、鎮海湾から転じて日本海軍によって軍港都市がつくられるなかで定着した〔竹国友康一九九九〕。植民地解放後の韓国で、両地域は馬山市・鎮海市だった時期を経て、二〇一〇年にともに昌原《チャンウォン》市に合併された。

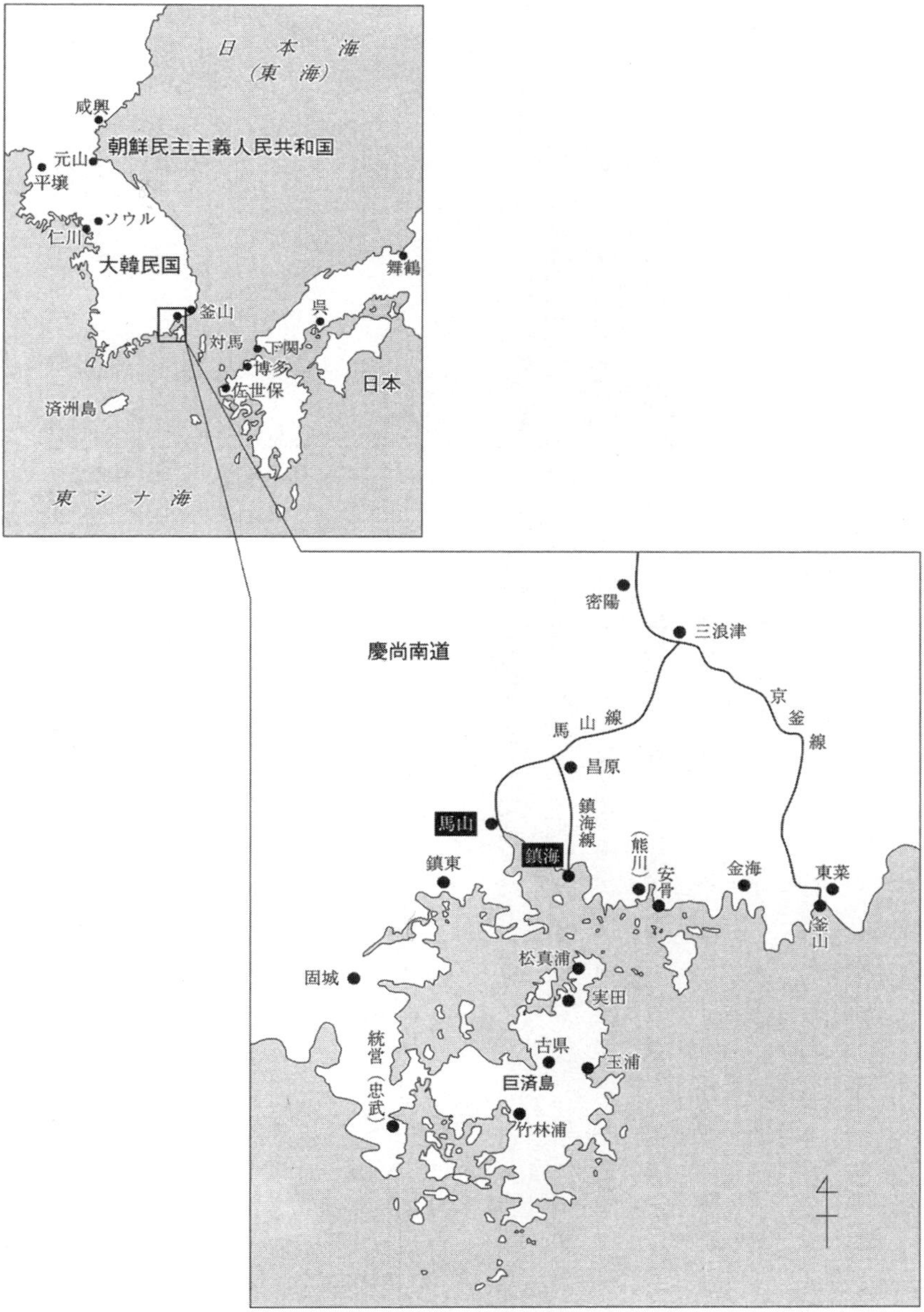

図１　馬山・鎮海の位置（現在は、韓国慶尚南道昌原市に属す）

図２　鎮海の旧遊廓地帯にのこる日本家屋（2017年筆者撮影）

現在も鎮海（同市鎮海区）は、韓国海軍の軍港として有名だ。筆者が二〇一一年八月、二〇一七年七月と両地域を単独で踏査した際にも、鎮海の街を歩く海軍軍人たちをみた。また鎮海の中園ロータリー（植民地期は中辻）やその近くの旧遊廓地域には日本式家屋が数多く残っていた（図２）。一方、馬山（馬山会浦区・馬山会原区）では、旧遊廓地域にそれらしき痕跡を探すことができなかった。

では、二つの植民地都市と遊廓はどのようにつくられたのか。

(1)　商都馬山と海軍都市鎮海

馬山の開港と日露戦争　一八九九年五月一日、韓国政府は馬山浦などを自主開港した。同月中に、日本は税関、釜山領事館馬山分館（翌年馬山領事館に昇格、保護国期は理事庁、「併合」後は馬山府庁と改称）を設置し、馬山居留民会（日本人居留民の自治組織）も組織された。同年八月、韓国政府が馬山浦の郵便と電信業務を開始した。この電信局が日露開戦二日前に日本に不法に占拠されることになる〔金文子前掲〕。

その三年後の一九〇二年に出版された香月源太郎著『韓国案内』には、京城、仁川、鎮南浦、平壌、元山、群山、木浦、釜山とともに、馬山浦の案内がはやくも登場する。同書には、各地の居留地の動向、気候、商業・輸出入品、交通の便、諸物価・賃金、日本人の戸数・人口・職業別、名所古跡などの記載があり、一種の「移民ガイド」になっている。同書によれば、開港三年後の馬山浦の外国人居留地は、各国共同居留地（面積一五万坪）、日本専管居留地（三〇余万坪）、露国専管居留地（三〇万坪）に分かれたが、後二者にまだ家屋はなかった。各国共同居留地には日本領事館やロシア領事館があり、居留者はほぼ日本人だった。総戸数は五〇戸足らずで、日本人街を形成するまでではなかったようだ。行政を司る各国居留地会の議長は日本人、警察事務は日本警察署に委任された。つまり、各国共同居留地は事実上の日本人居留地だった。後述する旧馬山を含む馬山浦全体では、日本人は一九〇二年末で八〇戸／人口二五九人（男一六〇人、女九九人）だった。やはり男性が多い。居留日本人の職業別では雑貨商など商業、大工や日雇が多かったが、ここにも料理店、芸妓・酌婦が登場する（後述）。

注目すべきは、こうした外国人居留地の設置に先立って、開港前から日本とロシアは馬山浦を海軍根拠地として獲得すべく、土地買収をめぐって角逐したことだ。開港前年の一八九八年五月、韓国政府が馬山浦の開港を決定すると、これをチャンスととらえた日本は、馬山浦の土地購入に乗り出した。これを示すのが、同年七月、陸軍大臣桂太郎が総理大臣大隈重信にあてた「韓国慶尚道馬山浦に於て約五万坪の地所を購入し度件」である。その内容は、ロシアとの交戦を想定して各地の港湾を検討したうえで、馬山浦を日本軍の上陸地点として適し、さらに巨済島など近隣に「海軍の根拠地」とすべき港湾が多いと高く評価し（鎮海湾も同様の価値）、開港時期を利用して馬山浦を購入し「国権の下」に置くべしと具申するものだった。一方、ロシアも土地獲得に動いた。開港直前の一八九九年四月、ロシア公使が軍艦で馬山浦に来港し、測量して軍用地選定を行った。

同年五月一日の開港当日、外国人は各国共同居留地と周辺の土地家屋を自由に売買貸借することが認められ、競売された場合は朝鮮人の家屋・墓地の撤去が定められた。その直後から日本とロシアは、各国共同居留地を海軍基地として確保するため本格的な土地争奪戦をくりひろげた。ロシアの進出を妨害するため日本の外務省と陸軍参謀本部の意向と資金を受けて土地買収に暗躍したのが、釜山在留の不動産業者迫間房太郎《はざまふさたろう》だった（以上、〔高秉雲《コビョンウン》一九八七〕)。日本は、官軍民を総動員して、ロシアが狙った馬山浦の土地を買い占め、海軍根拠地化を挫折させた。迫間は、のちに釜山有数の大富豪になった。

そのうえで、日露開戦とされる二月八日の二日前、本章の冒頭でも述べたように、日本海軍は馬山に上陸し、馬山の電信局を軍事占拠し、韓国人の電報司長や技師などを捉えた。同日、日本海軍は鎮海湾をも占領した。日本の対馬から鎮海湾に面する巨済島を経て、馬山浦に通じる電信線を敷設するためである。当時のハイテクである電信線が勝敗の行方を左右したからだ。海軍大臣山本権兵衛は、韓国の電信局占領を国際法違反だと認識しつつも直接この軍事作戦を命じ、それゆえに公式の戦史からも隠ぺい・改ざんされたという〔金文子前掲〕。

こうして日本は、日露開戦直後に強要した「日韓議定書」(一九〇四年二月)第四条の規定を利用して、日本人居留地の拡大と軍用鉄道・馬山線建設のための土地収奪をおし進め、馬山一帯を日本の支配下においた。一九〇五年六月には、馬山線が開通した。馬山浦のロシア専管居留地は一九〇九年四月の日露間の契約により日本が買収し、日本陸軍重砲大隊付属の軍事基地となった。一九〇九年末をもって、馬山開港場は閉鎖された〔孫禎睦一九八二、高前掲〕。結局、日本の海軍基地は、仮根拠地が巨済島に、本格的な軍港が鎮海につくられることになる(後述)。

馬山開港の一八九九年に戸数三三戸、人口一〇三人(男八七人、女一六人)にすぎなかった日本人人口は、日露戦後の一九〇五年に三四〇戸、一二四八人(男七一七人、女五三一人)と一〇倍以上も増加し、「併合」の年(一九一〇年)には一五四八戸、五九四一人(男三一六三人、二七七八人)と一気に膨張した。毎月の新渡来者数は「二百乃至三百」にのぼった。出身地(一九一〇年)は、山口県(八〇五人)、広島県(六二三人)、長崎県(四八五人)がベスト3で、中国・九州が多い。なお、大邱憲兵分隊分遣所(一九〇九年十二月設置)が一〇年七月に馬山憲兵分隊と改称され、陸軍憲兵大尉以下八〇名で金海《キメ》、熊川、縣洞《ヒョンドン》、鎮海など七個分遣所を管轄した〔平井斌夫・九貫政二『馬山と鎮海湾』一九一一年〕。憲兵隊(日本陸軍)は、憲兵警察制度下で性管理政策にも介入した。

開港後の馬山では、主に日本人が住んだ各国共同居留地を自ら「馬山」または「新馬山」（以下、馬山地区）と称しはじめ（図3は日本人街）、主に朝鮮人が住んだ馬山浦を「旧馬山」（以下、旧馬山）と呼ぶようになった。前掲『韓国案内』にも「新馬山」「旧馬山浦」という呼称が登場する。日本人が旧馬山と呼んだ地域は朝鮮王朝時代から朝鮮人が集住する伝統的な商業地であり、毎月六回（五、十の日）の市日には付近の朝鮮人が自ら生産した物品で露店を開き売買する市場が開かれた（諏訪史郎『馬山港誌』一九二六年）。旧馬山は開港前から日本人行商の根拠地でもあった。開港後に日本人は新馬山に移ったが、旧馬山に店舗をかまえ在住する日本人は二〇余戸、一〇四人ほどいた（前掲『韓国案内』）。

図3　馬山港の日本人街（1900年代）
日の丸がみえる。出典）『朝鮮』〈後身は『朝鮮及満洲』〉1908年9月。

　このように、主に日本人が住む馬山地区／主に朝鮮人が住む旧馬山という民族別に二分された都市構造がつくられた（図4参照）。一九〇八年四月、馬山地区に日本式の町名がつけられた。東西の幹線街路を基本に、南北路で両断して一一ヶ町に区分し、本町、京町、浜町、曙町などと命名された。その後、都町などの四ヶ町が追加され、〇九年に中央部に向かって扇町など四ヶ町が追加命名された。同年、馬山神社が創建された。一方、旧馬山の東城洞、西城洞など六洞が一九〇九年の土地調査により富町、幸町などの日本式の町名と牛東《ウドン》洞、城湖《ソンホ》洞に改称された。

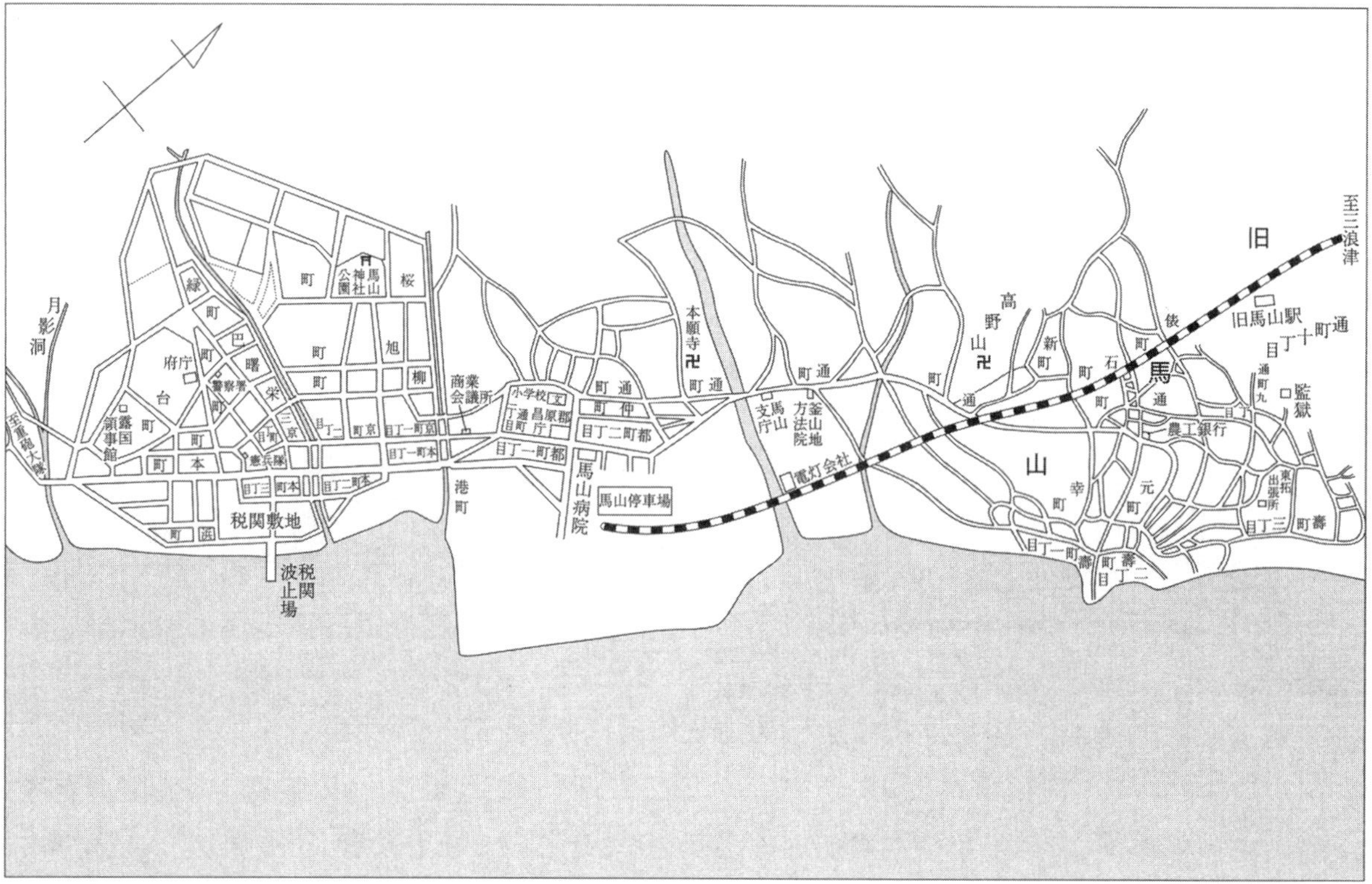

図4　馬山の市街図

出典）岡庸一『馬山案内』1915年より作成。町名の後の庁名は省略。

日本人の住む居留民団区域内で、最も盛んなのは「穀類の輸出業」だった（平井・九貫前掲）。周辺に朝鮮有数の肥沃な穀倉が広がっていたためだった。ここで産出された米（昌原米）などの穀類は大阪、兵庫、大連などに輸出されたが、貿易量は釜山、仁川等に比べて低調だった（許正道前掲）。日本人が住む馬山地区の人口は「併合」後の一九一一年をピークに減り、馬山府全体も減少した。しかし朝鮮人が多数をしめる旧馬山の市場は、大いに賑わった（前掲『馬山港誌』）。

日露戦争と海軍都市鎮海の建設―性暴力と性売買　一方、鎮海は、日本海軍の主導によって軍港都市として計画的に造成された植民地都市だった。これに先立って日露開戦前に日本海軍により鎮海湾「仮根拠地」設置が立案され、開戦二日前に占領された鎮海湾の巨済島に建設された。この過程で性売買や性暴力が起こった。さらに鎮海の軍港化が、「併合」後に新たな市街地造成とともに完成した。金文子〔前掲〕や竹国〔前掲〕に依りながらみていこう。

〈鎮海湾「仮根拠地」の建設〉日露開戦をひかえた一九〇四年一月初め、日本海軍は、「仮根拠地を鎮海湾に設置す」「対州（対馬）より巨済島を経て馬山浦に通じる電信線を敷設し、仮根拠地及び韓国内地との通信連絡を維持す」などをもりこんだ「対露作戦第一計画」を決定した。先述した馬山の電信局占拠と鎮海湾占領は一体だったのだ。同年一月十二日に、「仮根拠地」となる鎮海湾を防衛する名目で、「鎮海湾防備隊」が日本の佐世保鎮守府《ちんじゅふ》（海軍区の統括機関）で組織され、同月二十日に基礎建設工事の手順も決定された。

日露開戦二日前の二月六日未明より、第三艦隊によって鎮海湾「仮根拠地」化が実行に移され、鎮海湾は占拠された。日本は、韓国の許可がないまま鎮海湾を占領して、鎮海湾に面した巨済島北部の松真浦《ソンジンポ》に日本の対馬《つしま》とつながる電信線を敷設し、さらにこれを馬山浦間までつながる電信線として敷設した（そのため馬山の電信局を占拠した）。

すべては旅順・仁川奇襲を成功させるためだった。すなわち、日本軍の出動がロシア側に伝わることを防ぐため、開戦前に日本の通信線を違法に敷き、さらにロシアの通信線を違法に切断した。このように、日露戦争は、日本軍により二月八日の対ロシア艦隊奇襲攻撃より前に、二月六日の鎮海・馬山への違法な韓国侵略戦争としてはじまったのである〔金文子前掲〕。

日本が同月二十三日に韓国政府に強要した「日韓議定書」第四条は、日本が軍事基地や鉄道敷設用地を収容する法的根拠とされた。しかし、日本海軍は、この「議定書」締結に先立って、同年二月十八日に鎮海湾防備隊本隊が基地建設に従事する約二〇〇〇人を超える日本人労働者とともに軍艦に先導された運送船四隻に分乗して、巨済島の松真浦《ソンジンポ》に上陸し、同月二十日から各所で土地収用をはじめたのである。鎮海湾占拠も国際法違反だが、これも「議定書」締結以前なので違法な行為だった。しかも、土地代金の支払いより先に朝鮮人の土地を収用し、基地建設をはじめた〔竹国前掲〕。

その後五月中旬まで約三ヶ月の突貫工事で、朝鮮人住民から無理やり収用した土地への基地建設をおし進めた。日本側の「日報」記録（松真浦に設置された馬山の日本領事館管轄下の駐在所「松真駐在所執務報告」）によれば、同年三月には、佐世保で営業許可を得た「酒保《しゅほ》」（兵営内・艦内の売店）が基地周辺に開店し、労働者の間で賭博が盛んに行われた。この「日報」記録には、「工事に起因する士人《ママ》の哀訴」などの記載がある。田畑を軍用地に収用された地元の朝鮮人が、代価の支払いがないため、日本軍に対して「喧騒を極め」「悲鳴哀訴」という形で抗議したという。「日報」は、朝鮮人を「土人」と記すなど、蔑視感まるだしである。

〈性暴力・性売買の痕跡〉さらに、「日報」には、工事中に起きた性暴力や性売買に関する記載もある。朝鮮人の家屋に勝手に入り込む日本人労働者たちに対して、婦女子がこわくて外出できないため取りしまるよう、地元の洞長が要請したことなども記されている。また、五月初には、山口県の井岡清三という日本人業者が「内縁妻赤松マツほか、酌婦三名」を引き連れ、松真の周辺に「韓人家屋を借り受け飲食店を営業」したという記載があることから、軍人・労働者相手の日本人売春業者・女性が上陸したことがうかがえる。

これらは、朝鮮人の証言からも確認できる。『釜山日報』記事（一九八二年五月七日付）によれば、日露戦争時に松真浦に住んだ古老・朴学柱《パクハクチュ》（当時九七歳）の基地建設時の証言として、「（日本軍が松真浦の）住民たちをみな追い出し」「退去を拒んだ家の家屋は爆破された」「強制的に連れて行った韓国人女性四、五人を兵営でかわるがわる辱めた」と語ったという。追い出された住民たちは、山一つ超えたところにある荒地を開拓して「新村」と名付けた（以上、〔竹国前掲〕）。日本軍が基地建設をきっかけに朝鮮人を暴力的に追い出し、朝鮮人女性を拉致して軍隊内で性暴力を行ったという貴重な証言だ。

一方、日本陸軍は日露戦中の一九〇四年三月に韓国駐箚軍を創設し、翌年その隷下に鎮海湾要塞司令部を設置した。同司令部は一九〇五年四月に留守第四師団から編制され、同年五月に韓国に到着した。任務は鎮海湾要塞重砲兵大隊を指揮し鎮海湾を防備することだった〔柳《ユ》漢喆《ハンチョル》一九九二〕。

〈軍港都市鎮海の建設〉ところで、鎮海湾に建設された日本海軍の根拠地は、巨済島の防衛隊基地を拠点にしつつも、軍港施設をもたなかった。そのため、日露戦後の保護国期に、日本は鎮海湾一帯に本格的な軍港施設を建設する計画に着手した。一九〇六年秋、馬山理事庁から武装兵士付きの測量部隊が派遣され、鎮海軍港化に向けた測量を強行した。朝鮮人住民の抗議を押さえながら土地収用を完了すると、〇九年に海軍の最終調査が行われ、一〇年一月に鎮海湾軍港施設地踏査報告が海軍大臣斎藤実《さいとうまこと》に提出された。同年四月に海軍臨時建築支部が設置されて、軍港都市鎮海の建設工事が本格的に開始されたのである。

計画に基づいて区画整理が終わると、一九一一年四月に海軍は造成区画の「市街地第一期貸下げ」（民間貸与）を行い（第二期は同年十一月）、翌一二年一月に市街地はほぼ完成した。しかし、市街地の民間人所有は認めず、市街地区画の貸与対象者は日本人に限られた。先述の実地踏査報告に「韓人を……隔離するを至当とし、悉皆徳山方面に移転せしむるを必要とす」という記載（竹国前掲、傍点引用者、以下同じ）があるが、鎮海でも朝鮮人排除が以下のように強行された。すなわち、海軍用地にある「九箇の朝鮮人部落」に「立退を命じ鎮海市街の東方約半里に新たに慶和洞の地域を画し」「移居せしめた」（鎮海要港部編『鎮海要港部附近史蹟概説』一九二六年）のだ。海軍の軍事力を背景に、強制力が働いたことは明らかだ。『朝鮮総督府統計年報』をみると、一九一〇年・一一年に鎮海地区にいた朝鮮人約二〇〇〇人の記載が消え、一九一二年に慶和洞《キョンファドン》にまるごと移動している。こうして、朝鮮人住民は郊外の荒れ地に強制的に集団移住させられ、朝鮮人居住地「慶和洞」を形成した〔金富子二〇一四〕。

植民地都市の居住地は支配民族／被支配民族で分離されるが、海軍都市鎮海は軍機上の問題も加わり、中心部の鎮海地区（日本人居住地）／郊外の慶和洞地区（朝鮮人居住地、以下慶和洞。図5の右端）という一種のアパルトヘイトが成立したのである。鎮海の住民は、圧倒的に日本人（軍人含む）だった。

鎮海では、「併合」後に馬山の人口が減ったのとは逆に、その直後の数年間に人口爆発を示した。「併合」年に三五人だった日本人人口（朝鮮人二〇一七人）は、翌一一年に一九一五人（同一九八一人）、一二年に五六一六人（同一九九八人）になり、その後は一九一六年まで五〇〇〇人前後（同四〇〇〇人前後）で推移した〔金富子前掲〕。一九一二～一五年の四年間は「資本の流入激増……金融旺盛」で「鎮海市街の建設第一期」（岡萬吉『鎮海要覧』一九二六年）だった。鎮海地区を中心に日本人が激増したのは統計上一九一一年以降だが、一九一四年には馬山の日本人人口を上回った（馬山からの移動が考えられる）。

鎮海の市街地の特徴は、図5が示すように、中辻というロータリーを中心にして八方に拡がる放射状の街区にあった。海軍の旭日旗になぞらえる人々もいた。中辻から南辻・北辻ロータリーにつながる市街地には、日本海軍が「縁喜《（ママ）》の良さそうな、目出度きような」名前を選んで、橘通・日出通・常磐通などの通り名、高砂町・真鶴町・

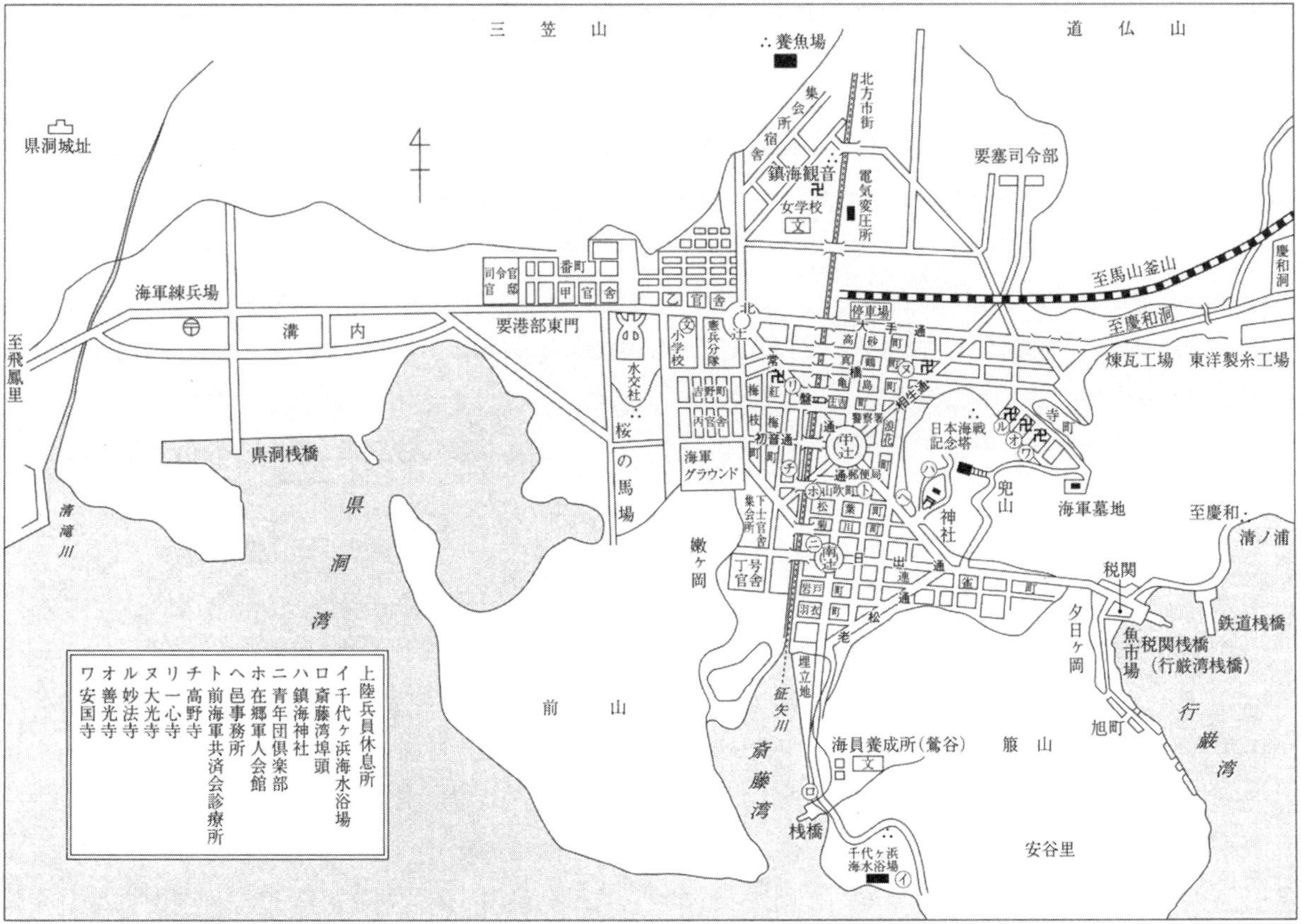

図5　鎮海の市街図

出典）鎮海邑事務所「鎮海案内図」1935年、郷土史家黄正徳氏の寄贈および〔竹国友康1999〕より作成。

菊川町などの町名をつけた。市街地がほぼ完成した一九一二年に、それまで巨済島松真浦にあった鎮海湾防備隊が当地に移転し、一九一四年に陸軍の鎮海湾要塞司令部も移転するなど、鎮海に軍施設が集中した〔竹国前掲〕。一九一六年、鎮海に要港部（鎮守府に次ぐ海軍の根拠地）が設置された。

以上のように馬山と鎮海は、日露戦争と植民地化に伴う軍用鉄道や軍港の建設をきっかけに、新たに日本人居住区が造成された植民地都市の一典型だった。「併合」後の一九一〇年十月に朝鮮総督府の行政改編により従来の行政区域である昌原府は馬山府に改称された。一二年一月に鎮海軍港とその周辺（熊中面・熊西面）は馬山府鎮海面と命名され、一四年四月には昌原郡鎮海面に改編、三一年四月には鎮海邑に昇格した〔黄正徳一九八七〕。

(2)　馬山・鎮海の遊廓

馬山の遊廓の新設　では、馬山・鎮海には、どのように遊廓がつくられたか。前掲『韓国案内』には、一九〇二年一月段階の馬山に「料理店一人、芸妓一人、酌婦三人」がいたこと、「料理店旅館　思君亭　堀江玉之進」の広告があった。この料理店旅館「思君亭」が事実上の貸座敷だっただろう。また「芸妓線香（＝料金のこと）一時間四十五銭」という記載もあった。つまり、日本人の業者・売春女性の存在が確認できる。馬山の日本人男性労働者の賃金が「大工・石工・左官日給　一円二〇銭」、「日本人仲仕《なかし》（＝荷物を運ぶ人夫のこと）一日八〇銭位」、宿料が「一泊二食　八〇銭」、昼食が「四〇銭」とあるので、食事をして買春するとたちまち日給は消えてしまう。しかし、単身男性に捻出できないことはない価格設定である。開港場として後発の馬山では、料理店という名の事実上の貸座敷から発展したのである。

馬山で料理店が本格的に発展したのは、日露交戦中の馬山線工事、さらに「併合」前後の鎮海の軍港建設があっ

図6　馬山京町の望月楼（「朝鮮写真絵はがきデーターベース」）

たからだ。まず、軍用鉄道・馬山線は一九〇四年八月に敷設、〇五年六月に開通した。馬山線への一般人の乗車は同年十一月から始まるが、これが馬山の人口膨張を促した。前掲『馬山と鎮海湾』には「料理店」の項目があり、鉄道工事に関係した「軍人軍属扨ては請負人の大部分は斯界（遊興界）の一大発展を促し或は望月［楼］の大建築と為り京大阪の本場尤物《ゆうぶつ》（美女のこと）の招来」したと記されている。鉄道工事が遊廓を発展させ、その遊客の大部分は日本の軍人軍属及び工事請負人だったのだ。ここでも軍人軍属が買春客として登場する。

　なかでも「馬山の壮観」と称された望月楼は、馬山の遊興界の盛況を物語る一大料理店だった（図6）。同楼は京町通に一九〇五年四月に落成した。命名したのは曽禰《そね》荒助《あらすけ》（一九〇七年九月〜韓国副統監、一九〇九年六月〜韓国統監）だった。望月楼の「十数人の解語《かいご》の花（美女のこと）」は、「東京大阪さては広島岡山の粋の粋を引ッこぬいたもの」「千円に上る抱へ妓が三人も居る」との記述から、金銭に物を言わせて、日本各地の妓たちを広く集める「供給」ルートがあったことがうかがえる。

しかし馬山の料理店は、日露戦後の不景気で凋落した。それでも保護国期の馬山で、望月楼以外で料理店名がわかるのは、料亭吾妻、「露国領事館門前付近には料亭鳴戸、小倉庵、又理事庁下る榮町道四辻の左右には料亭山水、勝利、一丸、旭、いろは其の他」である。注目したいのは、これらが「斑《まだら》に一遊廓を為し」（前掲『馬山港誌』）と記されたことだ。当時もやはり料理店の一帯が遊廓とみなされていたのだ。一九〇七年末「警察上取締営業」では芸妓六一人、酌婦七二人、料理屋四四人、飲食店二四人だった（『統監府統計年報』一九〇七年）。一九〇八年十月の馬山理事庁令第五号「営業及業務ニ関スル願届ノ件」第二条で料理業飲食店、待合茶屋、芸妓酌婦は「所轄警察官署に願出して許可」を受けるとされた（宋炳基一九七三）ので、これらが追認・公許されたのだろう。

ところが、いったん不景気になった馬山の遊廓は、「併合」前後の鎮海軍港建設によって、第二の最盛期を迎える。「景気を盛り返し家屋の新築上玉の輸入を競い歌い女酌人数百名」（前掲『馬山と鎮海湾』、以下同書による）を数えるほど繁盛した。この時期の馬山地区の料理店には京町一丁目の一楽、同二丁目の望月楼、本町三丁目の鎮海楼など、旧馬山では明月楼、初の家など計一七軒であった。「併合」直後は、日本人が集住した馬山地区に料理店の大半が集まった。「併合」の年、芸妓六一人、酌婦二一人、合計八二人を数えた。馬山の職業別人口では、「商家雇人僕婢」二七九人に次ぐ多さだった。「数百名」とあるから、実数はもっと多かったであろう。当時の玉代《ぎょくだい》（遊興費）は、「一芸妓一時間六十銭、宵より朝迄五円五十銭、十二時より朝迄三円、一昼夜打通し八円五十銭」「一酌婦散し花四十銭、宿り花三円五十銭、十二時過ぎより朝迄二円」だったという。

望月楼以外で、詳細がわかる料理店をみよう。山水楼の楼主は福岡県出身、新開楼は長崎県佐世保出身で一九〇八年九月に渡韓し直ちに開業、抱妓は京都、名古屋、長崎の出身だった。馬山の料理屋で一番景気がよい七福楼は、楼主は佐世保出身で「芸者」五人をかかえた。馬山の楼主で最も多かったのは、佐世保出身者だった。日本有数の軍港・佐世保は、鎮海湾一帯の軍港建設のために鎮海湾防備隊を派遣し、鎮海を管轄する海軍鎮守府が置かれたと

図7　鎮海の海軍下士官兵集会所（「朝鮮写真絵はがきデーターベース」）

ころでもあったので、その関係が考えられる。

このように、鎮海の軍港建設が完成するまでの「一年半有余の間は馬山開港以来の全盛期」だった。しかし完成後は、馬山港閉鎖とあいまって、馬山地区から鎮海や他都市に日本人が次々と流出した。馬山の芸娼妓・酌婦数は一九〇七年一三七人だったのが、〇九年に一七二人とピークを迎え、「併合」（一〇年）の年に八六人と急減した（『統監府統計年報』一九〇七・〇八年版、『朝鮮総督府統計年報』一九〇九・一〇年度版）。業者や女性の多くが、以下にみるように、馬山から鎮海など他の地域に移ったためであろう。一方、朝鮮人の多い旧馬山は影響を受けなかった（前掲『馬山港誌』）。

鎮海の遊廓新設計画と性売買　鎮海の遊廓形成で特徴的なのは、料理店ではなく、はじめから「遊廓」新設が想定されたことだ。海軍臨時建築支部による鎮海の都市計画の段階で、市街地から離れた鶯谷《うぐいすだに》という区画に「遊廓地」が立案されたからだ。海軍軍人向けと考えられるが、結局実現しなかった。その経緯をみよう。

竹国〔前掲〕は、許可された「市街地第一期貸下」（民間貸与）リストに貸座敷六名の記載があるが、『海軍文書』のなかから「遊廓設計図」を発掘し、そのうえで貸座敷業者六人のうち五人が東京であることから、「軍当局による直接的な指導があった」と推測した（遊廓予定地の地図も掲載）。一方、橋谷弘〔二〇一六〕は、ジャーナリストの経歴がある太田代十郎《おおたしろ》が提案し、東京の新吉原の松本菊次郎など貸座敷業者五名が名義人となり太田代を代理人として遊廓地貸下願書が出され貸下げが許可されたこと、しかし松本らの資金不足で計画が挫折したが、縮小されて認許された経緯を明らかにした。民間人の提案でも、軍が「遊廓」計画を認可したことに変わりはない。しかも近隣の釜山などの貸座敷業者ではなく、新吉原の松本菊次郎など日本「内地」の本家本元の貸座敷業者が五名も関わったことは、海軍と日本国内の貸座敷業者との強いつながりを示唆する。結局、その後の軍港計画縮小により、遊廓予定地に実際に設立されたのは海員養成所であった〔竹国前掲〕。実際の鎮海の遊廓は、市街地にある連雀町周辺に立てられた（後述）。

また鎮海には、軍以外の性売買に関して、杉山萬太『鎮海』（一九一二年）に次のような記録がある。

「鎮海の土地に真ッ先に足を踏み入れたのは……先づ労働者ではあるが殆んど之と同時に入込んだのは売春婦」「彼等の多くは碌に工事も始まらない先から移住して来て、鮮《ママ》人部落に巣を構えて……労働者や鮮《ママ》人を相手に賤業を営み相当に繁盛」「玉代といふのは一晩二円位を普通」

鎮海の軍港工事に従事する日本人労働者を目当てに日本人売春女性が流入して、日本人・朝鮮人男性相手に売春したというのである。同書の、鎮海在住日本人の職業に関する統計（鎮海警察署調査、一九一二年六月）によれば、「料理店七〇戸、飲食店二四戸」があり、「芸妓五七人、仲居三九人、酌婦一一三名」だった。「仲居」も含めて合計二〇九人の多くは、売春女性だっただろう。ところが、人口が増え市街地ができると、「何れへか飛散して仕舞った」という。

このように、鎮海軍港の建設によって隣接する馬山で性売買が活況だった同じ時期に、性売買業者と女性は、同じ鎮海軍港建設工事に従事する労働者目当てにいち早く鎮海に進出したのである。しかし業者と女性たちは、一九一二年末に鎮海の市街地が造成されると、たちまち他へ流出した。先述のように、鎮海軍港工事建設に先立つ巨済島の松真浦での海軍根拠地建設の際、日本人業者が売春女性を引き連れ営業した記録があるので、その関連が考えられる。

ほかの植民地都市でもそうだったように、軍用鉄道・軍港などのインフラ工事に従事した労働者や軍人軍属目当てに、さまざまな形態の日本人売春関連業者が暗躍・活発化していたのである。

馬山・鎮海の「植民地遊廓」確立以降の動向　序で述べたように一九一六年三月、植民地権力は全道統一的に「貸座敷娼妓取締規則」を制定した後、各道の警務部長は各道の貸座敷営業地域を指定した。慶尚南道でも同年五月一日の警務部告示第七号及び第八号（『朝鮮総督府官報』同年六月二十四日付）でそれぞれ二地域及び八地域が貸座敷営業地域として指定された。各道の警務部長をつとめたのは、朝鮮駐箚憲兵隊長だったことに注意したい。

このうち、同告知第八号により、馬山府は「寿町、元町、万町ノ全部及石町ノ一部」で図表示の場所（図8）、鎮海（昌原郡鎮海面）は「日ノ出町、連雀町、岩戸町、羽衣町、日暮町（日ノ出町通道路ノ表通リニ面スル場所ハ除ク）」で図表示の場所（同前）が指定された（図4・5も参照）。同地域では「料理屋及酌婦」がそのまま貸座敷と娼妓に移行したこともわかる（同告知第八号）。馬山府で指定された貸座敷営業地は、すべて旧馬山に属した。「併合」前後に隆盛を誇った馬山地区の料理店は除かれた。

また、同規則四二条では、朝鮮人娼妓を抱える業者は「当分の間」貸座敷指定営業地域以外でも営業できたが、慶尚南道では一九一九年五月三十一日までの期限付きである点（慶尚南道警務部告示第九号）が他の道とは異なる。

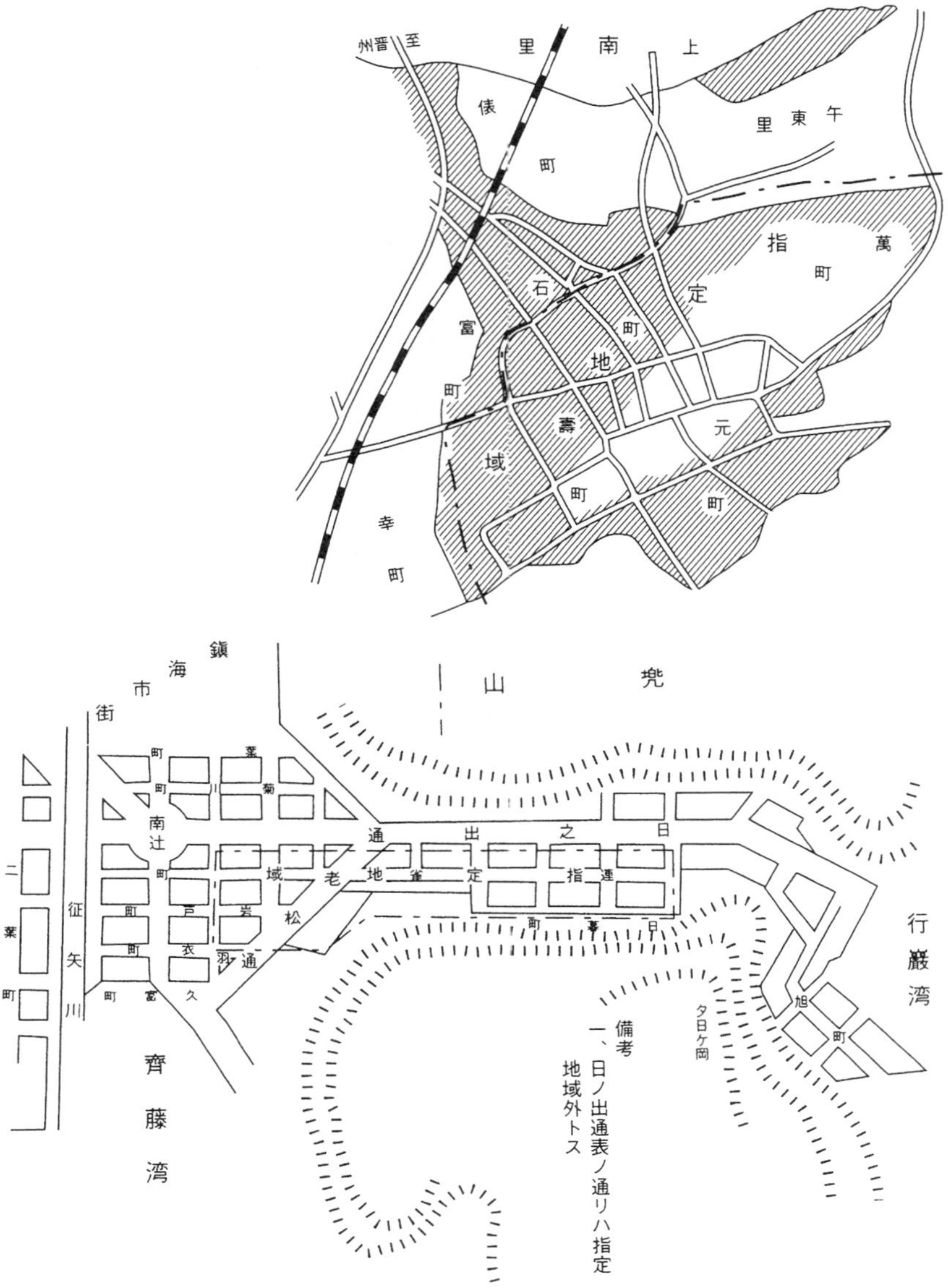

図８　馬山（上）**と鎮海**（下）**の貸座敷営業指定地域**（朝鮮総督府慶尚南道警務部告示第八号「貸座敷営業地域指定」1916年５月１日、『朝鮮総督府官報』同年６月24日、第３図と第４図）

期限後に、集娼化をすすめる方針だったのだろう。また、その対象に馬山府は含まれるが、鎮海面は含まれない。鎮海に朝鮮人業者や娼妓がいなかったためとみられる。

ところで、日本海軍は当初、鎮海に、呉や佐世保などとならんで鎮守府を置く軍港を一〇ヶ年で建設する計画だった。一九一六年四月にこれを変更して鎮海に鎮守府の次のクラスの要港部を設置することとし、佐世保鎮守府の管轄下に置き、鎮海軍港建設計画は縮小された。軍港建設をあてこんだ業者や商人が鎮海を離れ、人口が減り始めた。つまり、鎮海＝鎮守府＝「大軍港」という期待は、バブルに終わったのだ〔橋谷前掲〕。

一九二〇年代の遊廓をみるために、馬山・鎮海の人口動向をみよう。表1は、地区別にみた馬山・鎮海の人口構成である。一九二三年動向では、馬山府の場合、日本人が造成した馬山地区では日本人と朝鮮人の人口比はほぼ拮抗した。しかし旧馬山では朝鮮人が八五％と圧倒的に多い（馬山府全体では朝鮮人が七〇％以上）。馬山府は、日本人が中心で朝鮮人も混住する馬山地区、朝鮮人住人が圧倒的に多い旧馬山に二分されていた。一方、鎮海では、鎮海地区は日本人が八四％と圧倒的に多かった（機密だった軍人数を含めるとさらに増える）が、強制移住させられた慶和洞には朝鮮人が九二％と圧倒した（鎮海全体の日本人・朝鮮人の人口比は拮抗）。民族別隔離が続いたのである。

さらに表1から一九二八年の動向をみると（同年『朝鮮総督府統計年報』に馬山・鎮海の地区別人口欄はない）、馬山府では日本人数が漸増、朝鮮人数が急増し、馬山府全体でも人口が増加した。鎮海では日本人数が漸増、朝鮮人数が急増し、全体でも増加した。つまり馬山・鎮海の日本人比率は低下した。また、一九三〇年の国勢調査によれば、鎮海面の人口約一万九千人のうち海軍軍人・軍属は千人余りであった〔橋谷前掲〕。

こうしたなか一九二四年末の朝鮮の貸座敷調査（道家齊一郎『売春婦論考』一九二八年）では、馬山府の遊廓は四ヶ所（寿町、万町、幸町、元町）、貸座敷一〇軒、娼妓七四人（慶尚南道全体では一一ヶ所、一三九軒、九一六人）であり、すべて旧馬山に所在した。その内訳は馬山府の寿町（貸座敷数六軒、娼妓数四四人）、万町（一軒、一二人）、

表1　馬山・鎮海の日本人・朝鮮人の人口（1923年、1928年）

		1923年			1928年		
		日本人	朝鮮人	合計	日本人	朝鮮人	合計
馬山府	馬山地区	3,311 45.2%	4,020 54.8%	7,331 100.0%			
	旧馬山地区	1,527 14.5%	9,036 85.5%	10,563 100.0%			
	合計	4,838 27.0%	13,056 73.0%	17,894 100.0%	5,339 22.6%	18,300 77.4%	23,639 100.0%
鎮海（昌原郡）	鎮海地区	4,276 84.3%	799 15.7%	5,075 100.0%			
	慶和洞地区	332 7.6%	4,044 92.4%	4,376 100.0%			
	合計	4,608 48.8%	4,843 51.2%	9,451 100.0%	4,975 31.8%	10,653 68.2%	15,628 100.0%

出典）『朝鮮総督府統計年報』1923年度版、1928年度版。
注）1．同上『統計年報』1924年度から旧馬山の表記が消えるため、馬山府で馬山と旧馬山の人口がわかるのは1923年度までである。
2．同上『統計年報』1928年度版では「馬山府」「昌原郡鎮海面」の記載のみになっている。
3．「其の他の外国人」は極少数なので省略した。

幸町（一軒、六人）、元町（二軒、一二人）であった。なお先述の第八号（一九一六年）に幸町はないが、一九二四年の道家の調査に石町はなく幸町になっている（幸町は貸座敷最多の寿町に隣接）。

一方、鎮海では一ヶ所、貸座敷数一三軒、娼妓七九人だった。人口の多い馬山より、人口が少なく後発の鎮海の方が貸座敷数・娼妓数が多いが、日本海軍の軍人が多かったためと考えられる。道家の調査では、民族別の娼妓数は不明である。

しかし『廓清』の調査では、一九二七年頃の鎮海（「昌原面鎮海面」）の遊廓の民族別の動向がわかる（馬山の記載はない）。貸座敷営業者のうち日本人一四人（朝鮮人ゼロ）、娼妓数は日本人五七人／朝鮮人二四人だった（「遊廓所在地調」『廓清』一九二九年十月号）。業者はすべて日本人、娼妓の多数が日本人なのは、陸軍都市の龍山（第Ⅰ部第3章参照）と同様に、海軍都市の鎮海という軍事上の理由が関係すると推察される。ただし、馬山にも憲兵分遣所や重砲兵大隊（日本陸軍）が駐屯したので、馬山の遊廓が日本軍と無縁だとはいえないだろう。

馬山の朝鮮人娼妓たち　一九二〇年代の馬山の娼妓や廃娼運動の動向を新聞記事からみよう（鎮海はほとんどない）。一九二三年六月、加藤という馬山警察署長が馬山の「芸娼妓及酌婦」の抱主全員を集めて、その待遇に関する次の訓飭《くんちょく》（戒め）を出した（『東亜日報』二三年六月十日、図9）。民族別記載はないが、朝鮮人女性だろう。馬山では、業者は日本人・朝鮮人が半々、娼妓等は主に朝鮮人女性だからだ（後述）。

一、芸娼妓及酌婦の年期営業者に関する契約期限は五年以内にすること
二、毎月一回公休日（十七日）をとること
三、毎月所得の百分の三を賞与すること
四、芸娼妓酌婦営業中業務に基づく疾病に対する治療費及食費は一切抱主が負担すること
五、芸娼妓酌婦座敷用の衣類は相当の品質を選び四季に適うよう給与すること

これ以外にも、金銭貸借計算簿を作成してこれを計算整理すべきであり、五十円以上の金銭でも警察の承認がある時はこれを貸与して、公休日には抱主が妓生《ママ》全部を招集して名望ある地方人士或は寺院の和尚を招待して精神修養に対する講演を開くべきであり、裁縫、〇〇（判読不明）、割烹等の女人に適合した普通の職分を習得するようにすることと、毎月雑誌を購入して〇〇（判読不明）して、月十円以内の金を貯蓄させるように　（原文は朝鮮語）

ここから逆説的に馬山の朝鮮人「芸娼妓酌婦」の置かれた状況がみえる。彼女たちは、契約期限は五年以上が多

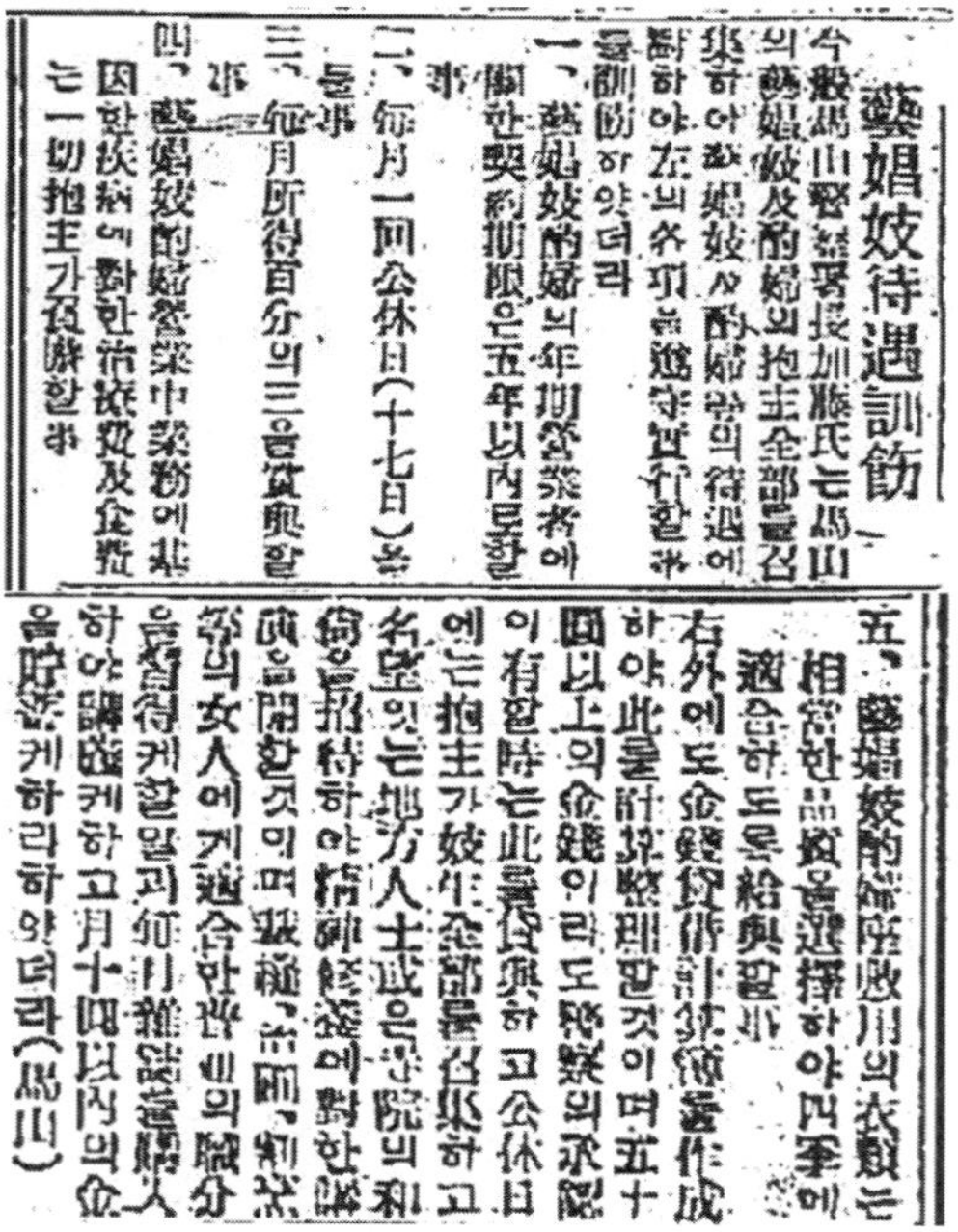

図9　馬山の朝鮮人「芸娼妓及酌婦」の待遇に関する記事
（「芸娼妓待遇訓飭《くんちょく》」『東亜日報』1923年6月10日）

く、休みはないに等しく、病気〔性病〕に罹った場合の治療費・食費はもちろん衣服代を自ら支払い、借金は清算されず、貯蓄はほとんどなかった。これに対し、日本人の警察署長はさらなる金銭貸与〔借金〕を警察承認で勧めたり、心身を休める公休日に精神修養の講演をすべきなどとピントはずれな指示を出している。当時の朝鮮人女性のほとんどは文字が読めなかった〔金富子二〇〇五a〕ので、雑誌購入も無意味だったろう。また、文中に「妓生」とあるが、『東亜日報』が「芸娼妓酌婦」を朝鮮人読者向けに読み替えたと推測される。妓生が日本の影響をうけて解釈されたことがわかる。

こうした抑圧的な状況に対して、馬山でも廃娼運動が起こった。一九二四年六月に英国人宣教師マクレーの発起により馬山府新町のキリスト教礼拝堂で「公娼廃止大会」が開かれ、五〇〇人が集った〔『朝鮮新聞』一九二四年六月二十七日付〕。その詳細がわかる『東亜日報』記事〔同年六月二十四日付〕によれば、実際は朝鮮人が行った集会だった。ソウルと馬山の二人の朝鮮人演士が「公娼が社会に対する風紀上衛生上絶大な害毒を胎すのみならず、個人の人権と情操を蹂躙して動物視するのは人道上行うべきではない」と述べ、公娼廃止運動宣伝会の創設が議長

（朝鮮人）から提案され一〇人の朝鮮人委員を選んだ。公娼を「害毒」ととらえる視線と「人道上」廃止すべきという主張が交差している。七月には馬山青年会も公娼廃止を決議し、講演会が開かれた（『東亜日報』同年七月二十日及び八月六日付）。

こうした影響をうけて、馬山にも自由廃業する朝鮮人娼妓が現れた。馬山府万町の福亭楼の宋錦花《ソングムファ》が「七年という長い歳月を暗黒な人肉市場で苦痛のなか過ごすなか我慢を重ね」てきたが、自由廃業運動を行おうと警察に廃業願を提出した。これ以降、一般娼妓にも影響をあたえ、瓊蘭、蘭多磨、竹波、鳳仙、紅桃の五人の妓生がそろって馬山警察署に自由廃業を願い出たが、拒絶され戻った。しかし竹波と瓊蘭の二人は行方をくらました（『東亜日報』一九二六年十二月十日）。馬山府寿町の南海楼から娼妓が「情夫」とともに群山方面に逃走して馬山警察署に拘留されたり（同前一九二七年三月三日）、馬山府寿町の酔仙亭の娼妓金桂花《キムゲファ》（二十三歳）、金春桃《キムチュンド》（二十二歳）が「娼妓生活が苦痛」と父母への遺書を残して投身自殺した（同二七年四月二十一日）。全南光州出身で馬山府元町の海月楼の娼妓呉桃花《オドファ》（二十二歳）は、他に移ろうとしてできず、毒薬を飲んで自殺未遂した（同一九三〇年九月二十一日）。

わずかな記事にすぎないが、廃娼運動が盛り上がるなか、劣悪な環境におかれた朝鮮人娼妓たちが自由廃業、自殺、自殺未遂などさまざまな方法で抵抗した一端をかいまみることができる。

馬山・鎮海の遊廓と娼妓たち

さて、表2は、『全国遊廓案内』（一九三〇年。以下『案内』）に掲載された馬山・鎮海の遊廓の状況を整理したものだ。一九一六年当時の貸座敷営業地域と比較すると、馬山府の場合、万町、元町、寿町は同じだが、『案内』でも石町でなく幸町になっている（道家前掲と同様）。先述の一九二四年貸座敷調査（同前）と比べると、万町が一九二四年に一軒だったのが『案内』では一二軒に、寿町は六軒が一〇軒に増加した。妓楼名をみると、前述の宋錦花がいた福亭楼はないが酔仙亭はある。一方、鎮海は一三軒から一二軒なので、横ばいである。また『案内』は鎮海の遊廓の成り立ちに関して「料理店が貸座敷と成り、酌婦が娼妓と成った」のは、「朝鮮の一般遊廓と同一経路」と解説している。

同表で興味深いのは、両者の遊廓のあり方に差異があることだ。鎮海では、日本人人口が圧倒的に多く（先述のように海軍軍人軍属約千人を含む）、連雀町一ヶ所に貸座敷が集中し日本人娼妓が多い（娼妓数七〇人中日本人五〇人）。一方、馬山では、朝鮮人人口が多い旧馬山の寿町遊廓の娼妓五〇人は「全部朝鮮の女計り」「経営者も朝鮮の人が多い」、万町遊廓の娼妓約五〇人は「主に朝鮮人の女が多い」と記された。四ヶ所に遊廓がある馬山では、朝鮮人

制度／遊興費など
「店には写真も無く、又陰店も張つて無い。登楼してから花魁が順次に顔を見せる事に成つて居て、その処で相方を定める」「娼妓は全部居稼ぎ制で送り込みはやらない」「通し花制で廻し花は取らない」「娼妓は全部一枚鑑札」／「費用は御定りは五円で台の物が付き、一泊も出来る」
「遊興費や制度等は、…寿町と大差はない」／「内地人の娼妓は朝鮮人より一二円高いのは普通である」
「遊興費及制度等は右の万町とほぼ同様」
「ほぼ右と同様」
「陰店を張つて居て、娼妓は全部居稼ぎ制で送り込みはやらぬ。廻しも取らない」「玆の娼妓は全部二枚鑑札」／「一時間遊びは二円位、御定りは五円で午後六時頃から引け迄で、一泊は七円」「何れも台の物が含んで居る。」

遊興費(円)		一人当りの遊興費	
日	朝	日	朝
1,615	13,543	3.17	3.24
10.7%	89.3%		
38,016	4,184	4.44	4.44
90.0%	10.0%		
3,587,693	436,459	7.97	3.94
89.2%	10.8%		

記載されていない。

表2　『全国遊廓案内』（1930年）**にみる馬山・鎮海の遊廓**

	遊廓名	営業地域	貸座敷	妓楼名
馬山	馬山寿町遊廓	慶尚南道昌原郡馬山寿町（＊馬山府の誤記か）	貸座敷10軒、娼妓約50人。「全部朝鮮の女計りである。経営者も朝鮮の人が多い」	南鮮亭、日鮮亭、吾妻亭、明月楼、寿楼、海月楼、南海楼、嶺南楼、酔仙亭、山月亭等。
	馬山府万町遊廓	慶尚南道馬山府万町	12軒、娼妓数約4-50人。「主に朝鮮人の女が多いが。日本人の娼妓も少しは居る」	
	馬山府元町遊廓	慶尚南道馬山府元町		
	馬山府幸町遊廓	慶尚南道馬山府幸町		
鎮海	鎮海面遊廓	慶尚南道昌原郡鎮海面連雀町	貸座敷12軒、娼妓70人（うち朝鮮人20人、他は長崎県、熊本県出身）。	鹿島楼、浪花楼、酔月楼、金時楼、たまや、朝日支店、朝日本店、玉川楼、清川楼、一文字楼、鎮海楼、開進楼等。

出典）『全国遊廓案内』日本遊覧社、1930年、463-465頁。
注意）1．空白部は出典に記載がないことを示す。引用は出典から。
　　　2．馬山寿町遊廓の所在地が昌原郡なのは馬山府の誤記と思われる。

表3　遊廓所在地別の遊客調べ（馬山・鎮海、全道、1929年）

所在地		営業者		娼妓数		遊興人員	
		日	朝	日	朝	日	朝
馬山府		4	6	48	310	510	4,174
	日朝比	40.0%	60.0%	13.4%	86.6%	10.9%	89.1%
鎮海面		12	0	48	21	8,568	942
	日朝比	100%	0％	70.0%	30.0%	90.1%	9.9%
全道25ヶ所合計		312	216	1,900	1,385	450,315	110,683
	日朝比	59.9%	40.9%	57.8%	42.2%	80.3%	19.7%

出典）宋連玉〔1994：67頁〕より、抜粋して一部作成。原典は『廓清』1931年10月号・11月号。
注）1．宋〔同前〕によれば、1929年の遊廓指定地28ヶ所のうち京畿道2ヶ所、慶尚南道1ヶ所が

業者や朝鮮人娼妓が多かった。

これを一九二九年の調査である表3（出典は『廓清』一九三一年十月・十一月号）でみると、鎮海の貸座敷営業者は日本人のみ、娼妓数も七〇％が日本人であった。一方、馬山の貸座敷営業者は日朝でほぼ拮抗したが、娼妓数は朝鮮人が八六・六％と圧倒している（『案内』の記述は、表3の鎮海の貸座敷営業者・娼妓数とほぼ差異がないが、馬山に関してはややズレがある）。

両者の遊廓の違いは、娼妓の稼ぎ方や遊興費にも現れる。その前提として、『案内』の「編者の言葉」「遊廓語のしをり」の遊廓用語の解説をみよう。まず「居稼ぎ」は「芸娼妓が、抱え主の家で客を取って稼ぐこと」なので、住み込みである。「送り込み制」は「関西方面に多く、置屋は置屋、揚屋は揚屋と、各専門的に営業して居る処で、娼妓は置屋から揚げ屋に送り込まれて行く」方式だ。また、「廻し制」とは「一人の娼妓が二人以上の客を取って、順次に客から客へ廻って歩く事」をさす。「東京式」は「普通廻し花制」をいうのに対し、「大阪式」は「通例客の廻しを取らぬ事」だという。さらに買春客が娼妓を選ぶ方法には、娼妓が店先の格子の中に並ぶ張店（張見世。日本では一九一六年に禁止）、表からみえない陰店、写真式があった。

これらをふまえて、鎮海と馬山寿町の遊廓についてみると、両者は共通して「全部居稼ぎ制で送り込みはやらない」とあるので、娼妓は妓楼に住み込んで営業した。また「廻しを取らない」、つまり一対一で客を相手にする点も共通する。

しかし、次のような差異もある。鎮海は「陰店を張っている」、つまり表通りからみえないところに娼妓たちの並ぶ座敷（見世）を張って、買春客は対面して娼妓を選ぶ。しかし馬山では「店には写真も無く、又陰店も張つて無い。登楼してから花魁（娼妓のこと）が順次に顔を見せる事に成つて居て、その処で相方を定める」という。ソウルなど他の地域では写真式が多い。直接「花魁が順次顔を見せる」馬山方式は、日本式からの逸脱、あるいは朝鮮独自の接客業の継続、または植民地的再編を示すのだろうか。

また、鎮海の娼妓は「全部二枚鑑札」で芸妓が娼妓を兼ねたが、朝鮮人娼妓が多い馬山では「娼妓は全部一枚鑑札」なので娼妓だけである。玉代は、二枚鑑札の方が高い。日本人が多い鎮海の娼妓は「全部二枚鑑札」なのは、「料理店が貸座敷と成り、酌婦が娼妓と成った」という経緯があったからだろう。

遊興費では、日本人（海軍含む）が圧倒的な鎮海面の遊廓が「一時間遊びは二円位、御定り《おきま》（標準、並の意）は五円で午後六時頃から引け迄で、一泊は七円」「何れも台の物が含んで居る」。一方、馬山寿町遊廓では、「費用は御定りは五円で台の物が付き、一泊も出来る」と安く設定されていた。さらに馬山府萬町遊廓では「内地人の娼妓は朝鮮人より一、二円高いのは普通」と娼妓の「価格」に露骨な民族的序列があった。これは万町遊廓に限ったことではなく、朝鮮を含む植民地では一般的であった。その理由として『案内』は、「暫《しば》らく海外に滞在して居ると直ぐに内地の女が恋しくなる」「（日本人女性が）比較的数が少ないので、朝鮮人の娼妓よりは内地人の娼妓の方が一、二割方値が高い」と説明している。日本人男性買春客にとっての、女性に対する民族別価値序列を示している。

全道の遊廓における馬山・鎮海の位置

馬山・鎮海の遊廓は、全道の遊廓と比較してどんな特徴があったのか。

一九二九年に調査された表3の全道二五ヶ所平均をみると、貸座敷営業者の六割は日本人、娼妓の六割弱が日本人、遊興人員の八割は日本人、遊興費の九割は日本人が占めた（序を参照）。これに比べて興味深いのは、第一に、鎮海の遊廓では営業者はすべて日本人、遊客・遊興費の九割が日本人であるなど、営業者・娼妓・遊客・遊興費の日本人比率が高かったこと、第二に、鎮海とは対照的に、馬山の遊廓では娼妓・遊客・遊興費の九割近くが朝鮮人だったことだ。つまり、鎮海は業者・娼妓・遊客・遊興費は日本人中心なので日本人男性向け遊廓であり、しかも買春客の多くは海軍軍人だっただろう。一方、馬山では営業者が日朝双方、娼妓は朝鮮人、遊客は主に朝鮮人なので、朝鮮人男性向け遊廓だったと言えよう。その違いは妓楼名にも現れている。鎮海は日本風、馬山は朝鮮風が多い（表2参照）。

また、一人当たりの遊興費では、全道平均では日本人は朝鮮人の二倍だが、鎮海・馬山では民族別の差異がない。全道平均の買春客は日本人が全体の八割にのぼるので、朝鮮人が買春客の九割を占める馬山の遊廓のあり方はかなり特異である。これについて、宋連玉〔一九九四〕は「馬山を筆頭に全州、平壌、晋州、会寧など植民地統治以前から遊興の盛んだった」ためと説明している。

馬山・鎮海の娼妓の配置、娼妓間の民族的序列、遊興費、制度、買春客における民族別差異は、日本が創設した海軍都市・鎮海には日本人将兵が多数居住したのに対して、朝鮮伝来の商都・旧馬山には朝鮮人商人などが多かったことと密接に関係するだろう。鎮海の遊廓が日本海軍軍人を含む日本人買春客相手に発達した植民地遊廓であったとするならば、馬山の遊廓は朝鮮社会に日本式の集娼制が「普及」したことを示す植民地遊廓の事例と言えるのではないだろうか。

本章では、馬山・鎮海を事例に遊廓形成過程をみてきた。商都馬山では日露戦中の軍用鉄道建設と近隣の軍港建設をきっかけに占領地遊廓から植民地遊廓へと展開した。一方、鎮海は、「併合」後の日本海軍基地建設のなかで遊廓が当初から計画され挫折したものの、海軍都市の植民地遊廓として発展した。このように、占領地／植民地遊廓の形成は、日本の軍事主義・植民地主義と不可分な関係にあった。しかし同じような植民地都市でも、それぞれの来歴や機能により、遊廓における業者・娼妓・買春客、制度や遊興費に民族別の差異があったのである。

第II部

朝鮮北部

——羅南、会寧、咸興、慶興——

植民地期遊廓街「美輪の里」だった豊谷洞全景（2008年筆者撮影、以下同じ）

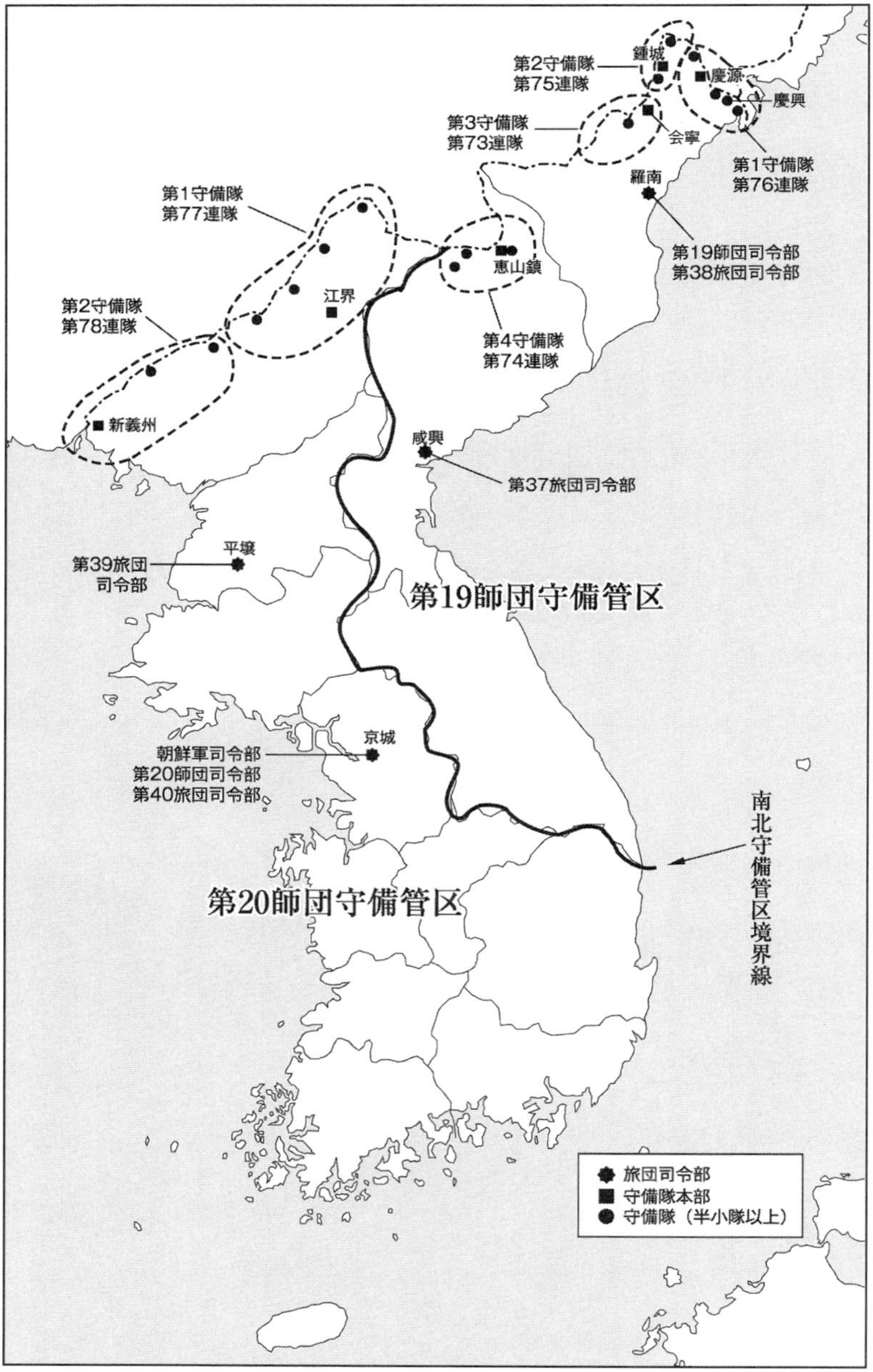

図１　朝鮮軍・国境守備隊配置図（1926.8.1、辛珠栢〔2010〕）

1　羅南

——軍事的要衝の遊廓——

一九九八年五月、朝鮮民主主義人民共和国の咸鏡北道《ハムギョンブクト》清津《チョンジン》市の芳津洞《パンジンドン》で慰安所だった建物が発見されたと、『労働新聞』が報じた（一九九八年五月七日付）。また、翌年の八月には「従軍慰安婦及び太平洋戦争被害者補償対策委員会」（以下、従対委、現在は「朝鮮日本軍性奴隷及び強制連行被害者問題対策委員会」）が同慰安所の真相調査報告書を発表した（『労働新聞』一九九九年八月二十三日付）。

芳津洞は、中国とロシアとの国境に接する経済特区の羅先《ラソン》地区にほど近い海に面した小さな村で、報告書によればここに「銀月楼」と「豊海楼」という慰安所があったこと、そのうちの「銀月楼」は建物が残っているとのことであった。

それまで南北含めて朝鮮半島内で慰安所が発見されたことはなく、これは大変貴重な発見と思われた。だが、その一方で朝鮮半島内の主な都市には遊廓があり軍隊も遊廓を利用することができたのだから、軍専用慰安所があったとは考えにくいとの見方もあった。

しかし、芳津洞は日本人居住者がほとんどいない半農半漁の寒村であることからして、それが性売買施設であるなら、むしろ遊廓である可能性は低く慰安所であるほうが自然と思われた。そして、その後の調査研究により、これらが一九三〇年代後半に設置された海軍の羅津特別根拠地隊（一九四二年五月「羅津方面特別根拠地隊」と改称）専用の慰安所であったことがほぼ間違いないと確認された〔金栄・庵逧由香二〇一〇〕。

また二〇〇一年三月には、清津市から直線で南へ約一二キロの羅南《ラナム》でも「慰安所」が発見されたと報じられ（『労

図2　羅南19師団司令部（国書刊行会編・下巻〔1986〕）

働新聞』二〇〇一年三月十一日付）、翌年四月には従対委による報告書も発表された。ところが、先の芳津洞と違い羅南は日本人入植者が多い都市であり、逆に民間人が利用する遊廓である可能性が高いように思われた。

そしてこの羅南の「豊谷洞《ブンゴクトン》慰安所」を確認するべく二〇〇三年、〇五年、〇八年の三回現地に入って調査を行った。その結果、豊谷洞慰安所が一九三〇年に出版された『全国遊廓案内』（以下『案内』）にも紹介されている「羅南美吉町美輪之里遊廓」と一致することがわかった。

これが、なぜ軍慰安所と発表されたのであろうか。それは、羅南が第十九師団司令部を置く軍事基地のために開発された都市であり、同地が北部朝鮮における軍事的要衝であることと関係していた。

(1)　植民地軍事都市の形成

土地収奪と軍都の誕生　羅南はもともと羅南川に沿って農家が数戸点在する程度の寒村だったが、一九〇七年一月、陸軍省は「韓国駐箚軍司令部に通達した第十号令達」と「韓国軍用地処理要領」によって羅南、清津、会寧などの軍用予定地とした国有地は無償収用し、民有地は軍が買収することとした。そして、羅南の八四万九一五八坪を五万七三七三円六五銭、坪単価七銭以下で、また鉄道敷設地として羅南から清津近くの石塢《ソゴ》までの民有地一万二四六八坪を一二八九円四一銭、坪単価一〇銭くらいというかなりの廉価で買収したのだった。しかも羅南の兵営の建設は極秘裏に選定されたため「何等の妨害も運動もこれに加はる余地のない間に決って」（岩本善文・久保田卓治共編『北鮮の開拓』編纂社、一九二八年）、一月の通達からわずか二ヶ月後の三月には民間地の買収を完了したのだった。さらに五月には九五九〇坪の国有地を無償で接収した〔高秉雲一九八七〕。このように一〇〇万坪近い広大な土地が安い価格で軍に接収され、翌一九〇八年から軍基地建設が本格的に始まったのである。

軍基地がこうして羅南に構築されていくが、実は当初、清津の西方に広がる輸城《スソン》平野が軍用地の候補にあがっていた。しかし、日露戦争時に輸城平野を流れる富寧《プリョン》川の氾濫を目にした軍参謀部が懸念を示し、水害が比較的少なく山に囲まれた羅南に変更したのだった〔金・庵逧二〇一〇〕。

一九〇四年に創設した韓国駐箚軍のほかに、一九〇九年五月新たに臨時韓国派遣隊制度が定められ、実質的な常駐部隊である臨時派遣隊が朝鮮におかれると師団司令部をソウルの龍山に設置し、ここ羅南にも一個旅団の司令部がおかれた。軍基地建設が着々と進む中、羅南はこのころから北部朝鮮における軍事的要衝として登場するようになった。

羅南の軍基地建設は、一九一〇年までに主な施設が完成し、一九一四年には陸軍病院、合同弾薬庫、射撃場、練兵場、作業場も整い完了する。ここにその後第十九師団司令部をはじめ主力の歩兵第七十三連隊と第七十六連隊が入り、羅南は「野砲兵連隊、騎兵連隊、甲歩兵連隊、乙歩兵連隊、憲兵分遣隊（憲兵分隊：筆者注）、将校舎宅、旅団司令部（第三十八旅団）、陸軍倉庫、兵器廠、障碍物馬場、練兵場（一八万五〇〇〇坪）、郵便局、銀行、日本人調達商人住宅」〔孫禎睦一九八二年〕などからなる一大軍事都市となった。

図3　羅南憲兵隊本部（国書刊行会編・下巻〔1986〕）

翌一九一五年十二月、帝国議会は朝鮮軍第二十師団と第十九師団の二個師団を新設することを閣議決定し、一九一六年四月にまず第十九師団司令部がソウル龍山に置かれ、羅南には主力の歩兵第七十三連隊が配備された。

羅南憲兵隊　一九一四年当時、羅南には憲兵分隊のみが配置されていて、咸鏡北道を統括する憲兵隊本部は鏡城《キョンソン》にあったが、一九二〇年八月の「陸軍省令第二十号」の改正によって憲兵隊本部は羅南に移り、羅南憲兵隊は北部朝鮮における憲兵隊の中心となった。

朝鮮における憲兵隊はソ連政略における諜報活動や国境地帯の中国の間島中心の地域で抗日運動の鎮圧と朝鮮の治安維持という任務を負い、日本内地の憲兵隊とは異なる性質を帯びていた。特に中ソ国境に接した咸鏡北道では、きわめて高い警戒を要していた。ここで、憲兵隊の概略を整理しておこう。

朝鮮に憲兵隊が最初に置かれたのは一八九六年にさかのぼる。当初は電信保護を目的に編制された臨時憲兵隊だったが、日露間の緊張が高まった一九〇三年には韓国駐箚憲兵隊に改編し日露戦の開戦後は下士官以下が増派されて朝鮮各地に憲兵を分駐させた。一九〇五年、日露戦争終結後もそのまま駐留し続けた憲兵隊は、翌年の二月には勅令を受けて軍事警察としての役割以外にも行政警察と司法警察も掌握する。同年十月、内地憲兵隊に数字を冠した名称、第十四憲兵隊に変わるが、一年後の一九〇七年十月には憲兵条例が改正され名称を韓国駐劄憲兵隊に戻す。この時点で隊員は、以前の八〇〇名程度から二〇〇〇名まで増員されている。一九一〇年の六月には勅令第二九六号で統監府警察官署官制が公布され、本来軍事警察である憲兵隊が普通警察権も有した憲兵警察制度が作られた。こうした体制がとられたのが六月、つまり八月二十九日の「韓国併合」の直前であった。

「韓国併合」によって、統監府は朝鮮総督府となり韓国駐劄軍が朝鮮駐劄軍に改編するに伴い、韓国駐劄憲兵隊も朝鮮駐劄憲兵隊となる。隊員も、この時点で二〇一九人だったのが翌年七二四九人に増加し、一九一〇年代は八〇〇〇人前後の水準が維持された。一九一五年を見ると、日本「内地」憲兵隊一一四四人に対して朝鮮の憲兵隊は八〇三一人で、朝鮮の憲兵隊は「内地」憲兵隊の七倍以上の規模だった〔松田利彦二〇〇〇〕。なかでも国境地帯に重点配備され、憲兵警察官一人当たりの人口が一九一八年の時点の朝鮮平均一二八六人だったのに対し、平安北道は一〇七〇人、咸鏡南道が一一四二人で、咸鏡北道、すなわち羅南憲兵隊管区ではなんと五三三人と比率が最も高かった〔松田利彦二〇一五〕。

しかし、一九一九年の三・一独立運動を機に武力統治から文化統治に変更せざるを得なくなった朝鮮総督府は、憲兵隊から普通警察権を離して憲兵警察制度を廃止し憲兵隊を縮小、憲兵隊員は一〇四一人（羅南憲友会編『羅南憲兵隊史』一九八一）となった。ただし、警察力が大幅に増員され一九一八年末時点の一万三三八〇人（警察事務を行う憲兵七九七八人を含む）から、一九一九年末には一万五三九二人に、警察費予算も約二倍になり〔松田利彦一九九二〕、治安体制は全体としてはむしろ強化されたのだった。

一九二二年八月、世界情勢に押されるかたちで「大正十一年軍備整理」（山梨軍縮）が発表される。ここには朝鮮軍の縮小も明記されており、平時体制より多い定員を設けた高定員制を改め、定員削減が求められた。翌年四月、二度目の「山梨軍縮」が行われ、一九二四年十二月には宇《う》垣《かき》一成《かずしげ》陸軍大臣の軍縮方針（宇垣軍縮）も出される。関東大震災後による復興費との関係で軍事費を削減しようとして「宇垣軍縮」は翌年に実施され、この過程で朝鮮軍に内地から一個師団を移転するという計画も中止し、朝鮮憲兵隊も五〇一名まで縮小した。しかし一九三七年に中国侵略戦争を開始すると再び増加政策がとられ、敗戦時の朝鮮憲兵隊員は二〇〇〇名近くまでになった（『羅南憲兵隊史』）。

羅南憲兵隊は、その内の約三分の一にあたる六九六名にもなる大部隊であった。これは東京憲兵隊（隊員約八〇〇人）の次をいく規模だった。

日本人街の形成と朝鮮人の周縁化　羅南市街は中央に円形の公園を配し、そこから幾筋もの道路が四方に真っ直ぐに伸びていて、新しく開発された街の姿であることがわかる（図4参照）。中央公園の周辺には憲兵隊司令部と郵便局、拓殖銀行があり、その裏側に陸軍官舎が並び、さらに奥には連隊や練兵場が配置されている。つまり中央公園の北側のほとんどと南東側にも軍関連施設が配置されているのをみても、羅南が軍基地建設のためにつくられた街であることが一目瞭然である。

それ以外の主な施設として、中心部周辺には小学校と金融組合があり、右側には女学校、警察署、道庁、その上に羅南病院、さらに上方に中学校、やや右手に知事官舎がある。左側には軍の衛戍病院があり、その下方には羅南神社もみえる。このように軍関係とその家族である日本人のための各施設が、軍施設を中心に整然と並んでいる。

一九〇七年に開発が始まったころ同地には日本人居住者はほとんどいなかったが、軍の進出にともなって主に軍関係の商人などが増えつづけ、同年の十月には二五〇人余りになった（咸鏡北道鏡城郡羅南邑『邑勢一般』一九三八年七月）。

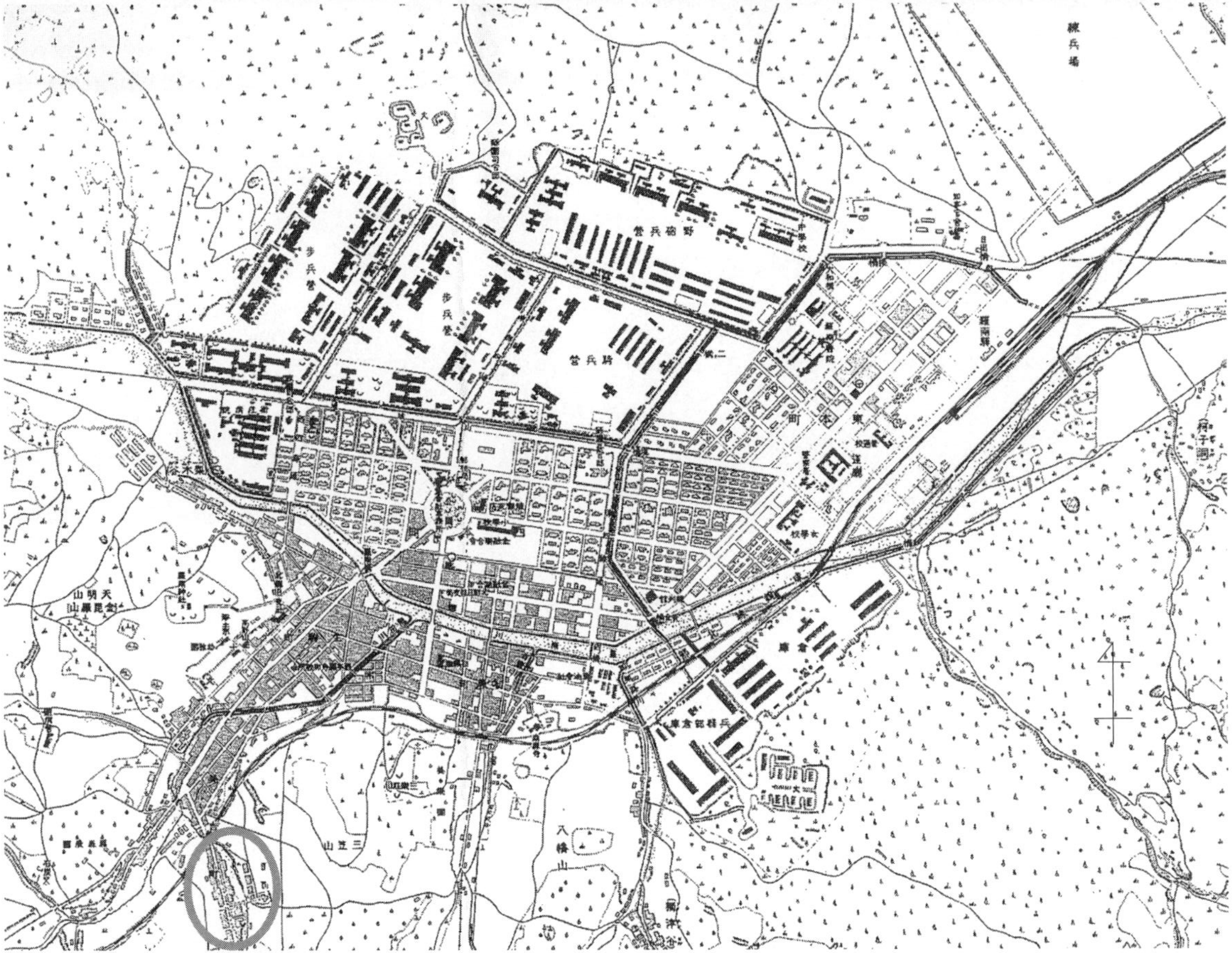

図4　1926年当時の羅南市街図

左下の丸で囲んだところが「美輪之里遊郭」。出典）朝鮮総督府『一万分一朝鮮地形図集成』柏書房、1985年。丸の囲みは筆者。

一九三二年の『朝鮮総督府統計年報』をみると、朝鮮内人口の朝鮮人対日本人の比率が、総数で三八・二八対一（二〇〇三万七二七三人対五二万三四五二人）であり、首都の京城府が二・五四対一（二六万五九五四人対一〇万四六五六人）であるのに対し、羅南は一・四九対一（九〇六一人対六〇七三人）と、日本人の比率が朝鮮のどの都市よりも高くなっていた。

日本人居住者が増加し、羅南が日本人の街として形づくられていく過程で、通りの名前や町名も葛城通、初瀬通、飛鳥通、笠置通、春日町、生駒町、若葉町などと日本式の名前が付けられていった（古江香夢『清津港』一九〇九年）。街の西南に位置する山は、地勢が奈良の三笠山に似ているとして三笠山と名付けられ、ふもとの村も奈良県の地名からとって美吉町とした。生駒や初瀬も奈良県の地名にちなんだものだという（『邑勢一般』）。

そしてもともと暮らしていた朝鮮人は中心街から排除され、川を渡った先に追いやられる形で集落を形成させられた。

憲兵隊員として羅南に一〇年近く暮らした小笠原正三（一九一四年生、二〇〇三年インタビュー）によると、羅南の日本人は軍隊と商売人以外では軍関係の雑務をする人くらいで、市街は基本的に日本人でないと入れなかったという。これは、ソ連のスパイを警戒してのことであった。

小笠原の妻は、羅南の暮らしは日本と変わらなかったと振り返る。買い物は基本的に軍専用商店である偕行社の酒保に行ったが、たまに川を渡って朝鮮人市場に行っても「얼마《オルマ》？（いくら？）」という朝鮮語だけわかれば事足りたので日本語だけで生活できたし、暮らしはむしろ「内地」より快適だったと話した。朝鮮移住日本人の暮らしは、朝鮮にいながらにして朝鮮語をまったく話せなくても不自由することはなく、内地より快適だったという証言は、小笠原の妻以外からも多く聞かれた。

一九一七年、第十九師団司令部と隷下の軍隊の配置が完了し、民間の日本人も多く居住するようになると、羅南の行政区画の単位も洞（日本の町に相当する）から一つ上の行政区画である面に昇格する。さらに一九二〇年十一月には咸鏡北道庁もそれまでの鏡城から羅南に移され（『邑勢一般』）、軍事のみならず行政においても咸鏡北道の中心となった。

(2) 「山」こと「美輪之里遊廓」

早い時期に遊廓許可地に　二〇〇三年十月清津から南へ車で二〇分ほど走らせ、かつての軍都羅南を初めて訪れた。市街図にある通りの円形の中央公園を通り過ぎ、鉄道の高架下をくぐったところが「豊谷洞慰安所」だと案内された。そこは、羅南の遊廓地区である「美輪之里遊廓」と一致する場所だった。

「美輪之里遊廓」は当時、町外れの三笠山の麓にあったので通称「山」と呼ばれていた。『羅南憲兵隊史』には遊廓の名前まで記した「羅南山要図」という地図が掲載されている（図5）。

豊谷洞の入口に立つと、その「山要図」と同地がそのまま符合するのがわかった。線路の高架上に立ち豊谷洞一帯を見渡すと、それがより一層はっきり認められる。真っ直ぐに伸びた道が先でわずかに左に曲がっているのも「山要図」の地図と一致した（一三三ページ写真参照）。実際に歩いてみると、当時の家々の土台が残っていて、「山要図」にある遊廓の一軒一軒とほぼ一致するようだった。

『案内』には「羅南面美吉町美輪之里遊廓」として紹介されている。そこには、「明治四一（一九〇八）年に遊廓の許可地と成ったもので、其れ以前には二三（二、三：引用者）の日本料理店があって、其処で芸妓を抱へて居た事に起因するもの」とある。一九〇九年四月十七日、韓国統監府の地方機関である理事庁によって発布された告示六号で「羅南特別料理店営業区域」が定められているので〔宋連玉一九九八〕、『案内』の一九〇八年は一九〇九年

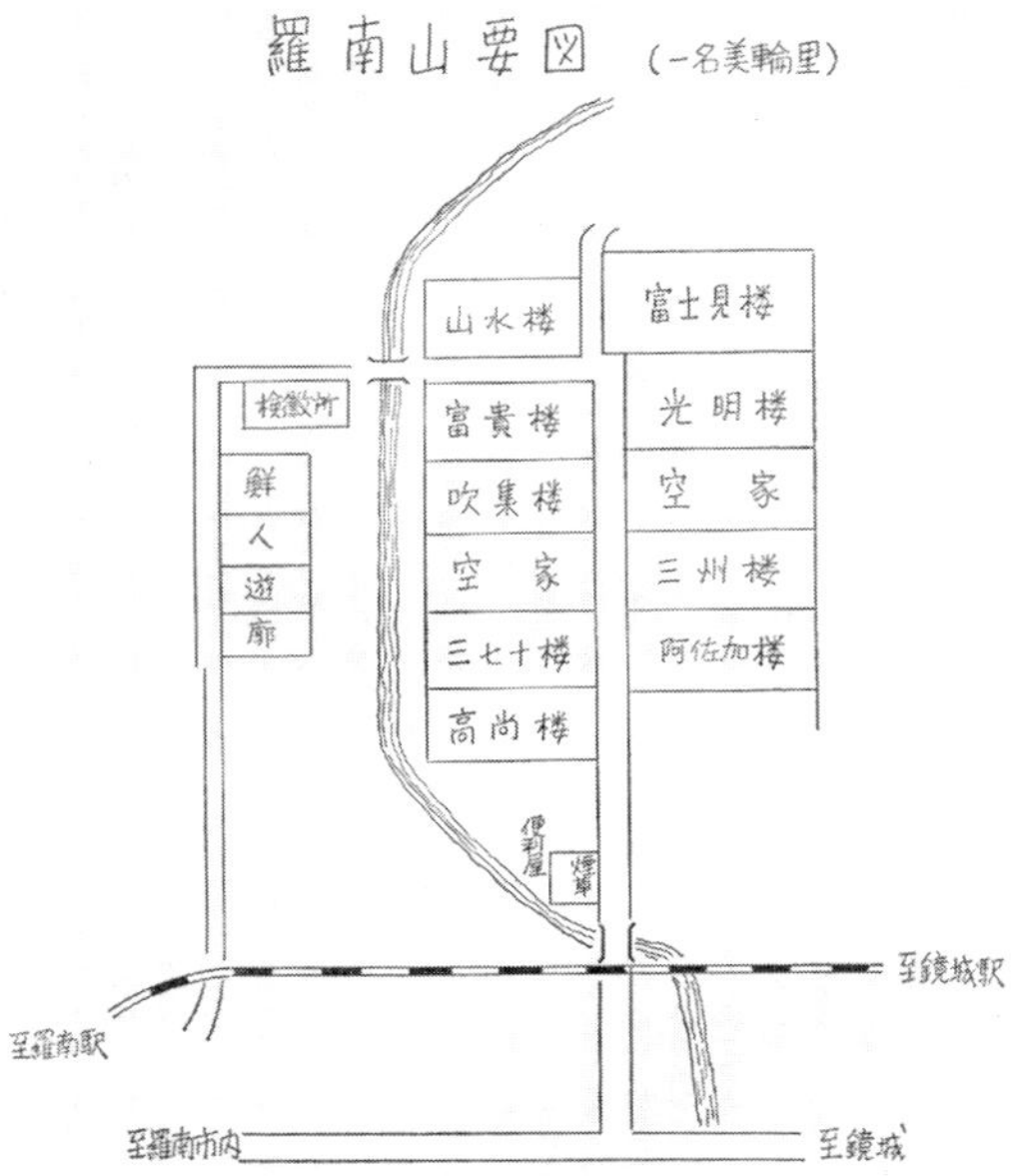

図5　羅南山要図
出典）羅南憲友会編『羅南憲兵隊史』1981年。

の誤りではないかと思われるが、それでも一八八〇年日本によって開港し、同年十二月には早くも「貸座敷営業規則」や「芸娼妓取締規則」などが定められた元山を除くと、羅南は朝鮮北部の他の地域に比べてかなり早い時期に遊廓が許可されていることになる。のちに触れる会寧の遊廓地が許可されたのは総督府の「貸座敷娼妓取締規則」が施行された一九一六年であり、貿易港として栄えた清津の場合は一九一九年である。

　また、遊廓許可地が定められた一九〇八〜〇九年より前、つまり日露戦争直後から「日本料理店」があったということであり、朝鮮半島に公娼制度が持ち込まれる最初の画期が日露戦争であった〔藤永壮二〇〇五〕と指摘されるように、羅南もその典型的な場所の一つだったのである。

　一九一三年発行の『北朝鮮誌』には、羅南の遊廓地指定のいきさつについて、以下のような記述がみられる。

「元来北鮮《ママ》の土地に遊廓として指定されて居るのは南道では元山、北道では羅南よりないのである、此地に遊廓の早くから設置されたと云うのは此処が軍営地であって軍人が多く徘徊するから万一風紀を紊《みだ》す様な事があっては面白くないと云うので明治四十一（一九〇八）年今の三笠公園地一帯を三輪の里と称して遊廓を建設した」

「三輪の里」は『案内』にあった「美輪之里」と同じであろう。同地区は、軍営地であったために早くに遊廓地として許可されたとあるが、軍人が風紀を乱さないようにとの理由で作られたのが遊廓だということは、つまり風紀を乱す行為というのが性犯罪を指しているように読み取れる。朝鮮国内であっても軍基地周辺では性犯罪が発生していたということだろうか。

三輪の里（美輪之里）遊廓は全盛時代には「二十余戸の料亭が軒を並べて美を競ふて居たが其後現時の処へ移転して矢張三輪の里遊廓として之亦一時却々《なかなか》全盛を極めた」。つまり、当初は同じ名称の三輪の里が別の場所にあって、そこには二〇軒ほどの料亭が集まっていたが、現在の場所に移転してから全盛期を迎えたという。ちなみにこの記述は「遊廓」の項で書かれており、このことからも「料亭」が遊廓を意味したことがわかる。

また『北朝鮮誌』によると、羅南にはもう一ヶ所「吉野町新地」という遊廓地があった。「昨年（一九一二）来の不景気に連れ閉店するものが多く」三輪の里の遊廓が七～八軒になると、吉野町に遊廓を建設し一九一一年春ごろに開業したという。吉野町の場所を地図で確認できなかったが、この吉野町新地は当時三輪の里以上に栄えたという。しかし『羅南憲兵隊史』には「山」しか述べられていないことから、吉野町新地はその後衰退して三輪の里だけが残ったと思われる。

吉野町新地で一番の評判で、「羅南中で最も古い料亭であって実に立派」だったという富士見楼が紹介されている。主人は惣田由松といい一九〇六年春ごろ、つまり日露戦争終結から半年くらいしかたっていない時期にこの商売を始めているという。富士見楼は「山要図」にもあるので、吉野町新地がなくなったあとは「山」に移って老舗の看板を掲げ続けたのだろう。

美輪之里遊廓の具体的な様子について、『案内』は以下のように紹介している。

「現在は貸座敷が十二軒あって、娼妓は約百二十人居る内には内地人の娼妓が約六十人居り、朝鮮人の娼妓が約六十人居る。朝鮮人娼妓の服装及言語は、殆ど内地人の其れと大差無い事は会寧辺と同じである。中には勿論朝鮮

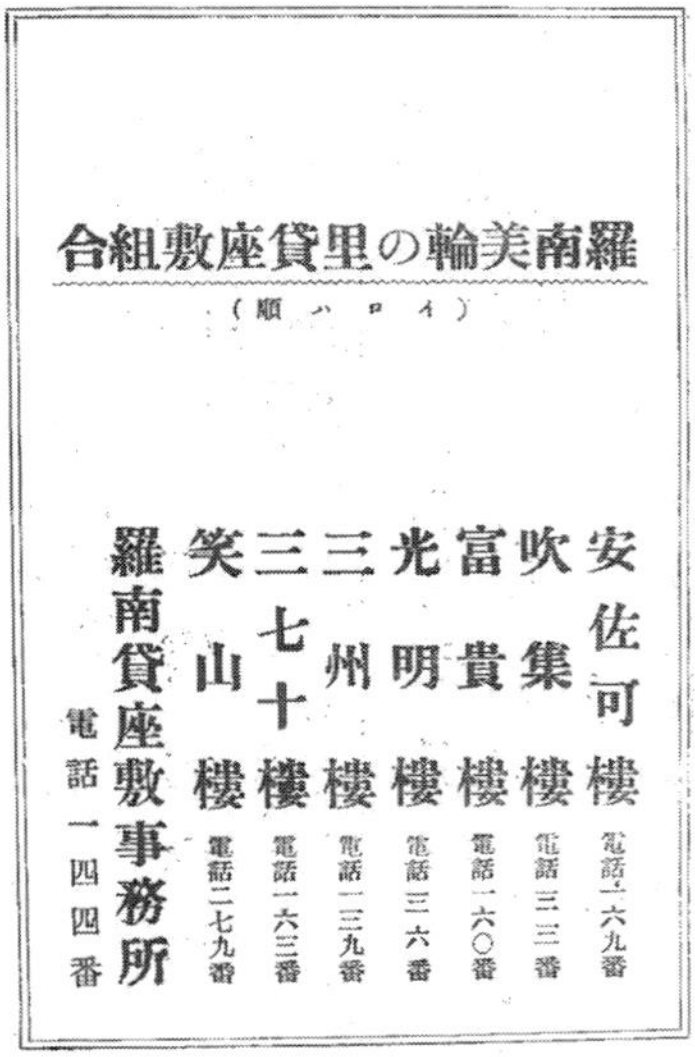

図6　羅南美輪の里貸座敷組合の広告

出典）『羅南商工案内』1934年。

服の娼妓も居る事は云う迄も無い。店の制度は陰店でも無ければ写真式でも無く、登楼して茶を飲んで居ると、娼妓が一人一人挨拶をし乍ら顔を見せて行く。其処で相方を選定すると云う方式を採って居る」

そして「妓楼は、富士見楼、光明楼、富貴楼《ふきろう》、吹集（ふきよせ：筆者）、三州《しう》楼、安佐可楼、三七十楼、高正楼《かうせいろう》、大黒家、笑山楼、羅南館、平壌楼《へいじょうろう》、等」である。

また一九三四年発行の『羅南商工案内』（図6）には「羅南美輪の里貸座敷組合」の紹介として安佐可楼、吹集楼、富貴楼、光明楼、三州楼、三七十楼、笑山楼が載っていて、「山要図」にある阿佐可楼は安佐可楼の間違いであると思われるが、他の六つはすべて一致する。

証言から見る花街「山」　一九三八年から四四年まで羅南の憲兵隊員であった小笠原は、「山」にある貸座敷の様子を詳しく語った。その貸座敷は門構えも立派な二階建ての建物で、一階は食事ができるスペースで、二階に女性たちの部屋があった。客は一階で飲み食いする間に選んだ娼妓と二階に上がっていったという。先述の『案内』に書かれていたシステムと同じである。

ただ、美輪之里遊廓の裏手にあった朝鮮人集落で生まれ育ちその後も同地に住んだ朴昌龍《パクチャンニョン》（一九二七年生。二〇〇三、〇五年インタビュー）は、休みの日になると遊廓街は軍人だらけになり、兵士たちは時間が限られていたから、飲み食いしながらゆっくり女性を選ぶような時間的余裕はなかったのではないかと言った。小笠原も、「外地」である朝鮮の兵士たちの休日の外出は午後からしか許可されなかったし、夕方の五時まで兵舎に戻らなければならなかったので、兵士らに休日をゆっくり過ごせる時間はなかったと話した。

また、一九四一年に家族とともに羅南に移り住み、伯父がこの遊廓の貸座敷に養子になっていたため遊廓によく遊びに行ったという京都在住の正木正雄（一九二九年生。二〇〇九年庵逧由香紹介、インタビュー）は、日曜日になると軍人であふれ、遊廓の女性たちは朝から晩まで軍人の相手をしなければならなかったと話す。通りは「軍人だけの歩行者天国」のようになり、憲兵が赤白の腕章をつけて見回りをしていたという。

それだけ多くの兵士が集まっていた状況からすると、一般兵士が「登楼して茶を飲んで居ると、娼妓が一人一人挨拶をし乍ら顔を見せて行く。其処で相方を選定すると云う方式」はやはり考えにくい。これは将校ら上級軍人や平日の民間人に限ったシステムである可能性がある。また、朴や小笠原や正木の証言は一九四〇年以降であり、そのころになって戦況が激しくなるにつれて、遊興業は規制されて民間人はほとんど利用しなくなる一方で軍人の数は増えていったであろうし、そのため先述のようなシステムも変化していったのではないかと思われる。

娼妓たちはまた、定期的な性病検査が義務付けられていた。正木によると、各遊廓が収めていた組合費から検査費用が賄われ、性病にかかると「ロクロク」という注射をしたという。「ロクロク」とは梅毒治療薬の「サルバルサン六〇六号」の通称である。

「山要図」には「検黴《ばい》（梅）所」が示されている。小笠原はここを指差して、性病検査が行われていたこと、それに憲兵が立会うよう指示されていたことなどを話した。ただし一九四二年から四三年までの一年間、自分が憲兵隊大隊の班長だった時は、警察がいるから必要ないと断って性病検査の立ち合いを行わなかったと言ったが、通常は性病検査に憲兵が立ち会っていたことを否定はしなかった。

小笠原はまた、軍が兵士たちに「防国民」というコンドームを配っていたと言った。

「〝防国民〟だけ忘れんなよって言っていた。花柳病になるから。部隊で持たせたから、サックを。共同生活だから移ると大変ということです」

こうした性病対策は慰安所制度と共通する。

先に日曜になると憲兵が見回りをしていたという正木の言葉を紹介したが、朴昌龍は憲兵が見回りをしていても軍人たちによるトラブルがたびたびあり、「遊んで、ケンカして。兵士らは日本刀を振り回してケンカしましたよ」と振り返っていた。ある時は、一人の女性のことで将校と下級兵士がケンカになり、兵士が将校を殺す事件が起き、下級兵士は事件直後に自殺してしまった。朴は、軍人らがいつも荒々しくて怖かったことを子ども心に覚えていると話した。殺気立った軍人たちが群がった遊廓で、女性たちはどのような時間を過ごしていたのだろうか。

朴は兄から聞いたという話をこう語った。

「線路に、辛いから、身投げして自殺したんですよ、女たち。私はまだ子どもだったから直接見なかったけど、年上の兄さんたちが（裏山に）死体を埋めたんです。三～四人埋めましたよ」

ほとんどが朝鮮南部の全羅道《チョルラド》と慶尚道出身のようだったという朝鮮人女性たちは、どれだけ辛くて身投げしなければならなかったのだろうかと、朴は顔をゆがめた。

「山」で花売りをしたり貸座敷の掃除の仕事をしたりしていたという金玉仙《キムオクソン》（一九一五年生）も、女性たちは全羅道と釜山《プサン》出身の女性が多かったと語っている〔伊藤孝司二〇〇二〕。釜山は慶尚南道なので、朴昌龍の証言と一致する。

ちなみに朴はここを日本語で「ヤマ」と呼んだ。従対委が発表した「豊谷洞慰安所」とは言わず、また『案内』にあった「美輪之里遊廓」でもなく、『憲兵隊史』にあったように日本語で「山」と呼んだ。また、高架下をくぐってすぐ左側にタバコ屋があったことや、「山要図」に示された「検黴所」の場所は「診療所」と言うなど、当時から同地に暮らしていた人でなければ知りようのないことを次々と語った。そして、診療所（検梅所）跡に土台が残っているのを案内してくれた。

朴は、「山」で一番規模の大きい遊廓が「オクムラ」だと言ってその場所を案内してくれた。そこにはコンクリートの土台が残っていた。ただ「山要図」に「オクムラ」という屋号はなく、位置は「三七十楼」か「空家」と書かれたあたりと思われた。

その後、正木によって「奥村」が貸座敷の経営者の名前だったことが判明した。しかも、正木の伯父が養子に入ったのがこの奥村家であり、正木の祖父と叔父の養父にあたる奥村の先代は共に高知県出身で親しい仲だった。奥村が経営していた貸座敷は「山」で一番大きな貸座敷で、屋号は富貴楼ではないかと語った。朴が案内してくれた土台跡は富貴楼の場所ではなかったが、奥村が経営する貸座敷が一番大きく立派だったという両者の証言は一致した。吹集楼は矢吹という人が経営していて奥村と親戚筋にあたり、この二人と正木家はリンゴ園も経営していたという。リンゴ畑は「山」を通り抜けた三笠山の山肌にあったが、二〇〇三年に同地を訪れたときも、その場所にはリンゴの木が一面に広がっていた。

従対委はここに当時の建物が残っていると発表していた。そこに案内されると、確かに外観は日本家屋の特徴をそのまま残した平屋の建物があった。

「山要図」に照らして位置を確認すると、一番の老舗だという富士見楼あたりと思われた。屋根には、朝鮮の伝統的な丸い筒状の瓦ではなく、波状の平らな日本瓦がそのまま載っていた。中に入るとふすまの溝や、板張りの廊下が日本式の作りで、間違いなく戦前に日本人によって建てられた建物であることがわかった。

しかし、富士見楼は二階建てだった（小笠原証言）といい、その建物が平屋づくりであること、通りから数メートル引っ込んだところに建っていることなどから、貸座敷としては不自然に思われた。正木も二階建てだったと

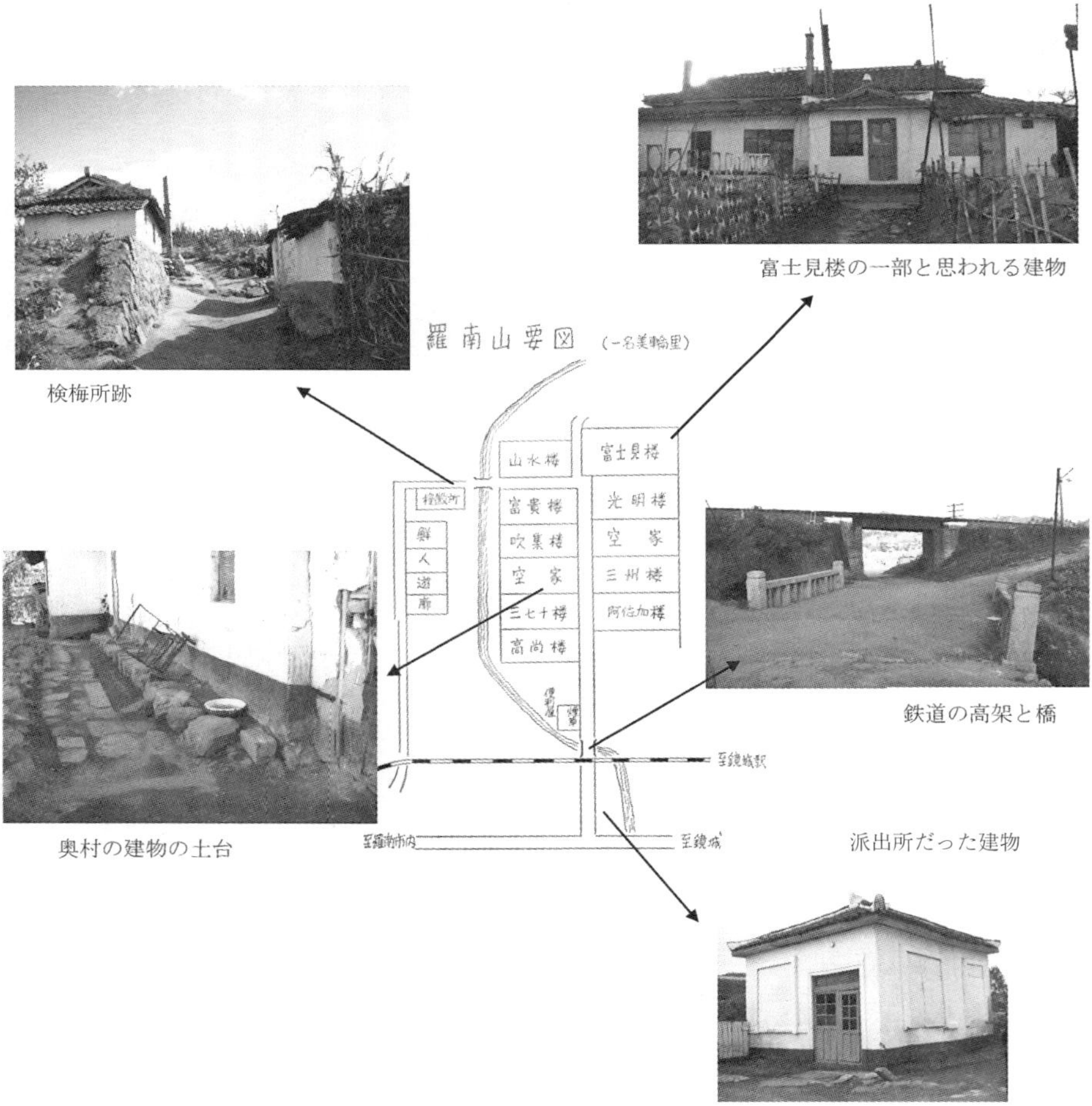

図7　「羅南山要図」とそれぞれの場所に該当する現地の写真（2003年撮影）

語っていた。また、内部は玄関を入ると正面に階段があり一階は大広間で、二階に上がると階段の周りを囲むように女性たちの部屋が並んでいたといい、現存する建物より規模が大きかったようだ。また一部屋の広さは四畳半くらいだったのではないかとのことだった。

こうした証言からすると、この日本家屋は明らかに規模が小さく通りからも奥まっていることから、貸座敷そのものというより貸座敷の一部の建物だったと考えられる。

この日本家屋の内部を確認したあと、「山」の入口にかかった「桜橋」を渡り鉄道の高架下をくぐって「山」を出たちょうどその左側に、派出所だった建物が残っていた。当時の原形をそのままとどめており、外の様子が中からよく見えるように作られた大きな窓の枠と、玄関の上に付いた丸い電球跡などが、派出所の特徴をよく表している。派出所は町中にあってこそその役割を果たすものと思われるが、それが遊廓の入り口に置かれていたことが、軍人たちがよく騒動をおこしていたという朴の話を思い出させた。二〇〇五年の現地調査時まで残っていたこの派出所は、二〇〇八年に再訪した時はなくなっていた。

(3) 植民地軍事都市における「遊廓」の位置

羅南に第十九師団司令部と主力部隊が編制・配置され、「京城」(現ソウル)の龍山には第二十師団を置き(一九一九年に編制)、一九四四年まで続く朝鮮軍の二個師団体制がはじまった一九一六年、朝鮮総督府は警務総監令第四号として「貸座敷娼妓取締規則」を発布・施行した。朝鮮における売春管理法は、それまで各道や都市ごとに様々な形で出されていたが、総督府による統一的な取締規則が出されることで、植民地朝鮮の統一的な売春管理体制がここにきて整えられたのである。そして、発布・施行が朝鮮軍の体制が整ったその年であったことは、同規則がまさに軍隊のための公娼制度の整備を第一目的にしていたものであったことを意味した（はしがき参照）。

同規則はそれまでの売春管理法をより仔細に、より徹底した内容にしたものであると同時に、日本内地の売春管理法と比べて民族差別的内容を含んでいた。娼妓の許可年齢でみると、日本では一九〇〇年にそれまでの十六歳未満から十八歳未満に引き上げられたのに対して、朝鮮人娼妓は一九一〇年時点で十五歳未満と定められていて三歳も差があったのを、同規則では二歳だけ引き上げて十七歳となったに過ぎなかった。しかもこれは朝鮮内であれば日本人娼妓にも適用され、新たな植民地差別を生んだ。また、日本の公娼制度では認められていた物の所有、文書の閲覧、購買などの自由すら保証されず、廃娼の自由も抱え主次第となっていたのであり、前借金、花代は日本人娼妓より安く、花代の業者の取り分は高く設定されていた（宋連玉一九九四）。一九二六年八月発行の『廓清』に掲載された記事「朝鮮の公娼に就いて」には「大体午後八時から、午前二時迄三円であります（日本娼妓は六円から七円）が其の前借金の定額には驚きました。（中略）三ケ月前借二百五十円、三百円が多いのです。稀に四百円、五百円を見うけました、（日本娼妓の前借金は三年一千円から二千円でした）而かも鮮人《ママ》の年齢が、十六歳、十七歳、十八歳と」日本人娼妓より幼かったと書かれている（『日本軍「慰安婦」関係資料集成〈上〉』）。

こうした規則に縛られていた遊廓の具体的な様子を『案内』でみてみよう。一九三〇年当時、羅南には一二軒の貸座敷に日本人女性と朝鮮人女性がそれぞれ約六〇人ずついた。そのうちの朝鮮人女性は服装も言葉もほとんど日本人と変わらなかったといい、朝鮮人女性も和服を着て日本語の使用が強制されていたことが記されている。また証言では、娼妓たちには定期的な性病検査が義務付けられ、性病検査には警察だけでなく憲兵も立ち会うことになっていたといい、『案内』と証言から得られた状況は、全体として慰安所と共通している。さらに、先の証言によれば軍隊では休日になると兵士たちにコンドームの「防国民」を配り、休日の「山」は朝から晩までもっぱら軍人ばかりとなったといい、休日の遊廓はまさに慰安所の様相を呈していたのである。もともと近代公娼制移植初期から日本軍は性病予防のためとして公娼制の必要を主張していた〔尹明淑《ユンミョンスク》二〇〇三〕。

一九三八年の戦時総動員体制以降、接客業は営業時間の制限や増税などで営業統制が開始されカフェーや料亭などが減少していくが、遊興界だけは「別天地のように繁栄発展」していた〔尹前掲、朴貞愛《パクチョンエ》二〇〇九〕。また民間人の遊廓利用は減少しても、逆に「京城の遊廓の提出書類には、一九三八年、売り上げの増減は軍人の登楼次第」〔宋連玉二〇一四〕だったというように、戦争拡大による軍人の遊廓利用は増加していったのである。

朝鮮総督府は、朝鮮の軍事工場を強化することで強固な兵站《へいたん》基地化を実現するという「朝鮮植民地の特殊性」において、接客業の抑制は〝自主性〟に任せ、実質的に黙認の方針をとった。遊興界が重要な税収源になっていたという点も、黙認の理由となっていた。しかし「京城」の場合、新町と弥生町、また仁川の遊廓でも抑制どころか盛況で、軍人の利用増に比例して収入増となっていた。このように戦争の拡大にともなう軍人の遊廓利用が増えるなか「性病を管理できる貸座敷を相対的に擁護することで、軍人たちの効率的な管理を図ろうとし（中略）貸座敷は当初から軍人の性病管理を目的に設置された」のであり、「軍人を主な顧客としていた貸座敷を抑制する必要がなかった」〔朴貞愛二〇〇九〕のだった。

「京城」の龍山基地に次ぐ軍事基地であった羅南も、同様な状況だったことは想像に難くない。そうした様相は、占領地の後方基地にあった慰安所との類似点を多く示している。慰安所の経営者の多くが元貸座敷の経営者であったことからも、運営方式において両者に共通点が多いのは、むしろ当然のことであろう。

軍が設置、動員、管理、利用において関与していたのが慰安所だと定義するなら、羅南の遊廓は慰安所とは規定できない。しかし、植民地そのものが後方基地化していたという朝鮮半島の軍事的実情と、そこに置かれた遊廓が慰安所と多くの点で共通している点を見ても、両者は連続性の中で捉えられるべきであろう。軍隊は軍人の性管理のため積極的に遊廓を利用し、実質的に軍隊の性管理システムの中に遊廓を位置づけ、慰安所的役割を果たさせていたのである。

こうして見た場合、娼妓の位置づけも「慰安婦」同様に、軍隊の性管理政策や戦争と性暴力の関連において、あるいは植民地という全体状況のなかで定義づけてみる必要があるだろう。

宋連玉は、慰安所と遊廓は状況に応じて流動的に変化した場合があり、そこに連続して従事させられていた女性たちの場合も、「娼妓」か「慰安婦」かの線引きは不可能だと指摘する〔宋連玉二〇一六〕。これはそのまま羅南の「山」にも当てはめることができる。平日は遊廓として、週末は慰安所として周期的に、流動的にその役割を果たしていて、「山」の女性たちも「娼妓」か「慰安婦」かの線引きが曖昧な存在だったのである。

そもそも被害女性にとって「娼妓」か「慰安婦」かの線引きは本来無意味で、同じ性暴力被害者にすぎない。「慰安婦」はもちろん「私娼」も明らかに戦争と占領の、あるいは彼女たちが朝鮮女性ならば植民地統治の被害者」〔宋連玉二〇一四〕なのだから。

しかし現状において女性たちは線引きされ分断されている。「慰安婦」ではないとされた女性たちは、いまだ社会的理解も支援も得られずに沈黙を強いられ、尊厳の回復からは程遠いところに捨て置かれたままになっている。戦後七〇年以上が経ち、すでにそうした女性たちの声を直接聞くことは難しくなっているが、間接的な方法を用いてでもその声を拾い集め、被害の実態を掘り起こすことが求められている。

2　会寧

——国境の軍事的要衝——

(1)　国境に接する古都の植民地化

古都の会寧　羅南に司令部をおいた第十九師団管区において、中国との国境警備の軍事的要としての役割を果たしたのが会寧《フェリョン》の部隊であった。

歩兵第七十五連隊を主力とするほか、工兵部隊と飛行部隊も駐屯し、国境守備の要衝として早くから軍が駐留した。羅南が軍事基地建設のために開発された都市であるのに対して、会寧は高句麗の時代からの地であり、朝鮮王朝時代の一四三四年には外敵を防御するため軍事的要衝の六鎮《りくちん》（富寧《プリョン》、会寧、鍾城《チョンソン》、穏城《オンソン》、慶源《キョンウォン》、慶興《キョンフン》）の一つとして会寧城も築城され（会寧郡誌増補版編纂委員会編『会寧郡誌』一九九三年）、「繁華な土地として人に知られて居る其時代より建物でも瓦家が多くて商業も盛んであった」（山田天山・安藤北洋『北朝鮮誌』一九一三年）というくらい繁栄した、歴史ある都市であった。

会寧は半農半商の都市で、朝鮮王朝時代から主に中国の間島《かんとう》商人との貿易が盛んに行われていた。貿易は「併合」後も途絶えることはなく、「咸北道北部及豆満江対岸其他国境一帯地方間島の物資は殆んど会寧商人を経由し其連絡は清津及び鏡城に頼って保たれ」、「国境貿易の通過地として重要視せられて居る会寧の商業貿易は」隆盛に向かった。しかし「貿易は主として鮮人《ママ》の手になれる趨勢で」、そこに日本人が参入することは容易ではなく、「未だ日本商人として花々しく取引をして居るものが」（『北朝鮮誌』）なかったという。

気候は、北緯が北海道の室蘭とほぼ同じで、真冬の気温は零下二〇度を下回ることもあり北辺の極寒の地という印象をもつが、実際は寒さも「たえがたき日は年数日に過ぎず」「四季を通じ保健地である」（永井勝三『会寧案内』

図1　鰲山《オサン》から望む「駅前通り」
（植民地期〈上、赤尾覺編『写真集 慕情北朝鮮』1984年〉と現在〈下、2008年撮影〉）

一九二九年）というくらい過ごしやすい土地だった。また、会寧川と八乙川《パルル》が市内の平地を潤しながら豆満江《トゥマンガン》に注ぎ、市内を見下ろす北方の鰲山《オサン》からは東西に緩やかな丘が連なるが、会寧川の先には農業に適した平野が広がっていた。

さらに、郊外には石炭をはじめとする鉱物埋蔵量も豊富で、植民地期には工業としての発展も期待されるなど、ここ会寧は首都ソウルから遠く離れた辺境の地でありながら、農業と商業、また工業においても潜在的な経済力を有する豊かな都市だった。

二〇〇五年と〇八年に現地を訪れたときも想像していたような朝鮮北端の田舎町ではなく、薄いピンク色のビルが道路に面して整然と並んだ美しい都市であった。それは、現在でも会寧の経済的底力が同地を潤しているのであろうが、ここが金正恩《キムジョンウン》朝鮮労働党委員長の実の祖母である金正淑《キムジョンスク》女史の故郷だという特別な地であったからでもあろう。市内の中心には金正淑女史の銅像が立っており、北側には「金正淑同志革命事跡館」もあった。

日本人の入植　日本軍は、朝鮮人社会が栄えた伝統あるこの街に、早くから軍隊を侵攻させ軍基地を建設したのである。そして、軍隊に伴って入植していった日本人によって、古都会寧は日本人の街に塗り変えられていった。

一九〇六年六月、「日本人会」が設立されると、一九〇八年三月には日本人子女のための学校を開校し、翌年の七月に同校を会寧公立尋常小学校として正式にスタートさせ、家族単位の日本人受け入れ態勢を整えていく。

一九一一年二月には「内地人の便宜を図るために」（『北朝鮮誌』）日本式の地名を付けていった。それまで城内は一洞、二洞、三洞、四洞、五洞、料洞、鰲山洞と七つの洞に区分されていたが、あらたに本町、銀座通、大川町、明治町、栄町、若松町、旭町、敷島町、大和町、祝町、北新地という町名を付けた。ここで唯一「町」がついていない「北新地」は、一九〇六年に始まったといわれる花街である。北新地については、のちに詳しく触れる。

一九二九年発行の『会寧案内』では、正式には上記七洞に区分されるとしつつ、南門通、本町通、停車場通、大正通、寿町、銀座通があると記されている。ちなみに、朝鮮人商店は主に銀座通にあって、その他の通りはほとんど日本人で占められていたという。

では、市街図に照らしてみてみよう。図2の市街図は、一四歳で引き揚げてきた赤尾覺《あかおさとる》が当時の日記や複数の会寧出身者からの証言をもとに数年をかけて作成したものだが、ここにも先の七洞のうち料洞を除く六つの洞が記されている。日本式の名称では、右から本町通、寿通、銀座通、大正通、昭和通、駅前通、停車場通、そしてその下に「花街」の北新地もみえる。城壁跡の上方には東門外、右側に南門外、北新地の下方に西門外が確認できる。そして北新地には遊廓の屋号がいくつも記されている。

二〇〇五年に初めて会寧を訪れた時現地の人民委員会（ＤＰＲＫの行政機関）では、すでに植民地期の建物や場所の確認作業をかなり進めていて、軍関係七ヶ所、「慰安所」と位置付けていた貸座敷・料理店・旅館が六ヶ所、公共の建物などは一六ヶ所が確認済とのことで、残っている建物や施設跡を次々に案内してくれた。

会寧小学校と八乙橋の先の会寧高等女学校と会寧商業高等学校は、それぞれ農業専門学校と金生《クムセン》中学校として現在も利用されていた。邑《ウプ》事務所も青年会館として使われていて、金融組合も外装は違っていたものの基本的な形をとどめていた。軍施設では、陸軍病院が小学校になっており、歩兵第七十五聯隊の倉庫の一部が残っていた。その他、軍馬補充部だったと思われる場所には金生協同農場事務所があり敷地内には防空壕が残されていた。

また、現在トウモロコシ畑となっている練兵場跡の丘の上には、ほとんど埋まった状態のトーチカ（コンクリート製の防御陣地。図3）が確認できた。朝鮮半島内のトーチカは、戦争末期に本土決戦のための軍配備がとられた済州島の漢拏山《ハルラサン》でしか発見されていなかった。会寧のトーチカは練兵場の裏手という位置関係から軍事演習用との見方もできるが、国境に接する軍基地ならではの特徴を語ってくれるものではないだろうか。

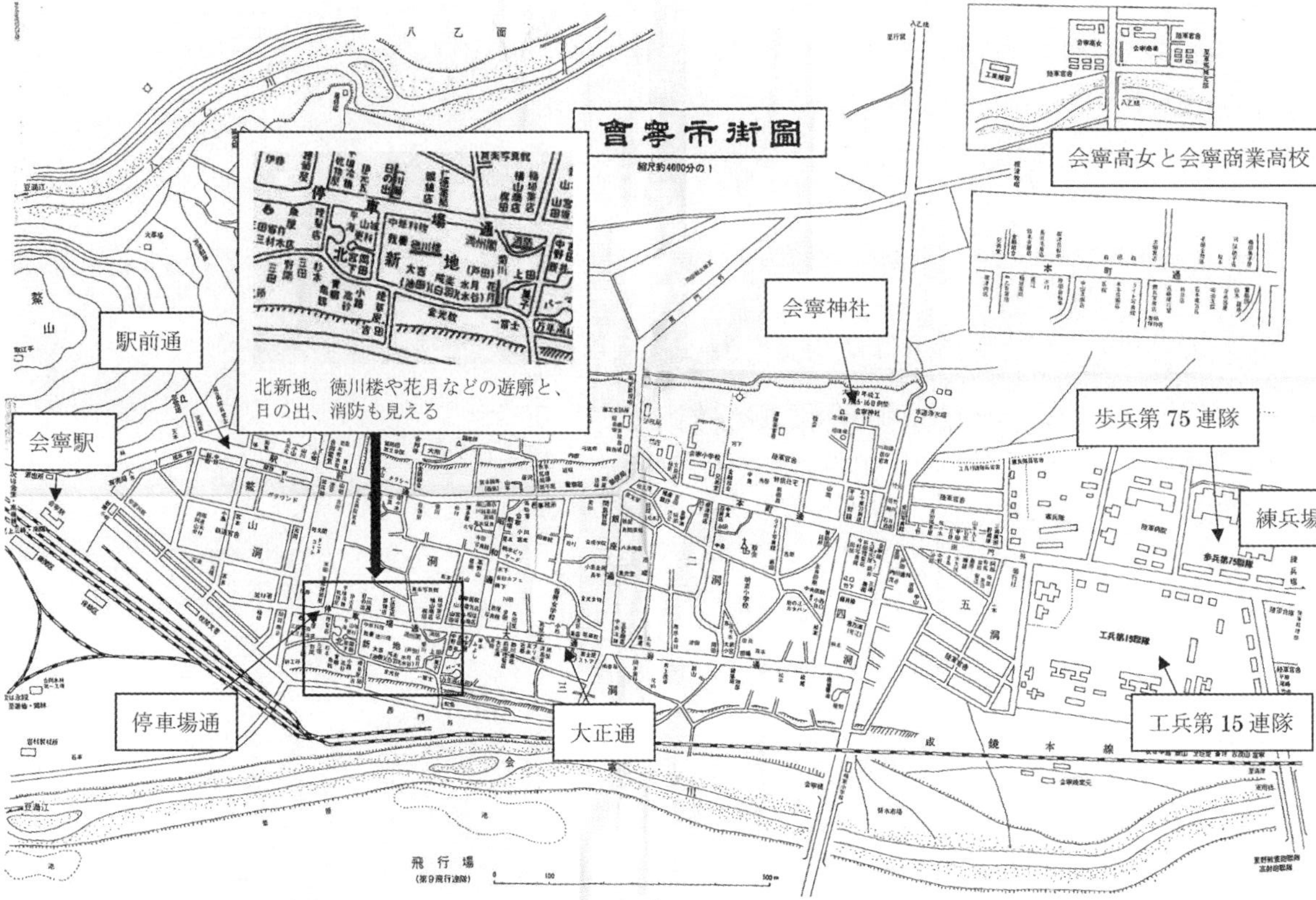

図２　会寧市街図詳細（赤尾覺提供、加工筆者）

図3　トウモロコシ畑に埋もれたトーチカ（2008年撮影）

市街図は、主要施設や商店と個人宅の位置までが詳細に示されているが、それらはみごとに日本の名前ばかりで、朝鮮人の名前と思われるのは三つしか書かれていない。会寧市内には言うまでもなく、日本人の何倍にもなる多くの朝鮮人が暮らしていたわけだが、そうした朝鮮人の姿がこの市街図にはほとんど存在していない。それは羅南の市街図も同様であるが、朝鮮人社会が確立していた古都会寧においても、日本人が再現する会寧という街はあくまで「日本人の街」であったといえよう。

実際、会寧にはどれくらいの数の日本人が在住していたのだろうか。日本人会が設立された一九〇六年は一〇七人に過ぎなかったが、その後毎年倍近く増え続け、一九一〇年には七三三人までになっている（『第一次朝鮮総督府統計要覧』一九一一年）。二年後の一九一二年には一〇七三人（『大正元年朝鮮総督府統計要覧』一九一二年）と四桁台となり、一九一九年には二〇八二人、一九二二年には二五〇一人まで増え、その後一九二〇年代後半まで横ばいの数字を保っていた。ちなみに朝鮮人の数は一九一二年では四一九五人で日本人の比率は二五・五％、一九二八年は朝鮮人一万二九五六人に対し日本人二三五一人で日本人の比率は一八％程度である（『会寧案内』）。一九四〇年ごろになると、朝鮮人は約一万九〇〇〇人で、日本人は軍人を除いて三〇〇〇〇人程度であった。

(2)　一九〇五年に始まった会寧の日本軍駐留

会寧に日本軍が最初に侵攻したのは日露戦争の時で、一九〇五年九月三日に独立騎兵隊が現地を占領していたロシア軍を撃退し、続いて歩兵一中隊と機関砲隊が入り同日に師団司令部が置かれたのが始まりであると言われている（『会寧案内』）。さらに、同年十月には日本から歩兵一個大隊の守備隊および工兵第十三大隊が派遣されたが、その後も第六、第二、第八、第九工兵大隊が派遣され駐屯した。

一九一六年、朝鮮軍が二個師団体制となり、まず第十九師団が編制されるに伴い四月一日に工兵第十九大隊が編制され、あらたに常設部隊として会寧に配備された。同大隊は一九三六年五月に工兵第十九連隊と改称し、戦争末期の一九四四年十一月には一部補充隊のみを会寧に残してフィリピンに移動となっている。兵営は一九二〇年十二月に新築された兵舎に移転しているが（『会寧案内』）、市街図では南門外の西南側に位置しているのを確認できる。

主力部隊の歩兵第七十五連隊　会寧の主力部隊として同地に駐屯し続けたのが、一九二〇年四月に新設された歩兵第七十五連隊である。この年の十月、朝鮮独立運動の「禍根を一掃」することを目して出兵を強行した「間島事件」で出動したのも本部隊だった。間島は現在の中国吉林省の延辺朝鮮族自治州一帯で、一九一〇年当時は間島総人口の七六％を朝鮮人が占めており、ここを中心とする国境対岸地域は朝鮮の抗日独立運動の根拠地となっていた。また、中国人「馬賊《ばぞく》」対策と、間島の朝鮮人を含む「帝国臣民」の保護・取り締まりなどの問題も含め、国境警備は極めて重要かつ多面性をもっていて、一九二〇年代以降、治安の最重要問題とされていた〔松田二〇一五〕。会寧

図4　歩兵第75連隊営門（上、前掲『写真集 慕情北朝鮮』）**と、現在倉庫として使われている元兵舎**（下、2005年撮影）

はまさにこうした複雑な状況にあり、歩兵第七十五連隊はこのような「治安確保」の目的で独立運動の鎮圧に直接あたっていた部隊だった。

また、間島に近い会寧は多くの憂国志士を輩出し、独立軍が行き来する通過地点だった（『会寧郡誌』）。

一九三八年の張鼓峰《ちょうこほう》事件でも七十五連隊は戦闘に投入されており、「平時」からたびたび戦闘に出動していた部隊だったが、一九四四年、連隊はルソン島に送られて、多くの戦死者を出している（東京歩七五会事務局『歩兵第七五聯隊・聯隊歴史の概要　資料』一九九五）。

その他の部隊と憲兵隊　歩兵七十五連隊の新設時、それまで本部を置かずに鍾城と穏城に配備されていた第二国境守備隊は、本部を会寧に置いてその指揮内に入った（一三四ページ図1参照）。一九三七年には、第二飛行団司令部と飛行一戦隊（第九連隊）が新設され、翌年、野戦重砲兵第十五連隊と高射砲一個連隊（第五連隊）も会寧に配備された（『朝鮮軍概要史』）。市街図（図2）をみると、西南にある会寧橋を渡ったあたり一帯に第九飛行連隊の飛行場があり、さらに南のほうの会寧川にかかった軍用橋の先が野戦重砲連隊と高射砲連隊とある。

一九〇五年十月二十五日には会寧憲兵分隊が編制される（『朝鮮憲兵隊歴史　第六巻』）。また、『会寧案内』には一九一〇年十一月に「南門外衛戍《えいじゅ》病院に隣れる新築庁舎」が落成し移転したとあるが、これは同年十二月十五日の『官報』に「鏡城憲兵隊会寧憲兵分隊は去月二十四日咸鏡北道会寧郡府南面三里新築庁舎へ移転」という記述と一致し、「咸鏡北道会寧郡府南面三里」が衛戍病院（陸軍病院）の隣であることが分かる。市街図でも南門外のほうに陸軍病院と憲兵隊が並んでいるのが確認できる。

市街図から軍基地の配置をあらためて確認すると、城壁の跡と南門外・西門外・東門外などの地名から確認できる城内の軍施設は連隊長官舎と陸軍官舎のみで、それ以外の主な軍施設は南門から南のほうに配置されている。ちなみに、城内の中心部には警察署、邑《ウプ》事務所、法務局、郡庁、税務署、商工会議所、郵便局、金融組合などの公共機関が集まっている。城外に建設された主な軍施設は、先述の飛行場や野戦重砲連隊と高射砲連隊のほか、南門外に陸軍官舎、憲兵隊、陸軍病院、歩兵第七十五連隊とその先に練兵場が続き、向かい側には陸軍官舎、工兵第十九連隊、陸軍倉庫などが並んでいる。また東側の八乙橋を渡った先にも陸軍官舎がみえ、南方に進むと軍馬の調教と補充を行うための軍馬補充部があった。つまり、市内は北に鰲山を臨む以外は、東・南・西の三方をぐるりと軍基地に囲まれた植民地軍事都市の形になっていた。

(3)　花街「北新地」

二〇〇五年初めて会寧を訪れたとき、会寧人民委員会がすでに複数の証言から「慰安所」六ヶ所を確認したと伝えられた。そのうちの三ヶ所に案内されたが、一つは当時旅館だったが「将校用慰安所」として利用されていた所だと説明された。市街図で確認すると、そこは四洞の銭湯「君乃湯」あたりで、慰安所であったという確証は得られなかった。別の一つは兵士用の「慰安所」だったというが、市街図でみると停車場通に面したその場所には「日の出」と書かれていた。

一九四〇年に発行された冊子『北鮮地方』に「カフェ」として「日の出会館」が紹介されている。当時のカフェーは女給がホステスのようなサービスを提供する所であり、許可なく性売買が行われていたケースもあると言われる。したがって会寧人民委員会が認識するように、日の出が実質的な性売買施設であった可能性は否定しきれない。

会寧の鰲洞で生まれ育った羅英淑《ラヨンスク》（一九三二年生。二〇〇五年、〇八年インタビュー）は、日の出という店名を覚えている。そこにはヨシコ、キミコと呼ばれた朝鮮人女性がいて、憲兵がよく出入りしていた。

一九二八年生まれの全永鎮《チョンヨンジン》も日の出のことを覚えているが、ダンスホールだったという。貸座敷としては徳川、大吉、一富士、成楽館の名前を覚えているが、貸座敷には「我先に入ろうとする軍人で競争だった」と語った。

徳川、大吉、一富士は日の出の通りの反対側に位置する北新地にあった貸座敷である。人民委員会の調査ではそこに関する情報は得られていなかった。市街図を頼りに当時の大正通から、北新地の表通りになる停車場通までを歩いていくと、当時の消防署だったという建物が残っていた（図5）。

「日本料理店」から「貸座敷組合」へ

『全国遊廓案内』（一九三〇年。以下『案内』と表記する）には「会寧駅で下車すれば南へ約四丁の処」だとある。一丁は約一一〇メートルなので四丁は約四四〇メートルになり、市街図とおおよそ一致するようだ。

北新地という花街ができたのは日露戦争直後のことである。『案内』に「会寧面北新地」が紹介されている。

図5　停車場通だった通り
左の２階建て建物が当時の消防署。その先が「北新地」だった地区。

「明治三九（一九〇六）年の、日露戦争直後に四軒の、日本料理店を開業して芸妓を置いた事に始まり、大正五（一九一六）年には同業者が八軒に殖え、芸妓は完全に娼妓の内容を含んで居たので、ここに貸座敷組合として遊廓の許可地と成つたものである」

ここでは「日本料理店」としているのが「完全に娼妓の内容を含んで居た」店、つまり性売買が行われていた店だったので、のちに遊廓許可地となったとある。また、『北朝鮮誌』には「此地へ邦人の移住し始めたのは守備隊入会と同時で」、その邦人とは御用商人と二、三の料亭だけだったと書かれている。先にもみたように会寧に守備隊が駐屯したのは一九〇五年十月からだが、このころから日本人入植も始まったのである。

貸座敷組合ができて遊廓許可地となったのは、朝鮮軍の体制が本格的に整いはじめ、総督府が「貸座敷娼妓取締規則」

を発布した一九一六年。羅南より七〜八年遅いが、一九〇五年、あるいは一九〇六年にはすでに「芸妓を置いた」日本料理店が開業していた。つまり、黙認された実質的な売春業者の占領地遊廓が、ここ会寧でも日露戦争直後からあったのである。

一九三〇年の『案内』には十四の妓楼の一富士、平海、徳川、花月、吉野、万年、松葉、更科、亀鶴、菊水、九州、都、松月、酔月が紹介されている。

一九二九年の『会寧案内』に掲載されている「会寧商工人名録」にも十四の貸座敷の名前があり、上記と同じと思われるのが一富士、徳川家、花月楼、吉野屋、万年楼、松葉楼、更科楼、亀鶴楼、菊水楼、九洲楼、都本店、松月楼、酔月楼の十三軒で、平海がなく三浦屋が載っている。店主の名前も載っているが、すべて日本人である。

「徳川楼」　会寧公立高等女学校出身の五十嵐順子（一九二八年生。二〇一七年、一八年インタビュー）は旧姓を我妻といい、徳川楼の第二子の長女として生まれた。「会寧商工人名録」には徳川楼の経営者として「我妻助次」の名前が載っている。我妻助次は五十嵐順子の父方の祖父である。

五十嵐によると、我妻家が最初に会寧に移住したのは日露戦争直後だというので、初期の入植者の一人ということになる。祖父・助次は会寧に来て最初はタバコの生産・販売を行った。朝鮮人を数人雇い入れてたばこを生産して売ったが、「併合」前にたばこ事業は国の専売局に買い上げられたので、それで得た資金で北新地に番地三つ分の広い土地を購入し、料理店と貸座敷を始めた。市街図でみると、停車場通りの下方に「我妻」と「徳川楼」が記されている。その場所に二階建ての立派な建物を建て貸座敷を開業し、市街図の停車場通りに面したところに見える「中華料理」の右隣りに料理店「千歳楼」を構えた。

徳川楼の娼妓は十人くらいいたが全員朝鮮人で、年齢は十七〜十八歳くらい、周旋業の男（日本人も朝鮮人もい

図６　五十嵐順子（2018年撮影）

図７　チマ・チョゴリ姿の妓生

1929年頃。前列左から和服姿の母、兄、１歳の五十嵐順子（五十嵐順子提供）

た）が前借金のかたに連れてきた女性たちだった。娼妓は日本式の源氏名を付けられたが、チマ・チョゴリを着ていたという。五十嵐は桂花、明玉、松鶴、愛子、春子などの名前を覚えているが、桂花、明玉、松鶴など古風な名前は昭和の初期にいた娼妓たちで、のちには愛子、春子など、当時としては近代的な名前になっていったと説明した。こうした娼妓たちの源氏名は楼主である父が付けた。

貸座敷の二階には広い宴会場があり、芸者や妓生を呼んで宴会を開くこともあった。徳川楼の裏手に空き家があり、いつからか妓生の置屋として使われるようになったが、芸者の置屋がどこにあったかは記憶にない。

店の切り盛りは女将である母が全面的に担っていた。

母の多忙な一日は昼前の起床から始まった。子どもたちは七時に起きて学校に行くが、子どもたちの食事や仕度は朝鮮人の女中の「姉や」の仕事だった。

母は昼近くに起きるとまず娼妓たちの食事の支度にかかり、十二時ごろ娼妓たちと一緒に食事をとる。午後は家事と店を開ける準備をする。娼妓たちも各自自分の部屋の掃除や身支度にかかり、午後四時ごろには二回目の食事をとる。母は姉やに手伝わせて娼妓たちの食事と家族の食事の準備をする。五時ごろ学校から帰ってきた子どもたちと夫とともに夕食をとると、母は店を開けて帳場に入る。帳場の仕事は単にお金を受け取って帳簿を付けるだけではない。トラブルが少なくなく、母はいつも客からの苦情を聞いたりさまざまなトラブルの対応に追われた。日付が変わって午前三時に店を閉めてから母は床に入る。泊りの客がいると、娼妓は朝の十時ごろ客を送り出し、その後少しの仮眠をとって昼前に起きるという一日だった。また、娼妓たちは一ヶ月に一回だけ休みが与えられていた。

母はもともと、米沢の貧しい農家の三女として生まれ、四度も口減らし同然に養女に出されたという。しかし耐えきれずに戻ってきていたところ、知り合いの紹介で父と結婚することになった。食べるに困らないところに嫁ぐことができたと安堵したものの、「まさか女郎屋の女将になるとは思ってもいなかった」と母はよく言っていた。会寧に渡っていた舅が倒れたとの知らせを受けて、夫について会寧に移住したのは一九二九年のことである。それから「女郎屋の女将」の生活が始まった。しかし、「百姓の娘にこんな仕事はできない。早く止めたい」と母はいつも愚痴をこぼしていた。また母はたびたび胃が痛いと言っていたが、五十嵐は商売のせいでストレスが多かったからだと思っている。

五十嵐が小学校に入学した一九三五年ごろ、父が大病を患って京城の病院に入院する。これを機に料理店・千歳楼のほうは閉めることになったが、徳川楼は敗戦まで続けられたし、我妻家は鍾城《チョンソン》に小さいが炭鉱も所有していた。ちなみに、当時、会寧で裕福な家といえば炭鉱か遊廓、あるいは将校の家といわれていた。

徳川楼は当初二階建てで一階が女性たちの部屋、二階が宴会場となっていたが、一九四一～四二年ごろ二階を閉めて一階だけで経営するようになり、芸者や妓生を呼んで宴会を開くことはなくなったという。一九三八年以降は戦時総動員体制下で遊興業が規制を受けていた時期で、宴会を開くことも民間人の利用もほとんどなくなり、徳川楼も次第に規模を縮小していったのである。

しかし、日中戦開戦によって会寧の軍人が増えるにつれて、日曜や軍隊の休みの日には以前にもまして遊廓は軍人客であふれた。五十嵐は母から、一九三七年ごろはたいへん景気がよかった、軍人客が増えてとても忙しかったという話をよく聞かされた。そして、あふれかえった軍人を一人でも多くさばくため、徳川楼では一人当たりの時間を短くして値段を下げる対応を取った。軍隊のための特別システムである。

徳川楼の内部は五十嵐によると、広い玄関を入った先の突き当りに帳場があり、その右側の扉の向こうが炊事場と食堂、そして家族の住居スペースになっていた。帳場の左側は廊下が続いていてその両側に娼妓たちの部屋が並んでいた。一部屋の広さは四畳半そこそこで、布団が敷かれている他は化粧道具とお茶の道具一式があるくらいだった。

娼妓たちは客が来ると部屋から出てきて顔見せをし、選ばれた娼妓は客と部屋に入ってから先にお金を受け取り帳場に持っていくと、代わりにサック（コンドーム）を受け取って部屋に入った。

しかし実際はサックを付けたがらない客もいて、娼妓が妊娠してしまうことがあった。五十嵐も一人の娼妓が妊娠したときのことをよく覚えている。お腹が大きくなってくると客を受けることができなくなり、炊事場の横にあった女中部屋に入れられ、出産後すぐに赤ん坊は他所に引き取られていった。娼妓たちのチマ・チョゴリを仕立てにきていた朝鮮人女性が、妊娠中から赤ん坊の引き取り手の手配をしておいたのだが、金銭のやり取りや詳しいことまでは、五十嵐にも分からなかった。

娼妓たちの部屋の先には「洗浄場」というスペースがあった。洗浄場は客が帰ったあとに娼妓が局部を洗浄する場所で、水とクレゾール石鹸水が出るホースが設置されていた。ホースが垂れ下がった先は溝になっていて、その溝をまたいで洗浄を行ったとのことだった。

こうした徳川楼は、住居スペースと裏庭を含めて番地三つ分、おおよそ三〇〇坪にもなった。

朝鮮人娼妓専門と日本人娼妓専門の貸座敷　一九四〇年発行の『北鮮地方』には、「料亭」として一富士、徳川、花月、更科、都、嬉加久、大吉、「カフェ・食堂」では、先述の日の出会館のほか、サロン真砂、桃太郎、楽園会館、鈴蘭が紹介されている。「料亭」が『遊廓案内』の妓楼と一致しているものが多い。このことからも当時の「料亭」が実際には貸座敷であったことがうかがえる。

五十嵐によると、貸座敷はそれぞれ日本人娼妓ばかりの店と朝鮮人娼妓ばかりの店に分かれていた。徳川のほか一富士、嬉加久も朝鮮人娼妓のみの店で、花月、更科、大吉、酔月、そして一九四〇年に閉店した都などは日本人娼妓の店だった。更科の主人は大阪出身、大吉の主人は佐賀出身者で、それぞれ自分の出身地から女性を連れてきていたといい、彼らは自分の出身地に女性たちを集めるネットワークを構築していたものと思われる。

その他、市街図に平海や水月が載っているが、これらはいったん閉店したのちにそれぞれ高砂、一富士に変わったという。市街図の大吉と水月の間に「成楽」の文字がみえるが、これは経営者が唯一朝鮮人である成楽館のことで、客も朝鮮人専用だったという。そのためか『遊廓案内』にも「商工人名簿」にも載っていない。

会寧普通学校の第十九期卒業生で一九四五年の春、突然七十五連隊に徴用された高元植《コウォンシク》（一九二七年生、二〇〇五年、〇八年インタビュー）は、『北鮮地方』に載っている「嬉加久」のことを記憶していて、店には女性が二〇名ほどいたという。

一九一三年の『北朝鮮誌』には、貸座敷の広告と娼妓の顔写真も掲載されている。広告は万年楼、文明楼、花月だが、文明楼は先の二誌にはみられない名前だ。女性の顔写真は花月と菊水の娼妓とある。また「会席料理　万年楼」「高等御料理　文明楼」「和洋御料理　花月」とあるように、ここからも貸座敷を「料理店」と称していたということが分かる。本誌でも「会寧で北の新地と云へば申すまでもない艶ツぽい街であると云うことは其名を聞いただけで判断が出来る」としながら万年楼、酔月、花月、菊水、文明楼について詳しく紹介している。

図８　会寧北新地遊廓の広告（『北朝鮮誌』1913年）

特に万年楼については「装飾としては北鮮《ママ》第一と云うも過言ではあるまい」と絶賛している。「敷地面積三百四十坪で輪奐の美を施し且つ規模の壮を極めて居る瓦葺大建物が即ち此万年楼で」あり、「各室の装飾は善美を尽し」「殊に十五疊和洋折衷の間抔丹精を凝せしものにて床は露西亜式温突」で、敷物はすべて緞通《だんつう》だという。

酔月を紹介した箇所には杉本木材部の経営者でもある楼主について、後備役として第七旅団に従軍し清国に渡ったのちに除隊し、第十三師団経理部の咸興倉庫の業務に従事したあと、一九〇八年に会寧にて料亭を開業したと書かれているのが目をひく。

図9　崔孝順（2005年撮影）

軍属の崔孝順が見た朝鮮人娼妓　徳川には、源氏名を「モモコ」という朝鮮人娼妓がいた。これを証言したのは、羅南在住の崔孝順《チェヒョスン》（二〇〇三年、〇五年インタビュー）である。崔は一九二五年十二月、平安南道《ピョンアンナムド》順川《スンチョン》に生まれる。十八歳になる一九四三年のある日、日本の区長にあたる面長が赤紙をもってきて、それを崔の面前に広げてみせたという。こうして召集され配属されたのが会寧軍馬補充部、通称「第七四八九部隊」と言った。

会寧軍馬補充部については、一九六三年三月に厚生省援護局から出された『陸軍北方部隊略歴』に「第一二野戦補充馬廠略歴（中央馬廠会寧支廠）」が載っており、通称号は崔が記憶していたとおりの「朝第七四八九部隊」と「朝第二九〇〇三部隊」である。同部隊が朝鮮に最初に設置されたのは一九二二年で、場所は雄基《ウンギ》に支部が、羅津《ラジン》に分廠《ぶんしょう》がおかれた。一九四〇年に羅津分廠は閉鎖されるが、二年後の十月に「中央馬廠」と改称して会寧に移転した。日本敗戦直前の一九四五年七月、「第一二野戦補充馬廠」に改編されると、軍馬補充部から朝鮮軍司令官の隷下に入ったと書かれている。

ただ、同部隊が会寧に置かれた年代が『官報』と異なっている。『官報』によると会寧移転は一九四一年で、同年二月二十一日に発布された勅令「朝鮮軍馬補充馬廠令」によって会寧に支部が置かれることになり（『官報』一九四一年二月二十二日）、同年三月一日には「会寧郡会寧邑ニ設置シ同日ヨリ事務ヲ開始セリ」（『官報』一九四一年三月十九日）とある。さらに同年七月に、陸軍軍馬補充部は中央馬廠本部と十勝・三本木・白河・豊橋・高鍋・会寧の六つの支部と朝鮮補充馬廠に改編され、会寧には朝鮮補充馬廠がおかれた。こうしてみると、会寧にあったのは会寧軍馬補充部ではなく、正しくは軍馬補充部隷下の軍馬補充馬廠であったということになる。

現地の人々はまた、この部隊を「宮尾部隊」とも呼んでいた。『陸軍北方部隊略歴』には歴代隊長の名前があるが、最後の隊長の名前が「宮尾癸巳郎」とあり、「宮尾部隊」とは、この隊長の名前を冠したものだ。

崔によると、宮尾隊長は立派な髭を生やし騎馬姿が雄々しく、市内を走る馬上の姿が印象深かったという。また、他の日本人と違って朝鮮人を差別することがなかったと話した。宮尾隊長は休日にはよく中国服を着ていて、日本人の間では変わり者だといわれたが、崔はそれも宮尾隊長が民族差別をしないという考えの表れと感じていた。ある日、日本人兵士と朝鮮人兵士との間で喧嘩騒動が起こった時も、通常なら無条件に朝鮮人側が咎められて暴行されるのがおちだが、宮尾隊長は朝鮮人を一方的に攻撃することはなく、むしろ日本人兵士をいさめたのだった。

崔が上司の使いで徳川に行ったとき、店の者に「朝鮮人のくせに！」と怒鳴られたことがあった。植民地朝鮮における民族差別の一端をのぞかせるできごとであるが、何事においても朝鮮人が日本人の下位に位置付けられ日常的に民族差別があっただけに、宮尾隊長は例外的な人物として、崔の記憶に鮮明に残った。

さて、徳川の「モモコ」であるが、崔の上司である中尉ロクロウタ・カツミがモモコに入れ込んでいて、ロクロウタ中尉付の連絡兵だった崔はたびたびモモコに差し入れを届けさせられていた。差し入れはだいたいが食べ物で、リンゴやミカン、缶詰などをよく持って行った。そうするうちに自然とモモコや他の朝鮮人女性のこと、徳川の中の様子などを知るようになった。モモコは忠清道《チュンチョンド》出身だったが、徳川にはほかに慶尚道など朝鮮の南部出身の女性がいて、木綿の簡易な作りのワンピースの簡単服を着ていたという。

女性たちの服装について、五十嵐はチマ・チョゴリだったと言う。『案内』には「大半は和服」と、「大半は」とあるので和服でない店もあり、徳川はチマ・チョゴリだったということなのかもしれないし、崔の記憶は、他の店と混同していた可能性もある。あるいは客を迎える前の普段着として着用していたのが簡単服だったかもしれない。

また『案内』には「ここの朝鮮娼妓の大半は和服を着用して居て、言語も殆ど内地人と大差無い迄に精通している」と書かれており、崔も彼女らは朝鮮語を話すことが禁じられていて日本語を話していたと話した。

しかし五十嵐によると、徳川楼で日本語を流ちょうに話すことができたのは春子という娼妓だけで、ほかの朝鮮人娼妓たちは片言しか話せなかった。五十嵐は、春子は小学校を出ていたようで日本語が流ちょうなだけでなく、とても賢い女性だったという。日本語が話せるため五十嵐も春子とよく話をした。ただ、彼女の身の上話を聞くことはなかった。それぞれに事情を抱えている女性たちなのだから「詮索するようなことを聞いてはいけない」と、子ども心に思っていたという。

軍人優遇措置　料金について『案内』には、一九三〇年当時は時間制で「二枚鑑札の娼妓を呼べば六円、一枚鑑札の娼妓を呼べば五円」と書かれているが、崔が徴用された一九四三年の値段は、兵士が一時間五円で、将校は二十五円払うと夕方六時から翌朝八時までいることができたという。五十嵐は朝の十時ごろ娼妓が客を送り出していたのを見たというので、朝の八時に帰ってくれない客もいたということだろうか。

五十嵐は料金がいくらだったかは覚えていないが、先述のように会寧駐留の軍人が増えると、時間を短くして値段を下げて一人でも多くの軍人を受け入れる態勢を整えるという軍人優遇措置がとられていた。しかし、娼妓たちはたまったものではない。値段を下げられたうえに、より多くの軍人の相手をさせられたのだから。

崔は、軍隊では主に日曜日になると中隊ごとに外出許可を出し、兵士のほとんどが遊廓に行っていただろうと話す。そして、貸座敷の廊下には軍人が並んで順番を待ちながら「おーい、まだか！」「ちょっと待て！」とがなり立てる声もよく耳にした。それくらい軍人たちが引きも切らさずやって来ていたので、下着をつけないままの女性もいたし、あまりの辛さに「もうやらない！」と泣いて抵抗する女性をみたこともあった。

崔は徳川のほかに一富士、大吉、日の出、ワライイエ、成楽館などの名前を記憶しており、成楽館は五十嵐の言うように朝鮮人専用の遊廓とのことだった。徳川、一富士、大吉、日の出は先にも触れたように『案内』と『北鮮地方』にも紹介されており、成楽館は市街図で確認できるが、ワライイエだけは市街図にも五十嵐の記憶にもなかった。

『北朝鮮誌』には、また「此地には（明治）四十二（一九〇九）年頃駆黴（梅）院が設立されて目下検梅は慈恵医院に依て行はる」と書かれている。さらに、「陸軍側には衛戍病院がある又一般公衆に対しては慈恵的事業を兼ねて居る会寧慈恵医院があって院長は一等軍医岡田啓倫氏」だとある。つまり、院長が一等軍医の慈恵病院の医師によって、一九〇九年ごろ設立した駆梅院で、娼妓たちの性病検査が定期的に行われていたというのである。

五十嵐も遊廓街の真ん中の川寄りに駆梅院があったのを覚えている。そして、娼妓たちは一週間に一回、かならず性病検査を受けなければならなかったと話した。

公娼は合法だったか

遊廓は公娼制度なのだから政府が認めた商売であり合法だったという人もいる。しかし、実際は実質的な売春業を、政府自らが、当初から「特別料理店」などと言い換えてごまかして庇護し続けた。つまり、違法行為を行ってきたのは政府自体と言えるのだ。

女性を集めるにあたっても多くの場合、詐欺による募集や誘拐まがいの不法な人身売買が行われていたのが実情であった。一九三六年六月から一九四〇年六月までの新聞に一〇〇を下らない人身売買事件が報じられているように、「不法」な人身売買が横行していて、詐欺・甘言によって騙されて連れてこられて貸座敷や飲食店、料理屋、カフェーなどの接客業に売られた女性が多かった〔山下英愛二〇〇六〕。しかも報じられたのは氷山の一角に過ぎず、警察の取締りも「思想対策等には万全を期したが、ひきんな雑犯の措置には多少不徹底な感がなくは」ないなかで

（一九三九年三月二十九日付『東亜日報』「社説　誘引魔の跋扈」、鈴木・山下・外村二〇〇六〈上〉）、人身売買の多くが黙認されていたのである。

一九一〇年、欧州十三ヶ国は「醜業を行はしむる為の婦女売買禁止に関する国際条約」を締結し、一九二一年には「婦人及児童の売買禁止に関する国際条約」が国際連盟で採択される。それから遅れること四年後の一九二五年十二月二十一日、日本政府はようやくこの二つの条約を批准する。ただし、条約で娼妓の年齢下限を二十一歳と定めているにもかかわらず、これは日本の現状に合わないなどと苦しい弁明をして年齢は十八歳のままとし、それも「外地」には適用しないなどの条件を付けての批准だった。

しかし、一九三〇年に国際連盟婦人児童委員会の「婦人児童売買実地調査」が行われると、「政府委員と楼主は急所にふれるような質問はいっさいはぐらかすこと」を娼妓に命じるなどの事実隠蔽を行った。つまり、先の条件を除いても隠さなければならない違法行為があったのである。そして調査によって「娼妓が搾取されている実態、貸借にまつわる楼主側の悪質詐欺行為、自由廃業の妨害に手を貸す警察の」実態などが明らかになったのだった〔鈴木裕子二〇〇六〕。

3　咸興

――咸鏡南道の軍事・行政の中心――

(1)　咸興の現地調査

朝鮮半島の東北部の咸鏡南道《ハムギョンナムド》でもっとも大きな川、城川江《ソンチョンガン》をいだき盤龍山《パンニョンサン》が見下ろす咸興《ハムン》は、植民地期、咸鏡南道庁をおく道内行政の中心地であると同時に、羅南《ラナム》に本部をおいた第十九師団隷下の歩兵第七十四連隊を主力部隊とする軍基地を有する軍事都市であった。

咸興の植民地軍事都市のなりたちと、こうした都市における遊廓の位置づけを捉え、さらに現在の都市の変容を調査するため、二〇一四年六月に現地を訪れた。

朝鮮最大の工業地帯だった興南を含む現在の咸興市は、朝鮮戦争時のアメリカ軍の爆撃による被害が甚大だったため、解放前の建物がほとんど残っていないといわれていた。そのため咸興人民委員会は当初、現地調査は無駄だと言って受け入れを拒否していた。しかし実際に現地に行ってみると、解放前の痕跡が少なからず残っていることがわかった。

そのうちの咸興府庁舎の建物は、現在咸興市人民委員会として使われていた。建物の外観は一目で古い植民地期のつくりなのがわかる。しかし、人民委員会の面々は自分たちが毎日通っている勤め先が、まさか植民地期の建物だとは思いもよらなかったと語った。

図1　植民地期の咸興府庁舎（左。笹沼末雄『咸興案内　名勝写真帖』笹沼写真館、1936年）**と朝鮮戦争で破壊された時**（右。「朝日新聞」2018.1.31より）

図2　一部増改築された咸興市人民委員会（2014年撮影）

当時の写真と同じアングルで見比べてみると、左右の三階部分が増築されているなど一部改築されているが、基本的な外観はほぼそのままの形で残っていた。

残念ながら建物の中に入ることはできなかったが、人民委員会担当者と共に確認することで、彼らの信頼と協力が得られたのが収穫だった。彼らの協力なくして、現地調査は一歩も進まないのだから。

城川江にかかる城川橋《ソンチョンギョ》の横に、朝鮮戦争時の爆撃で破壊された元の橋の橋桁も残っていた。残骸となったこの橋は当時、日本人が付けた名前で万歳《ばんざい》橋《ばし》と呼ばれていたが、地元では現在でも城川橋ではなく万歳橋《マンセギョ》と呼んでいた。

次に向かったのは歩兵第七十四連隊の兵舎跡である。その場所は市街図に

図3　植民地期の万歳橋（上、『咸興案内』1936）**と朝鮮戦争の爆撃で破壊された後の橋桁**（右。2014年撮影）

図4　1936年当時の歩兵第74連隊兵舎（左、『咸興案内』1936）**と、同じ場所に建つ咸興工業大学工学部校舎**（右。2014年撮影）

ある第七十四連隊基地の場所と一致する。しかも、当時の兵舎と同じ向きによく似た形の建物が二棟並んでいた。それは咸興科学工業大学機械工学部の校舎で、建物自体は当時のものではなかったが、建て直す前を知っているという機械工学部のキム学部長によると、同じ場所に兵舎があったこと、今の校舎より幅が広く大きかったこと、そして当時の兵舎の煉瓦が今でも至る所から出てくるとのことだった。実際に土を少し掘り起こしただけで煉瓦片がすぐにみつかった。煉瓦は中に鉄筋が入っていて、現在の朝鮮で作られている煉瓦とは異なり、植民地期のものであることがわかる。

さらに、校舎の裏に当時の井戸が残っていた。朝鮮戦争時の爆撃によって上部は破壊されたため正方形に造り

図5　工業大学の校庭から出てきた兵舎の建材だったと思われるレンガ片（右）と、校舎の奥の裏手に残っていた井戸（左）

直されていたが、写真の内側奥の丸い部分は当時のままであるという。この井戸は今も利用されており、同様の井戸が兵舎ごとにあったのではないかとのことだった。

　歩兵第七十四連隊基地は、地図と照らしてみると現在の機械工学部の敷地と、道路を挟んだ向かい側にある医学大学と薬科大学も含む場所だったことがわかる。つまり、三つの大学の間にある道路は当時の基地内の広場にあたり、この通りに基地正門があったと思われた。

(2)　植民地軍事都市の成り立ち

　咸鏡南道の軍事的中心都市、咸興に軍隊が最初に駐留したのは、やはり日露戦争のための韓国駐箚軍としてであった。

　咸鏡道方面は日露戦争における主戦闘地域ではなかったが、朝鮮の東海《トンヘ》（日本海）側の元山《ウォンサン》や咸興でもロシア軍との交戦はあった。そのため日本軍は元山に臨時派遣隊を出動させロシア軍を退けて北上し、一九〇四年九月十七日には咸興を占領する。そして日露戦終結後の十月、咸鏡南北道を管轄とする第十三師団の司令部が咸興に置かれた（『歩兵七十四連隊史』一九九八年）。

翌一九〇五年一月時点の咸興駐留軍は、歩兵第十七旅団司令部ほか主力部隊の歩兵第三十二連隊と歩兵四十七連隊（大部分は元山と永興《ヨンフン》の守備に）、野砲中隊であった（『咸南誌資料』一九九五年）。以来、咸興は咸鏡南道における軍事上の中心的役割と、国境地帯の義兵運動、そして後に活発になっていく抗日闘争の鎮圧の任を担った。

義兵運動や抗日闘争鎮圧の主力の一つが憲兵隊である。咸鏡南道の憲兵隊配備は一九〇四年、元山に初めて憲兵分隊がおかれ、一九〇六年十月に咸興に移設され、翌年には隊員が増員されていく。『咸南誌資料』にはそのときの状況が次のように記されている。「（明治）四十（一九〇七）年管内主要地に分遣所を置き守備隊と連繋し警備に任す当時韓国軍隊の解散あり半島各地暴徒蜂起し勢猖獗《しょうけつ》を極む四十一年憲兵の人員を増加し分遣所を増加し主要分遣所に将校を配置し守備隊及警察官憲と連絡し暴徒の掃討に任せり」。

韓国軍の解散後、各地で義兵が盛んに蜂起したため憲兵隊員を増員し、守備隊および警察官憲と連携しながら「暴徒の掃討」、すなわち義兵の鎮圧にあたったのである。

一九一〇年七月には咸興中心部に咸興憲兵隊本部が置かれる。その翌年の憲兵隊員の数をみると八一五人で、京城憲兵隊の九〇九人に次ぐ規模になっており〔松田利彦二〇〇〇〕、咸興はその後、名実ともに咸鏡南道の治安維持・警戒強化の中心となっていった。

一九一九年の三・一独立運動後、朝鮮総督府は植民地統治の方針を「武断統治」から「文化統治」に転換するにともなって、咸興憲兵隊も同年十一月には一三三人に減少されてその後も一〇〇人以下になっていく。しかし、その一方で駐在所や警察官・巡査などが増強されることで警察網が地方の隅々にまで張り巡らされ、実際には治安維持体制がより強化されていったのは先にも述べたとおりである。

国境地帯の抗日運動の鎮圧において、憲兵隊と連携しながらもう一つの主力として任に当たったのが国境守備隊である。『歩兵第七十四連隊史』には、治安に関わる守備隊の動きに関連した記述が少なくない。

「朝鮮半島北辺の鎮護に任じ、変に応じてシベリヤ南部ウスリーの地や或いは又不穏の動きを見せる間島《かんとう》方面に兵を進めて、これを鎮圧」し、「一方平時にあっても鮮《ママ》満国境の鴨緑江や豆満江をわたって来襲する鮮《ママ》匪と戦い、一般邦人の生命財産の安全を護り、常に北鮮《ママ》の警備治安の重任を全うした。……大正七（一九一八）年十月（中略）この方面のロシア人は一般に好意を表していたが、過激派は秘かに労働者を扇動し、派遣隊軍需品の輸送を妨害し、日本軍将兵の行動を非難し続け、朝鮮独立運動を叫ぶ抗日朝鮮人の排日行為は止まず、派遣隊を苦しめた」。

一九〇八年、咸興には騎兵第十七連隊、野砲兵第十九連隊、輜重兵《しちょうへい》第十三大隊が配備されたが、一九一五年に二個師団が常駐する方針が決定するにともない、翌年四月に主力部隊である歩兵第七十四連隊が編制され、五月十四日に現地入りして本部を置き、北青《プッチョン》、国境の町・恵山鎮《ヘサンジン》（現在の恵山）、元山（現在は江原道《カンウォンド》）、そして江原道の春川《チュンチョン》、江陵《カンヌン》、原州《ウォンジュ》にも部隊が分散配備された。

(3)　日本民間人の移入

日露戦争時、軍隊にともなって咸興にも日本人民間人の移入が始まった。『北朝鮮誌』によれば、「（日露戦争終結前に）同胞の御用商人連は此の時入込んで足を留めたものも少なくなかった、平和克復が成ると間もなく第十三師団の主力は此地に駐屯したので商人の入込むものは日々に多くなって来た」。

同誌にはまた、のちに「本町」という日本式の町名が付けられる前、ここは「南門外《ナンムンパク》」と呼ばれていたこと、一九〇六年八月から九月ごろ、この南門外に日本風の建物が見え始めたことなどが書かれている。

『朝鮮総督府統計要覧』によれば、咸興の日本人人口は一九〇六年九六六人に過ぎなかったが、翌一九〇七年の十一月には早くも日本人会によって「尋常高等小学校」が創立し（生徒数一五人、職員一人）、定住と移住受け入れ態勢が整っていった。

一九一〇年八月二十九日の「韓国併合」にともない、それまでの第三十七旅団司令部の建物が道庁舎になって司令部を市内（当時は面）に移動し、第十三師団から第二師団に入れ変わった師団司令部には憲兵隊本部が入り、学校のほか地方法院、警察、刑務所、金融機関なども設置されていった。そして日本人の人口も徐々に増えて一九一〇年には一二一四人、一九一一年には咸興内朝鮮人一二万八七一五人に対し日本人一三八六人（一〇・七六％）に、一九一二年には朝鮮人一四万三八四一人に対して日本人一七六三人（一二・二五％）になる。

人口増加と行政府などが設置される一方で、日本人会は地域の「日本化」を行っていった。その典型例の一つが、やはり地名を日本式名称に変えることであった。

朝鮮の行政区画の最小単位の「里」や「洞」は、実際に正式の行政単位として使われていたにもかかわらず、日本人会では「町」がつく日本式名称を付けて日本人の間では日常的に日本式の町名を使った。南門外（豊西里《ブンソリ》）あたりが本町と呼ばれたほか、上里《サンニ》と中里《チュンニ》あたりが万歳町、荷西里《ハソリ》あたりが黄金町、東陽里《トンヤンニ》あたりは錦町、豊陽里《ブンヤンニ》あたりは朝日町、雲興里《ウヌンニ》あたりが山手町・春日町などと、典型的な日本式の町名がつけられていった（図6）。

また、咸興府庁、警察署などの主要施設が並んだメイン通りを中心とした地区は、公会堂があったあたりまでが「軍営通」と名付けられた。

当時の万歳橋から続く幹線道路は橋を渡ってすぐに右に折れ、さらに左に曲がって「軍営通」に入ったが、現在の国道は万歳橋から公会堂があったあたりまでが直線に結ばれており、道幅は当時の三倍くらいの広さに拡張されている。

城川橋からまっすぐに伸びた国道は、橋から刑務所（現在は食堂）があったあたりまでを「ピク通り」、そこから先を「精誠《チョンソン》通り」と呼ぶ。ちなみに「ピク通り」の名前の由来を尋ねたが不明で、人民委員会の担当者たちも植民

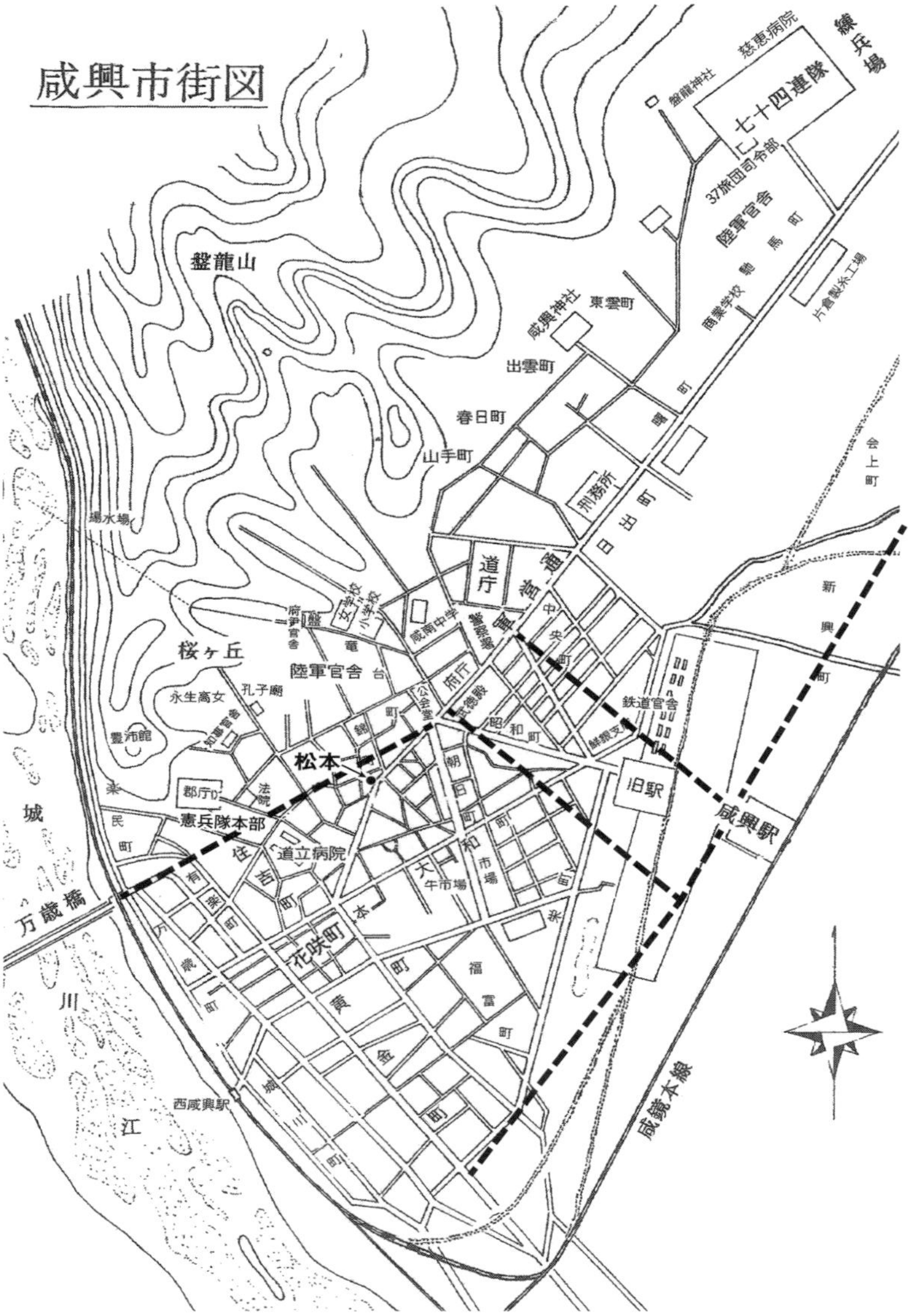

図6　1945年頃の咸興市街図（前掲写真集〔1984〕）。筆者加工）
中央よりやや左下の「松本」が証言者武田直子の実家。さらに左下方の「花咲町」が遊廓街。点線は現在の道路。

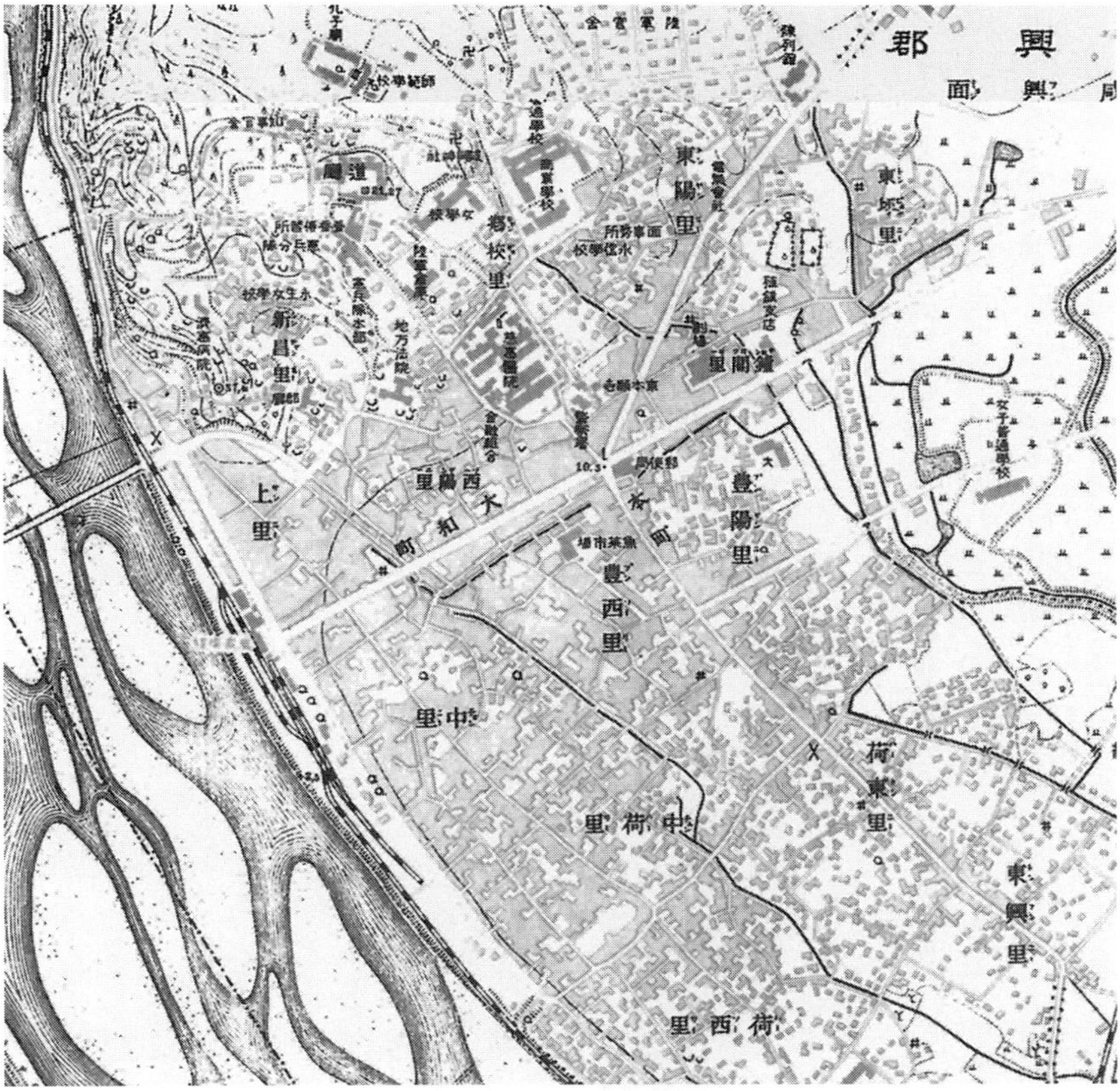

図7　1929年の地図にも本町と大和町の日本式町名が記されている（『一万分一朝鮮地形図集成』）

地期の名残で日本語が語源ではないかと思っていたという。しかし、当時の市街図で「ピク」に相当する地名は確認できない。

咸興駅から延びた当時の駅前通り（昭和町）は軍営通りとやや斜めに結ばれていたが、今の駅前通りは駅からピク通り（軍営通り）までほぼ直角に伸びていて、新しく作られた道路であることがわかる（図6の点線）。また、公会堂があったあたりからも直角に新しい道路が伸びていて、その突き当りには二〇一四年当時アパートが建設中だった。

線路を背にしてアパート

図8　1936年ごろの大和町（上、『咸興写真帳』〔1936〕から）**と現在の並木道**（下、2014年撮影）

建設現場で車を降りて、旧公会堂に向かって歩いてみた。左に走る二筋目の通りを折れると並木道が一直線に伸びている（図8）。そこは当時の大和町あたりで、車がやっとすれ違うくらいの道幅は当時のままではないかと思われた。住宅が並ぶその道を歩いて進み最初の狭い十字路に立った。そこを左に入ると現在「三・一市場」があるが、当時も市場だったと言う。しかし、その並木道から左右の路地に踏み入ることは許可されなかった。

また、地図をたどれば、並木道の先の左側が遊廓街だった「花咲町」近くであるはずなのだが、やはりその先も路地に入ることはできなかった。やむをえず花咲町近くと思われる通りを車で走り抜けたが、並木道の両側は塀で囲まれていて塀の上に平屋の家々の屋根が連なって見えただけだった。

日本人の入植後、ほとんどが日本的な地名に書き換えられていったなかで、例外的に朝鮮に伝わる名称が付けられた町名もあった。盤龍山にちなんだ「盤龍台町」、城川江沿いの「城川町」、そして以前からあった地名の会上里《フェサンニ》と沙浦里《サポリ》は「会上町」「沙浦町」となっていた。

連隊と商業学校ちかくに「馳馬町」という地名がみえる。これは、朝鮮王朝の太祖である李成桂《イソンゲ》が青年期に馬を走らせ弓を射る訓練を行った場所と言い伝えられている「馳馬台《チマデ》」からとった名前である。咸興は李成桂が青年期を過ごした地として、ゆかりの史跡も多く残されている。日本の町名に変えられることなく朝鮮の地名が残ったのは、歴史と伝統のある同地ならではの珍しい例と思われる。現在もここは「馳馬里」となっている。植民地解放後、日本式地名は朝鮮式地名に修正され、「盤龍台町」あたりは「セッピョル洞」、東雲町《しののめちょう》あたりは「梨花洞《リファドン》」、大和町や朝日町あたりは「恩情洞《ウンジョンドン》」などとなったが、伝統に由来した「馳馬」の地名はそのまま残った。

(4)　遊廓街「花咲町」

遊廓にとって「軍隊は最大の消費人口」であり、「軍隊と遊廓・料亭の関係は切っても切れないもの」〔本康宏史二〇一四〕であると指摘されるように、軍隊が駐屯した地域には必ず遊廓があった。一九〇四年末に軍隊が駐留するようになったここ咸興でも、早くから「日本料亭」が開業した。

一九一三年発行の『北朝鮮誌』には、一九〇七年南門外にあった「日本料亭」より出火した火事によって一〇〇戸あまりが焼失したという記述がみられるので、先述の引用でみたような軍隊にともなって移入してきた商人のなかに、「日本料亭」経営者がふくまれていたことが容易に想像できる。また、「料亭」は「貸座敷」と区別がないという記述もみられる。

「内地では、貸座敷業と料亭は全然区画されているが北鮮《ママ》地方は決して开《こ》うではない。料理店と云えば料理もあ

図9　『北朝鮮誌』（1913）に掲載されている音羽の広告

れば艶かしい紅裙連も居るから至極便利である」

さらに、特に丁寧に接客する料亭として長崎亭、明月楼、音羽家を紹介している。

南門外の先は、「併合」後に「花咲町」と呼ばれた花街で、『全国遊廓案内』（一九三〇年。以下『案内』と表記する）に「咸興花咲町遊廓」として紹介されている。『案内』には具体的な貸座敷名は載っていないが、「貸座敷数は約十軒、娼妓は百二十人位居て、内地人と朝鮮人と半々くらいである」などと書かれている。

それより九年前の、一九二一年五月十七日付の『東亜日報』には、「咸興遊廓遊興費」の見出し記事に、朝鮮人遊廓二ヶ所、日本人の遊廓五ヶ所で、合わせて七ヶ所あると記されている。

先の『北朝鮮誌』で紹介されていた三つの「料亭」のうち「明月楼」については、一九二七年発行の『咸鏡南道の事業と人物名鑑』（以下『人物名鑑』と表記する）に「南門外に料理屋を開業し古き歴史を有す其後現住所に移転して引続き料理屋を営み」、「大正七（一九一八）年十二月遊廓の指定地となり貸座敷営業を免許せられしを以て内地より美形を招聘して大に業務の拡張に努め」たとある。また、経営者の伊藤多助は、佐賀県藤沢郡鹿島村出身で、一九二六年一月には貸座敷組合の組合長に推薦された人物であると紹介されている。

『人物名鑑』にはこのほか、五つの貸座敷とそれぞれの経営者についても紹介している。「鈴川楼」の谷口伊太郎は兵庫県神戸市葺合生田町出身で、明治四十二年（一九〇九）に前の経営者から引き継いで「相当の資金を投じ一粒選の美形を揃えて内部の充実を期したる為め営業は日に発展し」たとある。

「日の屋」の馬場彌三郎は大阪府三島郡三ケ牧《さんがまき》三島泣（「泣」は「江」の誤字と思われる）出身で、一九二六年ごろ「貸座業の将来望みあるに着眼し元一楽亭を買収して開業」した。

「由良之助」の國井勝英はやや異色の経歴の持ち主だ。出身は福岡県嘉穂郡飯塚《かほぐんいいづか》で一九一一年「満鉄株式会社に雇用せられ官界に在職すること数年」、その後「京城新聞朝鮮新聞の記者として健筆を振」ったのち、「元山に於て貸座敷を開業し以来拾数年一意専心営業を継続し遂に廓内一流の業者たることを広く世間より知らるるに至れり……営業益々発展し」「昭和二（一九二七）年四月咸興に移住し……開業以来粋客の声各部屋に充ち他の羨望の的と」なった。

「玉川楼」の主人は女性の八木原ミツ、原籍は広島県広島市南竹屋町で一九一二年に夫とともに慶尚南道蔚山《ウルサン》にわたり、同年十一月咸興に移住して最初は料理店を経営したが、一旦日本内地に戻って一九二六年十二月、再び咸興に渡り「同二年五月より貸座敷を開業し現在に及ぶも毎夜絃歌《げんか》の声戸外に漏れ頗る賑」っていた。

「咸興館」は唯一の朝鮮人経営者の李楨夏《イジョンハ》。咸興生まれの彼は長年料理屋を経営したが「大正七（一九一八）年貸座敷免許区域指定せられ貸座敷営業を許可することとなりし為め率先して巨額の費用を投し二階建を新築し開業せしか氏の堅実なる営業振は忽ち相当の資産を蓄へ益々発展し鮮人《ママ》側として一流の遊廓」となったという。

また『朝鮮銀行会社組合要録』（一九四〇年）には「音羽」について、開業が一九三一年九月五日で、代表は内田半十、社員は小山永次、前島嘉吉、内田クニ子、前島ナツノとある。また、資本金は三万円で、所在地は「咸興府豊西里七六」。豊西里は花咲町と同地区である。

一九三六年発行の『咸興案内　名勝写真帖』（以下『写真帖』と表記する）の巻末に掲載されている「咸興著名商店名」には、経営者が朝鮮人の「咸興館」が貸座敷ではなく「料亭」として分類されているが、これはのちに、いわゆる業種として〝格上〟になる料亭に発展したものであろう。同じように「料亭」として「明月館」が載っているが、これも貸座敷の「明月楼」が料亭となったものではないかと思われる。ただし当時の状況からして、〝格上げ〟した「料亭」になったからといって、性売買が一切行われなくなったとは言い切れないだろう。

『写真帖』には「遊廓」として紹介されている店名も載っている。ただし分類の見出しが、他はみな業種であるのに対して、ここだけ業種としての遊廓ではなく「花咲町」と町名が記されている。遊廓と分類することをはばかる心理が垣間見られる。ここに紹介されている貸座敷は七つで音羽屋、鈴川、玉川、由良の助、一心楼、新玉、栄楽となっている。

左の市街略図（『帰国の道《だもい》』一九七九年。以下『略図』と表記する）は、一九四五年から四六年の間の咸興における日本人引揚者の収容施設を示したものだ。

一九四五年八月九日のソ連軍進攻により朝鮮北部から避難してきた大量の日本人が咸興に集まり、日本人の数はそれまでの三倍にも膨れ上がったという。その避難民の収容所に貸座敷が使われたのが『略図』に示されている。しかし、押し寄せてきた避難民全員を収容できる空き家や施設も、食料の供給も全く足りなかった。収容所に押し込められた避難民は飢えと寒さと、不衛生な環境の中で腸チフスなどの伝染病も発生して多くの死者を出した。特に貸座敷は他の収容所とくらべても、一層悲惨な状態だったという。

あらためて『略図』をみてみると①から⑥に遊廓と書かれていて、音羽、鈴川、由良之助、一心楼、ほへと、永

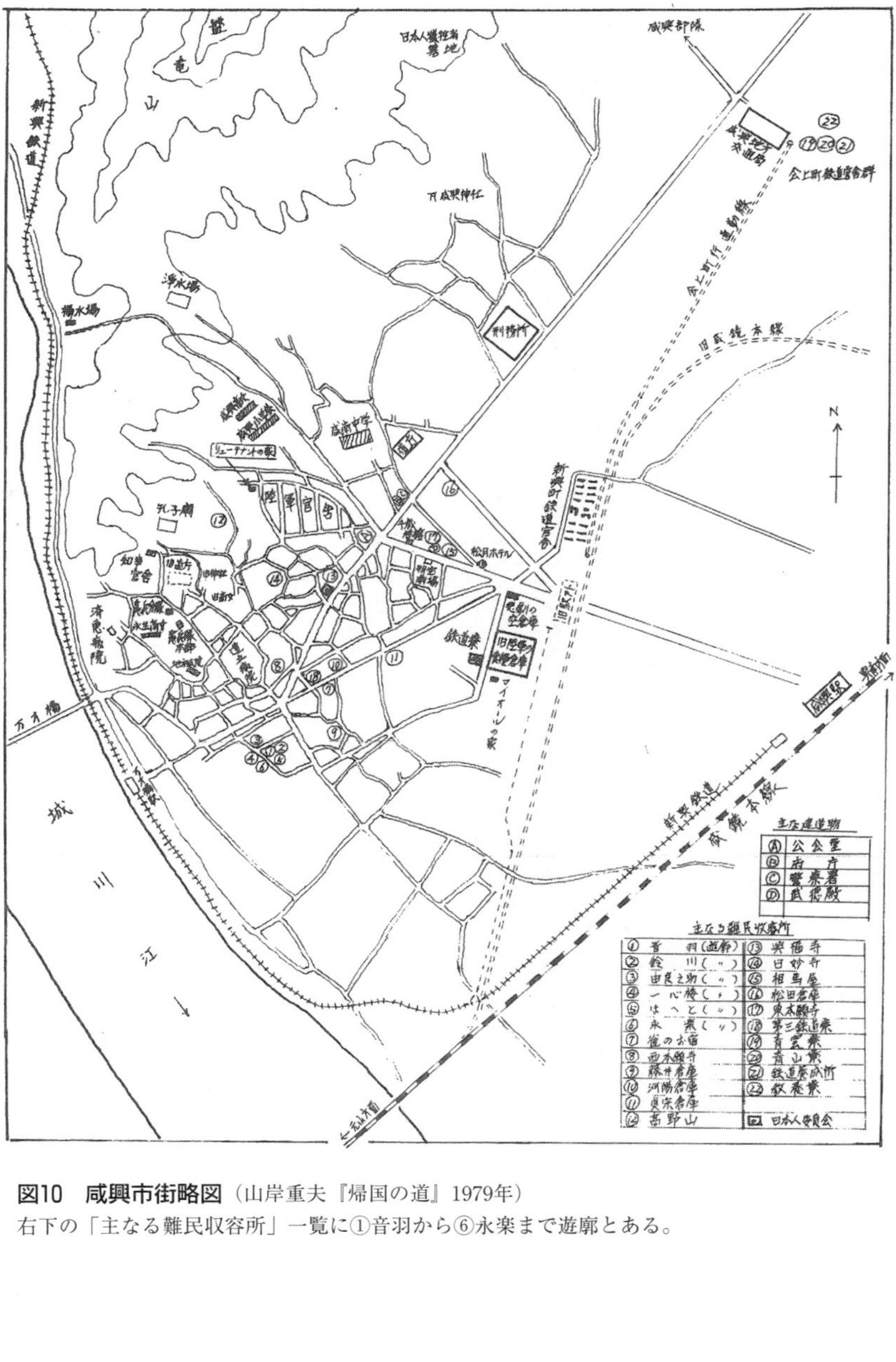

図10　咸興市街略図（山岸重夫『帰国の道』1979年）
右下の「主なる難民収容所」一覧に①音羽から⑥永楽まで遊廓とある。

楽という屋号とその場所を確認することができる。

『写真帖』と比較すると音羽（屋）、鈴川、由良之（の）助、一心楼の四つが一致し、永楽も栄楽と同一ではないかと思われる。これによれば、玉川と新玉は廃業し、ほへとが『写真帖』が発行された一九三六年以降に開業したことになる。

日本の敗戦後の咸興で、引き上げを待つ日本人の一人であった千葉県在住の武田直子（一九二六年生、旧姓松本。二〇一五年インタビュー）は、遊廓はこの市街図にある数よりもっと多かったのではないかという。

武田は咸興女子高等学校とソウルの京城女子師範学校を卒業後、咸興の小学校の教師をしていた。一九四五年当時満十九歳の若い女性が貸座敷のことを知っているとは考えにくいと思われたが、軍営通一丁目の自宅（図6）から花咲町は近くて日常的によく通る道であったし、二階建ての貸座敷が並ぶその一画が華やかで、きれいな屋号が印象的でよく覚えているとのことだった。また、遊廓の女性たちを直接見た記憶はないが、土日になると町中に軍人たちがあふれ、特に遊廓に軍人が多く集まっていたと話した。

武田の証言から、咸興でも遊廓が一九四五年の敗戦直前まで営業していたことが分かる。これは第Ⅱ部第1章の羅南と第2章の会寧と同様である。

ここ軍都咸興の遊廓も、軍隊とともに誕生し、軍人を主な顧客としながら軍隊の性病管理のための必要不可欠な施設として機能した。そのため、戦時期には営業規制を受けていた接客業にもかかわらず、ソ連軍進攻の直前まで営業は続けられていたのである。

4　慶興

——朝・中・ソ国境三角地帯の軍基地——

(1)　中・ソとの国境地帯の国境守備隊

朝鮮半島の最北端、朝鮮・中国・ソ連の国境地帯にある小さな町慶興《キョンフン》（現元汀洞《ウォンジョンドン》）は、一九二六年当時の人口が六四二八人（『咸北要覧』一九二六年）だったが、そのうちの日本人の数は一九三二年で軍人を除きわずか四〇人ほどしかいなかったという。主な施設といえば、国境守備隊の歩兵部隊一個中隊のほか憲兵分遣隊と警察、郵便局くらいしかなく、劇場などの娯楽施設は一切ない（『羅南憲兵隊史』一九八一年）寂しい片田舎であった。しかし、一九二三年に雄基《ウンギ》に慶興郡庁が移転するまでは郡庁所在地である行政の中心であり、軍事的要所の国境の町であった。

一九二六年の朝鮮軍・国境守備隊配置図（一三六ページ図1参照）をみると慶興国境守備隊は歩兵第七十六連隊隷下の第一国境守備隊に属する部隊となっているが、慶興に日本軍が配備されたのは歩兵第七十六連隊が編制配備される一九二〇年よりかなり早い段階からだった。『慶興郡誌』（一九八八年）には、日露戦争が終結し韓国統監府が設置された翌年の一九〇六年、慶興洞と高成洞《コソンドン》に日本軍が進駐したとある。

また、一九〇八年五月三日の「第一号　韓駐軍在鏡城東部守備司令官報告の件」に「慶興守備隊の下士以下を五十名に増加し新阿山《シナサン》に一分隊の分遣哨を出さしむ」（アジア歴史資料センターより）とあるように、韓国駐箚軍は交代制で師団は入れ替わっても、抗日義兵の鎮圧と中・ソ国境警備のための北部の強化体制は、以後ひきつづき維持されていった。

一九二一年陸軍の「大正十年軍備充実要領」によって、第十九師団の歩兵第七十三連隊と第二十師団の歩兵第七十七連隊が増員され〔朴廷鎬二〇〇五〕、十一月には国境守備隊の強化のため二一〇人の兵力を配置したが、そのうちの半数以上の一四〇人が咸鏡道に割り当てられたのだった〔辛珠柏二〇〇四〕。

一九二二年と二三年に「山梨軍縮」、二五年に「宇垣軍縮」が実施されたが、陸軍の植民地朝鮮の軍備を増強したいという方針は一貫していたため、再び平時編制より定員を高く設定した高定員制を復活させることでその目的を果たそうとした。それは何より国境守備強化のためであった。そして陸軍大臣宇垣一成は「宇垣軍縮」発表前の一九二四年十一月、「第十九、第二十師団歩兵連隊増加定員充足に関する特別規定」を発し、歩兵第七十四連隊と第七十七連隊の定員を大きく増強した〔朴廷鎬二〇〇五〕。結局、朝鮮軍の縮小計画は南部地方の守備隊を撤廃しただけで、国境守備隊を増強し咸鏡道に三つ、平安北道に二つの国境守備隊を再編配置したのである〔辛珠柏二〇〇四〕。

一九二六年六月、国境警備をさらに強化するため守備隊を常設部隊として再編し責任区域の細分化も行い、第二守備隊の警備区域を第二守備隊（鐘城方面）と第三守備隊（茂山方面）の二つに分割・新設した（一九五ページ図1参照）。「第十九師団歩兵連隊増加定員配属換並朝鮮軍司令部編制改正に関する意見提出の件通牒」（一九二六年六月十五日、アジア歴史資料センターより）の詳しい配備区分表によると、第十九師団下では第一国境守備隊が歩兵七十六連隊からの派遣部隊で、本部を慶源に置き龍峴《リョンヒョン》、慶興、新阿山《シナサン》に、第二国境守備隊は歩兵第七十五連隊から編制され本部を置かずに穏城《オンソン》と鐘城《チョンソン》に、第三国境守備隊は歩兵第七十三連隊からの部隊で茂山《ムサン》の本部のほか三長《サムジャン》に、第四国境守備隊は歩兵第七十四連隊からの部隊で恵山鎮《ヘサンジン》の本部のほか新乫波鎮《シンガルパジン》にそれぞれ配備された。第二十師団下の第一国境守備隊は歩兵第七十七連隊からの部隊で江界《カンゲ》に本部を置き厚昌《フチャン》、中江鎮《チュンガンジン》、慈城《チャソン》、満浦鎮《マンポジン》に、第二国境守備隊は歩兵第七十八連隊の部隊で新義州《シニジュ》に本部を置き渭原《ウィウォン》、楚山《チョサン》、碧潼《ピョクトン》、昌城《チャンソン》に配備された。朝鮮軍・国境守備隊配置図をみても明らかなように、中ソ国境に接する東北部に配備が集中している。一九二〇年代以降は特に、豆満江《トゥマンガン》対岸の中国間島《かんとう》地区を中心に抗日独立闘争が盛んになることで、国境警備は一層重要視され、それまで朝鮮軍内でのみ認める臨時部隊の性格を帯びていた国境守備隊も、一九三五年に陸軍中央から正式承認を受けるようになった。

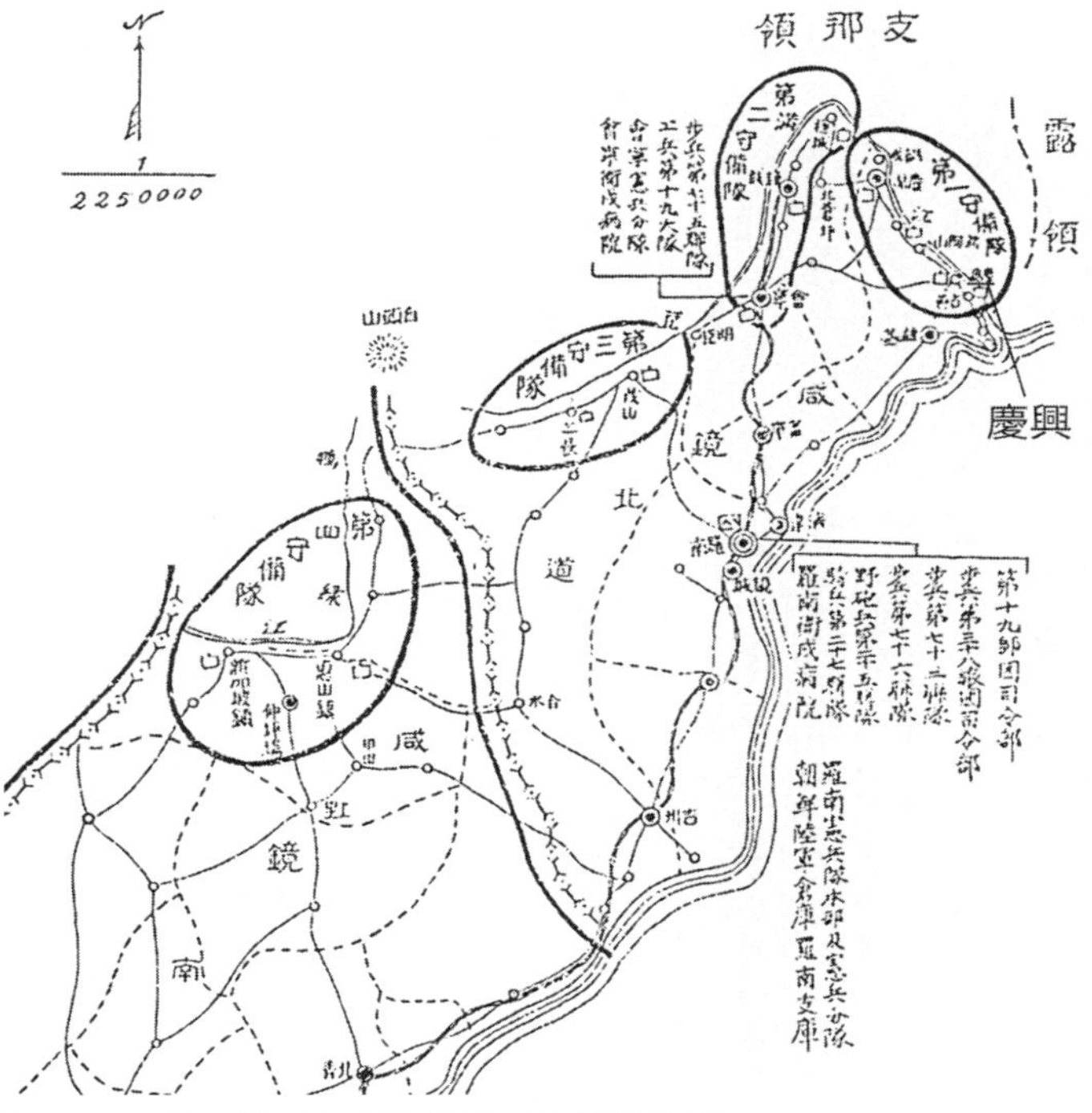

図1　1930年7月の第19師団下国境守備隊配置図
(『歩兵第七十六聯隊秘録』1995年。加工筆者)

　一九三七年「朝参密第三五八号国境守備隊編制改正要領」によって国境守備隊の改編が行われ、翌年四月ほとんどの国境守備隊が中国領の琿春《こんしゅん》に集結した(「国境守備隊、之に伴ふ部隊を含む、編制改正概況の件報告」一九三八年五月十二日、アジア歴史資料センターより)。これは満州事変後日本の軍事力を脅威としたソ連が極東地域の軍備を強化し始めたことにより、琿春が対ソ作戦上の重要な拠点となったからである。琿春は中国領でありながら防衛は朝鮮軍が担当する琿春派遣隊が編制配置され、当初は「匪賊《ひぞく》討伐」に重点を置いていた部隊だが、のちに対ソ作戦を重視するようになっていった〔戸部二〇〇五〕。

国境守備隊改編でほとんどの部隊が琿春に移動・廃止されるなか、唯一歩兵第七十六連隊隷下の国境守備隊があらたに編制された。本部は慶興に置き、以下新阿山、古城《コソン》、慶源に小隊を配置した。また、新義州には「時局柄警備の為部隊を必要としたるを以て当分」のあいだ新義州警備隊を置くことにした（「国境守備隊之に伴ふ部隊を含む編制改正概況の件報告」一九三八年五月十二日、アジア歴史資料センターより）。このように新義州、そして特に慶興が国境警備の重要な拠点として残されたのである。

慶興には「韓国併合」当初から憲兵隊も設置された。「併合」直前の一九一〇年六月の勅令を受けて七月二十九日（『憲兵隊歴史』）に早くも朝鮮各道に一憲兵隊が設置されるが、咸鏡北道には鏡城《キョンソン》憲兵隊が創設され、その管下には羅南《ラナム》、吉州《キルチュ》、富寧《プリョン》、会寧《フェリョン》、茂山、そして慶興にも憲兵分隊が置かれた。一九二〇年「鏡城憲兵隊」が「羅南憲兵隊」に改称し本部も羅南に移り、その二年後には編制が改正され慶興憲兵分隊は憲兵分遣所に降格されるが、一九三七年の編制改正では再び慶興憲兵分隊に昇格している。

咸鏡北道は憲兵隊の数が他の道よりも著しく多く、一九一八年の状況をみると憲兵隊員一人に対する人口が朝鮮全体で一二八六人であるのに対して、咸鏡北道は五三三名と、倍以上も多い比率となっている〔松田二〇一五〕。こうした国境地帯の憲兵の活動は①中国領を根拠地とする排日勢力警戒とともに、②清国・中国側の官憲・軍と警察、③朝鮮人の国外移住、④中国官憲の中国領内朝鮮人への圧迫などの動向にも注意が向けられていた。そして、一九一〇年の「併合」後増加を続けた、国境対岸への朝鮮人の国外移住の阻止と、対岸地域に対する内偵や組織的調査、そして守備隊とともに必要に応じて国境を越えて対岸へ出動し警察活動・軍事行動を行うことを基本的な枠組みとしていた〔松田二〇一五〕。慶興を含む朝鮮半島北端地区が中ソ国境に接した国境三角地帯として、国境警備とともに対ソ作戦・諜報活動が憲兵隊の重要な任務とされていた。

また一九二〇年代は「赤露の活動も亦各方面に対して侵入しつつある」と社会主義思想流入への警戒を高めていく〔朴廷鎬二〇〇五〕。豆満江沿岸の間島をはじめとする中国東北地方は抗日独立運動の拠点であるため、特に川が凍結する冬季には豆満江を容易に渡ってこられるので、憲兵隊は河岸で二十四時間体制の厳重警備を行った。

慶興の警戒態勢は一般住民にも影響を与えている。一九三九年九月一日、あらたに施行された「国境取締法」は慶興をその対象地域とし、住民は慶興を出るときは身分証明書の携帯・提示が義務付けられた。

一九三九年七月二十七日付の『東亜日報』は、「咸鏡北道慶興東南方の出入りは総督許可必要　制限区域居住者は身分証明書必要」という見出し記事で「陸接国境間の機密を確保するため」の国境取締法が議会を通過したと報じている。また、「出入の許可を得ようとする人は本籍、住所、氏名、職業、年齢、出入時期、その場所、その方法、携帯品の種類数量、写真などを明らかにし、出入制限区域と近接地内の居住者は一定の身分証明書を持たなければならない」などの詳細事項を紹介し、さらに「同令を適用するに従って相当な警官もさらに配置することになるだろうし、赤魔防止に鉄壁の防御（鉄甕城）を築くことになるといっている」（原文ハングル、

(二)　昭和十四年七月二十七日

咸鏡北道慶興東南方의
出入은總督許可必要
制限區域居住者는身分證明書必要
九月一日부터國境取締法施行

図２　「咸鏡北道慶興東南方の出入りは総督許可必要」の見出しの1939年７月27日付『東亜日報』の記事

訳引用者）と締めくくっている。「赤魔」とは抗日独立運動家、特に社会主義・共産主義者を指し、記事はこの国境取締法の目的が機密保持と抗日独立運動家対策にあったことを伝えている。

慶興は国境警護の要所であったが、先の憲兵隊員の回想にもあったように繁華街などは何もなかったため、住民は休日になるとよく阿吾地《アオジ》まで出かけたという。

慶興からの引揚者である中村登美枝（一九二六年生、旧姓香川。二〇一五、一六、一七、一八年インタビュー）は休日にはバスでよく阿吾地に行き、美容院で髪をととのえたり映画館に行ったり買い物をしたりしたが、そのときは必ず身分証明書を携帯したと話す。バスは慶興を出るときも戻るときも、慶興手前の下汝坪《ハヨピョン》でかならず停車して、乗客全員の身分証明書を警察官に提示しなければならなかった。小さな田舎町で警察官と乗客の多くが顔見知りだったが、それでも必ず身分証明書の提示が求められ、携帯していない場合はバスを降ろされ、慶興から出ることが許されなかった。

(2)　軍需工場の町灰岩と遊廓

中村が話していた阿吾地は、実は阿吾地駅のことではなく灰岩《フェアム》駅周辺の繁華街のことをさす。慶興の人たちはバスで阿吾地駅まで行き、そこで私鉄に乗り換えて一駅先の灰岩駅まで行った。灰岩（現慶興）は阿吾地邑内にあり、灰岩の先の梧鳳《オボン》一帯が朝鮮有数の石炭埋蔵地で、「阿吾地炭田」と呼ばれたため、同炭鉱地区全体を阿吾地ということもあった。

灰岩は、一九三六年に、石炭を液化して石油に代わる燃料を得るための「朝鮮人造石油工場」が建設されるにともない開発された。同工場は「本邦に於ける石炭直接液化工業は昭和九（一九三四）年秋、海軍燃料廠に於ける半工業的連続運転の成功により海軍所有の特許権並に技術を以て企業」できる水準に達したが、「昭和十一年春朝鮮石炭工業株式会社社長野口遵氏は、日本窒素創立三十周年記念事業として、自発的に朝鮮阿吾地に於て液化事業の企業を決意し、海軍指導の下に右海軍の特許、技術、並に会社独自の考案を融合し、純国産技術を以て差当り年産五万トンの工場の建設に着手し（中略）遂に本年二月末より総合試運転の予行を実施せるに、経過極めて順調にして優良なる液化油の出油を見たるを以て、去る十六日より本格的総合試運転を開始するに至」った（「朝鮮石炭液化工業の輝かしき成功　社説」『京城日報』一九三八年四月五日付、神戸大学新聞記事文庫より）。このように、朝鮮人造石油工場は海軍の指導のもと海軍の特許と技術を取り入れた軍需工場として、朝鮮で最初に設置された石炭液化工場だった。

　阿吾地炭鉱は一九三〇年代初頭では採掘区域も「竜淵洞《リョンヨンドン》及梧鳳洞（貴洛《クィナク》）の二区のみにして而もそれらは単に一僻村阿古《ママ》地の暖房用として随時供給せられたる程度」（満鉄調査課『吉会予定線地方鉱山調査報告』、満鉄州鉄道株式会社、一九三一年）だったが、石炭液化工場建設にともなう開発によって、一九四〇年には朝鮮最大の炭鉱に成長し、採掘場所も灰岩、貴洛《クィラク》、梧鳳、太陽《テヤン》、露頭《ロドウ》の五ヶ所（「慶興郡」、韓国学振興事業団成果ポータルより）になり、鉱夫の数も年々急増していった。灰岩は、まさに軍需工場によって開発された植民地工業都市であった。

　灰岩駅前は商店が連なり映画館や料亭などもあった。商店街の先は日本人用の社宅が整然と建ち並び、近代的な住宅施設は内地にはない快適さで、水道はもちろん「水洗トイレにスチーム暖房、炊飯は電熱器でと住宅設備が整い、生活用品、魚菜類等の販売所、喫茶店、共同浴場、病院、テニスコートと生活環境にも恵まれ現代とあまり変わらない生活を」していた（阿吾地会『昭和二〇年八月九日―阿吾地・灰岩尋常小学校』二〇〇四年）。

　その先を流れる川を渡ると朝鮮人用社宅があったが、同じ社宅でも設備は大きく劣っていた。スチームではなく粗末なオンドルで、水道も通っていなかった。さらに中心から外れた周縁には、主に朝鮮人炭鉱夫たちの貧しい

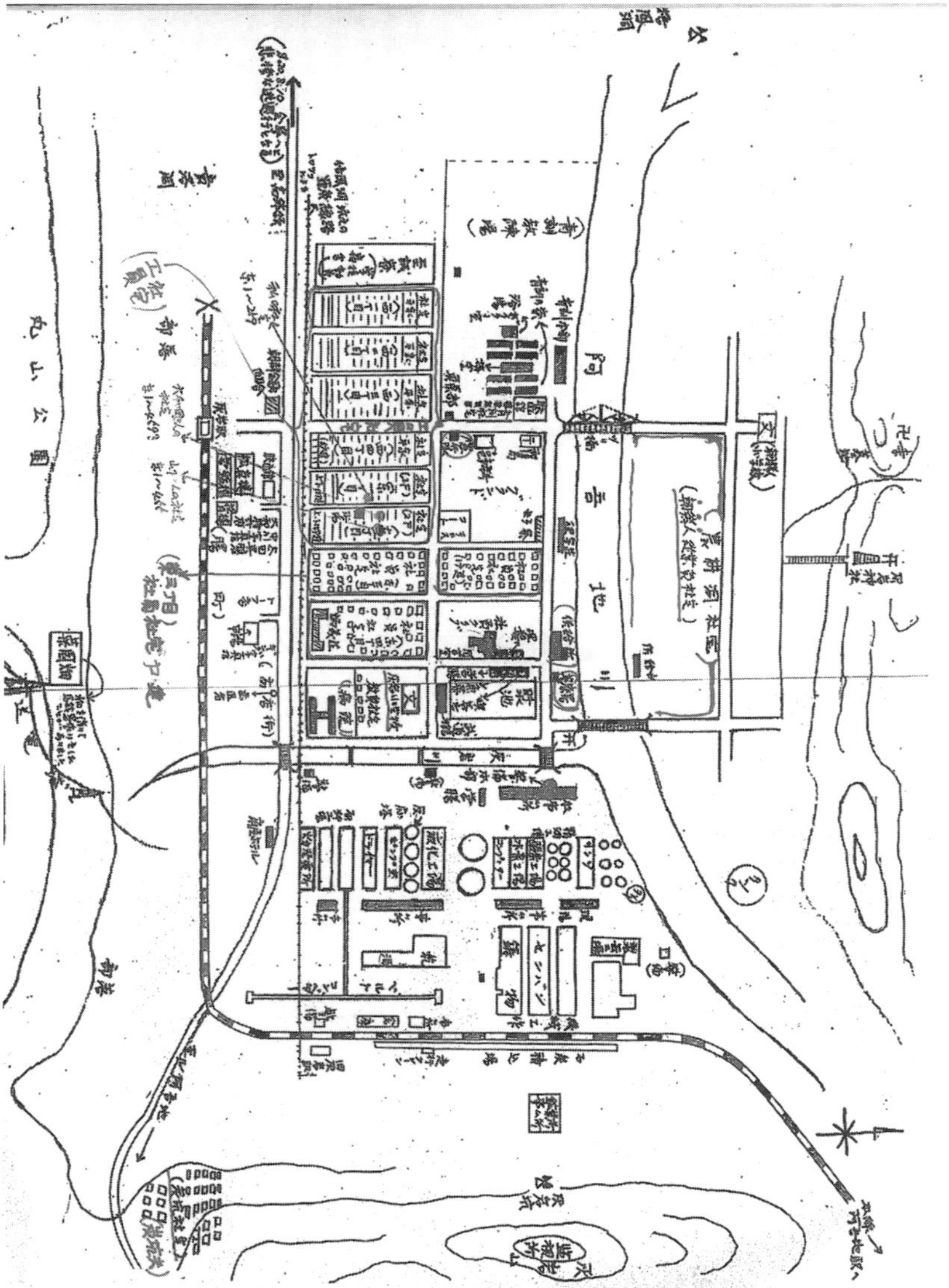

図3　灰岩市街図（木村親孝提供）

家々が並ぶ朝鮮人集落があった。このように灰岩は、街の中心に日本人のための日本人街が作られ、川を隔てた地区に、あるいは中心から離れた周縁に朝鮮人が追いやられる形で住まわされるという、典型的な植民地民族隔離形の町だった。

阿吾地の引揚者・木村親孝　一九三二年に青森県で生まれ五歳のとき家族と共に朝鮮北部の西水羅《ソスラ》に移住し、小学校一年の二学期から灰岩小学校に転校した木村親孝《ちかたか》（旧姓山下。二〇一六、一七年インタビュー）は、朝鮮人ばかりが暮らす集落の様子をよく覚えている。もともと大工だった父親は朝鮮人造石油の木工所の責任者として勤務するようになったのだが、なぜか灰岩に移転すると日本人社宅に入らず、朝鮮人集落の粗末な民家に居を定めた。土壁がむき出しの粗末な家に住んだ木村は、日本人の男の子たちのように半ズボンをはかず、朝鮮人の子どもたちと同じ長ズボンをはいて、朝鮮人市場に通ったり、朝鮮人の子どもたちともよく遊んだりした。そのため、多く日本人植民者たちが朝鮮にいながらにして、朝鮮人の暮らしを知らず朝鮮語も知らないまま暮らしたのとは違い、朝鮮人の暮らしに触れ、最低限の朝鮮語も話せるようになった。

木村は、朝鮮人に対する日本人の態度が、非常に傲慢で横暴だったという。「当時は身分の低い教養のない日本人より低い民族がいる、それが朝鮮民族だと教えられたんです。どんなに貧しくてもどんなに教育が低くても、大和民族がいちばん優秀で、朝鮮人や支那人《ママ》は程度の低い民族なんだと。そうして日本人は威張っていたんです」と語った。

特に、炭鉱の坑道で火災が発生したときのことが忘れられない。坑道内に朝鮮人炭鉱夫が残っていたにもかかわらず、会社側は救助しようとせずに坑道の入口を塞いだのだ。この事故で息子を失った一人のオモニが、大地を叩いて慟哭していた姿が、目に焼き付いて離れない。木村は「坑道に入るのはみんな朝鮮人で、日本人は現場監督し

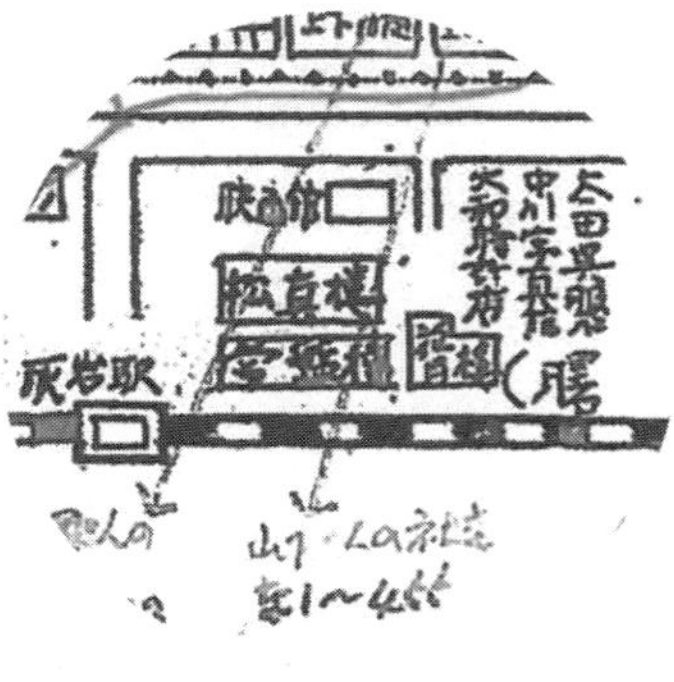

図4　灰岩市街図に示されている遊廓

松真楼、常盤楼、花月楼がみえる。

かやらない。そうやって日本人は汚くて危険な仕事に朝鮮人を送り込んだ」とも話した。

木村の家族はこの土壁の家には長くはいなかったが、次は日本人住宅とは川を挟んだ北側にあった朝鮮人社宅に住んだ。そこは工場の朝鮮人従業員社宅で炭鉱夫たちの暮らしよりはましだったが、後に日本人社宅に移り住んでから、朝鮮人の暮らしがどれほど不便で貧しかったかを知ることになった。また、日本人街は朝鮮人街とは別世界のように賑わっていたが、木村は日本人の子どもたちとはなじめず、いじめられた記憶が先に思い浮かぶという。それは、身体が華奢で病弱だったため体育も軍事教練も見学することが多く、戦時に求められた逞しく勇ましい軍国少年に程遠い存在だったからだと思っている。

日本の植民地都市には「神社・遊廓・軍隊を欠かすことができなかった」〔橋谷弘二〇〇四〕といわれるように、灰岩にも神社と憲兵隊、そして遊廓もあった。木村自身も駅からほど近い一角に遊廓があったことを覚えている。市街図にも、駅前に貸座敷と思われる屋号の松真楼、常盤楼、花月楼の三つが確認できる（図4）。

一九四五年八月九日のソ連軍攻撃とともに灰岩の日本人も避難を始め、木村の家も灰岩から会寧を経て古茂山近くを数日さまよったあげく、元いた場所に戻れというソ連軍の指示を受けて、八月末ごろ再び灰岩に戻った。戻ったといっても日本人社宅に戻れたのではなく、避難民として元朝鮮人社宅に収容された。短い秋が過ぎ零下の冬が訪れるころ、スチームも水道もない朝鮮人社宅で、凍りついた井戸を砕いて水を汲む暮らしを送るようになったとき、木村は、敗戦前まで日本人だけが豊かさを謳歌し、朝鮮人にはどれほど苦しい生活を強いていたかということを思い知ったという。そして食料もなく寒さと飢えに耐えながら、親孝少年も他の少年たち同様に阿吾地周辺の朝鮮人農家に物乞いをして歩いたが、朝鮮人集落に暮らしたときに覚えた朝鮮語が、少なからず役に立ったのだった。

そんなある日、ソ連兵が収容所に女性を差し出せとやってきた。その時、父が片言のロシア語でとっさに駅前に遊廓があるのでそこに行けと話すと、ソ連兵は素直に収容所を後にした。木村によると、一部の遊廓の女性たちが避難せずに残っていて、ソ連兵の相手をしてくれたので、避難民女性は助かったとのことだった。

しかし、遊廓の女性も通常は日本人避難民として収容所生活をしたはずであり、遊廓に日本人女性が残っていて経営が続けられていたということはなかったであろう。仮に経営していたとしても、各地で強姦事件を多発させていたソ連兵がお金を払って遊廓を利用したとは考えられない。もしかしたら、元遊廓の女性が誰なのかを知らされ、その女性を連れて行ってソ連兵の相手を強要したというのが事実ではないだろうか。

避難時、元娼妓たちがソ連兵に差し出されたという話はほかでも聞かれる。そこには、売春を商売にしていたのだからソ連兵の相手をさせても構わないだろうという偏見がある。遊廓の女性たちの多くは貧しい暮らしの中で巨額な借金を抱えている場合が多く、売春は借金を返すという目的と理由があるからこそ、やむをえない「商売」と自身を思い込ませて、耐えてきたのではないだろうか。借金のために稼がなければならないというたった一つの目的さえもなくなったとき、以前と同じように割り切って売春を受け入れることができただろうか。しかも日本が戦争に負けたことによる不安と恐怖は、他の日本人と変わらなかったはずだ。そうした不安におびえ、目的すら持てない状況に置かれながら、同胞から見放され切り捨てられたとするなら、彼女たちはより大きな苦痛と恐怖、屈辱感を抱いたであろう。

(3)　慶興の慰安所

料亭「常盤」　慶興に灰岩のような遊廓があったという記録は見当たらない。産業といえば豆類の農業が主で、豆満江で漁業も行われていたが規模は小さく、ほかにこれといった産業もなく(『慶興郡誌』)、繁華街や娯楽といえるようなものもなかったといい、遊廓があった可能性も低いだろう。

図5　中村登美枝（2017年撮影）

ところが、こうした寒村の慶興に「慰安所」があったという証言が、二〇一五年秋ごろ「戦争と女性への暴力」リサーチアクションセンター（VAWW RAC）に寄せられた。証言をしてくれたのは、朝鮮の雄基で生まれ、後に慶興に移って一九四六年に日本に引き揚げてきた中村登美枝である。さっそくVAWW RACの小野沢あかね、金富子とともに自宅を訪ねた。その後五回、計六回の聞き取りを行った（一、二回目は小野沢・金富子・金栄が、三〜六回目は金栄が聞き取りを行った）。

中村登美枝は朝鮮の咸鏡北道慶興郡の雄基で、一九二六年に四人兄弟の二番目、次女として生まれた。父は広島県出身で雄基電気株式会社に勤めていた電気技師であり、母は自宅で雑貨店「飾り屋」を商っていた。母は登美枝が四歳のときに結核で亡くなり、妹も生後一歳で死亡する。さらに一九三七年には四歳年上の姉も結核で亡くなってしまう。

妻と娘二人を亡くしてすっかり傷心した父は、雄基の家が「不幸を招く家相なのではないか」として同地を離れることを決心し、以前に購入しておいた土地があった慶興に移り住んだ。一九三八年四月のことである。

同年はちょうど守備隊改編が行われ、新たに編成された歩兵第七十六連隊下の国境守備隊本部が慶興に置かれた年である。中村はこの第七十六連隊守備隊のことを「慶興守備隊」と呼ぶ。

中村の慶興の初印象は、主な機関といえば守備隊、憲兵隊、警察、郵便局くらいで、ほかにこれといった施設もない小さな集落であり、毎朝、守備隊から聞こえる起床ラッパの音で目覚めたのを懐かしく思い出すという。

一九三八年七月、朝ソ国境地帯の張鼓峰で大規模な軍事衝突事件「張鼓峰事件《ちょうこほう》」が起こる。「慶興憲兵分隊は一時戦闘指令所となり、第十九師団長尾高中将がここに」いたため慶興橋と憲兵分遣隊庁舎も砲撃を受ける（『羅南憲兵隊史』）など、慶興も戦闘地区に含まれた。この時、中村の自宅の空き部屋が軍に接収され、最初は羅南の部隊本部が入り、後からは関東軍の経理部本部に使われ、部隊は秋ごろ帰隊したという。

翌年の一九三九年、中村は女学校進学のため、父の故郷である広島に行き呉精華技芸女学校に入学し、四年後の一九四三年に卒業して慶興に戻って郵便局に就職した。その時、懐かしい守備隊の起床ラッパが聞こえなくなっていた。この時期、守備隊のほとんどが南方のトラック島へ移動し、通信隊などわずかな留守部隊が残っていただけだった。

翌年の夏、兵隊の慰問のため婦人会で盆踊りを披露することになり、料亭「常盤」に踊りを習いに行くことになった。常盤は慶興で唯一の料亭で、建物は平屋だが、はじめて足を踏み入れた室内はたいそう立派にみえた。中に入ると廊下の左側が広間になっていて、そこで芸者に踊りの稽古をしてもらった。その時、広間の向こう側のふすまが少し開いていて中の様子がちらっとみえた。そこには真っ赤な緞子《どんす》の厚い布団が敷いてあった。質素倹約が求められていた戦況厳しいその時に緞子の布団など、庶民には考えられないぜいたく品である。登美枝は驚いて帰宅後母に尋ねると、母は「淫売」しているからと言った。以前から常盤は軍人を主な客としていて、第十九師団司令部と第七十六連隊本隊がある羅南から将校らが来たときに接待する料亭だと聞いていたが、実際は将校相手

図6　中村登美枝の証言と現地調査をもとに再現した植民地期の慶興市街図（作成筆者）

図７　現在の慶興全景（2018年撮影）

の売買春施設としても利用されていたのではないかと、中村は考えている。

常盤は年配の日本人女性が経営していて、芸者は四人くらいいたようだ。母は、芸者たちは皆きれいな標準語を話しているが日本の東北出身で、身売りされたかわいそうな女の人たちだということを話した。

民家に設置された慰安所

ちょうど同じころのことである。中村はお米の配給所近くの路地で、ある民家の前に兵士がずらっと並んでいるのを目にした。その様子がとても異様で違和感があった。朝鮮の民家はふつう石を積み上げた塀に囲まれていて、中庭が見えるくらいの高さであるのに、その家は、板塀が高くまわりを囲んでいて中が見えないようになっていたからだ。また兵士たちがみなゲートルを外して並んでいるのも奇異に映った。母に尋ねると、そこも「淫売」する所だと説明したのだった。

一九四五年の正月の雪深いある寒い日、赤や黄色の華やかなチマ・チョゴリを着た女性二人が自宅前を通りかかるのを、母が目にした。そして母は二人を呼び止めて家に招き入れた。母もきれいなチマ・チョゴリが珍しかったのだろう。勝手口から入って来た二人に、雑煮をもてなした。中村が勤めから帰ると、母は、真っ白い雪景色に映える色鮮やか

図8　キム・ヨンスク（2018年撮影）

なチマ・チョゴリの美しさに目を奪われたと話した。だが、その話を聞いた中村は反感を抱いた。通常、朝鮮人は質素な白いチマ・チョゴリを着ていたし、日本人女性はモンペ姿でなければならない戦時中である。皇国少女としての意識が頭をもたげ、いくら正月とはいえ、そのように派手に着飾って歩くなど、非国民だと眉をひそめた。後から、二人が米の配給所近くの「淫売所」のかわいそうな女たちなのだと、母から聞かされた。

　中村は当時、慰安所という言葉は聞いたことがないが、のちのち慰安所について知るにつれて、自分が目撃したその民家が間違いなく慰安所であり、色鮮やかなチマ・チョゴリ姿の二人は「慰安婦」だったのだと確信するようになった。

　また、中村によると、軍医による性病検査も行われていた。ある日の早朝、軍医が自宅に立ち寄ったことがあった。軍医は七七二部隊所属の医師だったという。七七二部隊とは、慶興の豆満江対岸に位置する中国領の五家子《ごかし》の警備にあたっていた部隊で、一九四〇年に編制された「満州方面部隊第九国境守備隊」の通称である。

　慶興には日本人医師免許を持つ公医は一人しかいなかったので、緊急時には七七二部隊の軍医に治療を頼むこともあったという。以前、伯母が胃痙攣をおこしたときも公医が村に不在だったので、母がこの軍医に往診を依頼したことがあった。そうしたことから母と顔見知りになっていたため、その日の朝、軍医が自宅に立ち寄ったのだろうという。そして、母がお茶を勧めながらどこへ行くのか尋ねると、軍医は梅毒の検査しに行くところだと答えたのだった。

　二〇一七年八月、朝鮮日本軍性奴隷及び強制連行被害者問題対策委員会（朝対委）に慶興の現地調査を申請して

図9　現場の説明をする証言者たち（2018年撮影）

いたが、約半年後、九十三歳の証言者を発見したという連絡を受け、二〇一八年の六月末現地に飛んだ。そして、一九二五年生れのキム・ヨンスクと、親から当時の話を聞いたという四人にインタビューを行った。

キム・ヨンスクは当時の朝鮮女性としては珍しく小学校六年まで学校教育を受けている。卒業後は日本人雑貨店の牟田商店で掃除をしたり薪を集めたりする雑用の仕事をし、十五歳のとき両親とともに灰岩に移ったあとも建設事業所に小間使いとして働いた。その時、たまたま手伝った計算の能力を買われて簿記を習い、以後簿記の仕事を続けてきたという女性である。ちなみに牟田商店は、中村も毎日のように買い物に利用していた商店で、店番をしていた朝鮮人少女がいたと話していた。二人は顔を合わせていたかもしれない。

慰安所はキム・ヨンスクの自宅前の坂道を下った途中にあった（二〇六ページ図6）。地図で確認すると、中村が証言した、まさにその場所だった。キム・ヨンスクは、家が慰安所より高台に位置していたため、慰安所の建物の様子や前庭を塀越しに見ることができたし、慰安所の前を日常的に行き来していたのだ。

キム・ヨンスクが慰安所の女性を初めて目撃したのは十三歳になる一九三八年ごろ、中庭で十七〜十八歳から二十歳くらいの女性三〜四人が日向ぼっこをしていた。女性たちは髪はぼさぼさで、粗末な白のチョゴリにパジ（ズボン）を履いていたが、そのパジが年配の男性や死者を送るときに履かせるチャッパジだった。チャッパジとは、いちいち脱がなくても用が足せるように作られた腰巻式のズボンである。中村の母は、正月にきれいなチマ・チョゴリ姿の「慰安婦」を見たと話していたが、彼女たちは、ふだんは粗末なチョゴリとチャッパジを身に付けていたのだ。

慰安所の建物は平屋の民家風で小さい部屋が五つくらい並んでいて、部屋の扉にはそれぞれ女性の写真が貼ってあった。経営者は朝鮮人男性で、いつもスーツを着ていたのを覚えている。彼は村人が女性たちと接触しないように厳しく警戒していたので、村の人たちは怖がって近づけなかった。

中村は一九四五年より前に慰安所を見たことがないと話したが、キム・ヨンスクの証言から一九三八年ごろすでに慰安所が設置されていたことがわかった。

キム・ヨンスクは夜軍人が出入りするのを見たが、チェ・チャンサム（一九四五年生）とキム・ジャミョン（一九四六年生）は、昼間兵士が並んでいたという話を親から聞いている。植民地解放後、その建物は収売所《スメソ》（リサイクル品買取所）として使われていて、以前そこは慰安所だったと親が話していたのだ。キムとチェの親だけでなく、そこが慰安所であったことを村のほとんどの人が知っていて、村人はそこを「妓生チプ（家）」と呼んでいた。

チェらは、軍人が通う妓生チプは城壁（市街図参照）の外にもあったと話した。聞くと、戦争末期に「ヤツメ会社」になったという。中村が話していた「水産会社」も八つ目ウナギ専門の会社である。つまり、城壁外の妓生チプは、料亭常盤のことだった。

日本敗戦後、慰安所の女性たちはいつの間にかいなくなった。経営者が連れて行ったのか、ちりぢりになっていったのかわからない。

非戦闘地の慰安所

朝鮮領内には遊廓があるから慰安所はなかったはずだとする見方がある。しかし、朝鮮領内の慰安所に連れて行かれたという証言（韓国の「慰安婦」被害者の尹頭利《ユンドゥリ》は釜山に、DPRKの李京生《リギョンセン》は仁川に、その他雄基、恩徳郡、清津、昌原、木浦に連れて行かれたという被害者証言がある）や、国境守備隊の基地内慰安所に連れて行かれたという証言がある（DPRKの鄭玉順《チョンオクスン》は恵山鎮国境守備隊の慰安所に連れていかれたと証言している）。また、朝鮮軍の国境守備隊基地の慰安所という意味では、中国の琿春と五家子《ごかし》にあったことが明らかになっている。

琿春憲兵分隊員であった畑谷好治は自著で「私が赴任して一年程の間に三軒の慰安所が新規開業した。琿春は国境の特殊地帯であるために住民は居住証明書を所持せねばならず、初めて入琿する慰安婦たちは憲兵隊に出頭し、慎重な身上調査を受けた後、身分証明書の交付を受けていた」と記している（『遥かなる山河茫々と』二〇〇二年）。また、関東軍工兵第一三四連隊（通称第七三三部隊）の一等兵だった島本重三は「兵隊専用のピー屋（慰安所）は琿春の町に五軒散在していた。一軒の店に一〇人ほどの女がいた」（『私たちと戦争〈二〉戦争体験文集』一九七七年）と語っている。

韓国の「慰安婦」被害者の金君子《キムクンジャ》（一九二六年生）は、数え十七歳（一九四二年）の三月、巡査だった養父に騙されて琿春の慰安所に連れて行かれている（以下『強制的に連行された朝鮮人軍慰安婦たち三』より、一九九九年）。

金君子の証言によると、琿春の慰安所は「キンカク」といい、二階建てで中庭を囲むようにして建てられており、一階に部屋が九つ、二階も同じように九つくらい部屋があった。経営者は夫婦と思われる朝鮮人男女で、女性のほうは三十五〜六歳くらいだったが、慰安婦たちが抵抗すると容赦なく暴行を加えたという。

君子は一階の一室に入れられ、名前を日本読みの「キミコ」、あるいは部屋番号と思われる「九番」と呼ばれるようになる。そして二日後の夜、初めて軍人の相手をさせられた。三十歳くらいの軍人は将校だったが、君子は抵抗して両頬を数回殴られ、右耳の鼓膜が破れた。君子の慰安所生活はこうして始まり、平日の夜は将校が、土曜の午後と日曜は朝から大勢の兵士がやって来るようになった。兵士たちは集団でやって来ると事務所に寄ってから、部屋の前の庭に並んで順番を待っていた。

軍人にはコンドームが配布されていたが、破れることもあったし最初から付けない兵士もいたため、妊娠したり性病に感染することもあった。妊娠すると経営者が流産させていて、君子自身も流産させられたことがあった。また、性病に感染して梅毒薬の六〇六（サルバルサン六〇六号）の注射を受けたこともあった。性病検査は定期的に行われていて、毎週金曜に軍人のトラックで基地内の病院に連れていかれ、軍医が検査を行った。

琿春でのこうした生活が一年半くらい過ぎたころ、君子は七人の女性とともにトラックに乗せられ、五家子の慰安所に移された。五家子の慰安所は古びた感じの平屋で、普通の民家のようだった。部隊が駐屯する基地から少し離れたところにあり、性病検査のときはやはり基地まで行って検査を受けた。そこでの生活も琿春のように、主に土曜と日曜に軍人がやって来た。

それから一年半後、突然日本の敗戦が訪れた。ある日軍隊は撤退し、慰安所経営者は好きなところへ行けと言うだけでお金は一銭も渡されずに放り出され、自力で故郷に戻った。

琿春や五家子のような中国領の国境守備隊基地に慰安所があった証言は多数存在する。このことからしても、豆満江一つ隔てた朝鮮内の軍基地付近にも慰安所があったことは十分考えられる。将校相手の「料亭」が一軒あっただけで、一般兵士が利用しうるような遊廓もなかった軍隊の町に慰安所があったと見るのが、むしろ妥当ではないだろうか。先述した鄭玉順が連れて行かれた恵山鎮の守備隊基地はじめ、他の朝鮮領内の国境守備隊基地や付近にも慰安所があった可能性は否定できない。

日露戦争後、軍隊にともなう形で日本式公娼制が本格的に朝鮮に導入され、軍基地周辺をはじめとした朝鮮各地に占領地遊廓が生まれ植民地遊廓へと展開した。それはのちの慰安所制度につながるシステムによって運営されたのであり、その延長線上に、ここ慶興の慰安所もつくられ、運営されていたのである。

あとがき

本書は、十九世紀後半から二十世紀前半まで、帝国日本がどのように朝鮮各地に植民地遊廓をつくっていったのかを、日本の軍隊に注目しながら検討したものである。

一九九一年八月十四日に韓国の「慰安婦」被害者である故金学順が初めて告発してから、日本軍「慰安婦」問題は広く注目を浴びた。その後、飛躍的に研究が進み、「慰安婦」制度とは旧日本軍が一九三二年以降に創設・管理・運営した制度であったことが実証された。これに影響をうけ、「慰安婦」制度の歴史的前提として、帝国日本が日清・日露戦争と植民地化のなかで居留地、占領地や植民地（朝鮮、台湾、「満洲」など）に持ち込んだ日本式の公娼制に関する研究も盛んになり、日本軍との関係も指摘された。しかし、「慰安婦」被害者に対しては旧日本軍・日本政府の責任が問われたのに対して、植民地公娼制下の娼妓や性売買女性たちの実態に対する関心や、植民地支配責任を問う声は決して多くはなかった。また、植民地都市別に日本軍駐屯や植民地支配のあり方が日本式遊廓の形成・発展とどのような関係があるのかも具体的に明らかではなかった。

一九九〇年代から「慰安婦」問題に取り組んできた著者二人は、こうした問題意識をもって、二〇〇〇年代初めから韓国および朝鮮民主主義人民共和国（以下、ＤＰＲＫ）にあるかつての植民地都市に関する文献調査、現地踏査やインタビューなどをそれぞれ重ねて来た。その成果の一部は公刊された（後述）。本書は、その続きであるともに、主に二〇一〇年代に行った研究の成果である。特徴は、朝鮮最大の遊廓があった植民地大都市の京城（現・韓国ソウル、第Ⅰ部）、朝鮮北部（現・ＤＰＲＫ）にあった植民地軍事都市の咸興と慶興を新たにとりあげ（第

Ⅱ部）、植民地遊廓と同地に駐屯した日本軍および植民地社会との関係を明らかにしようとしたことだ。

本書を書き終えて実感したのは、朝鮮の植民地遊廓とは、日本人軍人を含む在朝日本人男性のために、日本人娼妓と朝鮮人娼妓という二つの民族の女性の身体が提供された性的施設だったことだ。ただし、植民地期（戦時期を除く）を通じて日本人の貸座敷業者や娼妓の数が優勢であり、娼妓の身体の価格や待遇にも民族の序列があった。植民地遊廓は、それ以前の居留地遊廓、占領地遊廓を経て、一九一六年の朝鮮軍（第十九師団）新設をきっかけに法制度的な完成をみたが、娼妓たちへの性的搾取を通じて財政的に在朝日本人社会と教育を支えた。植民地権力（とくに憲兵警察）は、性病を防いで日本軍将兵／在朝日本人男性に「安全な身体」を提供する観点から、貸座敷業者や娼妓への性管理政策を主導した。

これまで植民地公娼制と憲兵警察制度との関係はほとんど論じられてこなかったが、日本との違いで強調したいのは、植民地遊廓の確立（一九一六年）に憲兵隊（日本軍）と朝鮮軍（第十九師団）の新設が決定的な役割を果たしたことだ（これら三者をつないだのが、立花小一郎だった）。性管理政策は、軍事支配を核心とする植民地支配を根底から支える支配技術だったのだ。もちろん、その過程で多くの朝鮮人業者や娼妓（接客女性含む）が生み出され、性売買慣行の「日本化」が促された。

こうした記憶と痕跡は、二十一世紀に入った韓国にも残っている。著者の一人である金富子は、ソウル、大邱や全州、釜山などの性売買集結地を何度か踏査したが、多くの場合、これらのルーツは植民地遊廓にさかのぼることが確認できた。二〇一七年に性売買女性を支援する大邱女性人権センターのメンバーと雑談した時に、「ナカイ（나까이）」という単語が出てきてビックリしたが、客引きする女性を意味し、そもそも「仲居」からきた日本由来の性売買用語だ。それ以外にも、「マエキン（마이킹、前借金）」「ヒッパリ（휘파리、引っ張り）」などの隠語も使われ

ている。ただし、韓国各地の女性運動の力によって、現在ではこれらの性売買集結地は廃墟になったり、アートな空間にリニューアルしたりと、大きく変貌を遂げている。また朝鮮軍司令部（日本軍）を引き継ぐように龍山に駐屯した在韓米軍の司令部が二〇一八年六月に平澤に移転し、今後は龍山に自然公園が造成されるという。

さて、二〇一八年は、朝鮮半島をめぐる国際情勢が劇的に動いた年であった。歴史的な三度目の南北首脳会談（四月二十七日）と、史上初めての米朝首脳会談（六月十二日）が実現し、南北融和と朝鮮戦争の終結にむけた大きな一歩が踏み出された。その直後の六月末、もう一人の著者の金栄がＤＰＲＫを訪問した際、ともに調査を行った「朝鮮・日本軍性奴隷及び強制連行被害者問題対策委員会（朝対委）」の一人は「毎朝、新聞を見るのが楽しみだ。毎日新しい動きがあるから」と声を弾ませて話していた。また別の一人は「我々は核を開発したが、これからは経済も重要だ。資本主義国であっても、いいところは学ばなければならない」と語った。こうした言葉に、彼らの平和と経済発展への大きな期待感を感じた。

南北ともに朝鮮半島の平和への期待が間違いなく高まっているなか、日本との関係においても、事実に即した歴史認識に基づく関係改善が一日も早く進むことが望まれよう。そのためにも、植民地遊廓の「娼妓」も日本軍慰安所の「慰安婦」も、ともに常態的な性暴力の性質を帯びていた存在、すなわち性奴隷として位置づけられるべきであり、さらに戦争責任だけでなく植民地支配責任にかかわる問題であるということを強調しておきたい。また、この問題は、韓国のみならず、ＤＰＲＫや中国をはじめとする日本が侵略したアジア太平洋の国々や地域との間でいまだに解決がされているとはいえないこと、被害女性の尊厳を回復するための適切な措置が十分になされていない女性の人権に関わる問題だということを忘れてはならないだろう。

本書の多くは、書き下ろしである。ただし第Ⅰ部第四章は金富子「植民地朝鮮における遊廓の移植と展開――植民地都市・馬山と鎮海を中心に―」（佐賀朝・吉田伸之編『遊廓社会2』吉川弘文館）を、また第Ⅱ部第一章と第二章は金栄・庵逧由香「咸鏡北道の軍都と『慰安所』・『遊廓』」（宋連玉・金栄編著『軍隊と性暴力』現代史料出版）を、大幅に加筆修正したものであり、初出論文も併せて参照いただけたら幸いである。

また、本書は多くの証言者の協力によって可能となった。本文中で紹介した方々と、それ以外にも何人もの貴重な証言が、新しい事実の発見につながった。特に第Ⅱ部第二章では、一つの都市に関して南北朝鮮と日本の三ヶ国で同時に証言を得ることができた。これはいまだ南北が分断状況にあり、日朝の国交も結ばれていない今日において、その意義は小さくないと考える。ここで、証言をしてくださった方々に深く感謝の言葉を述べたい。

本書の刊行に際して、吉見義明・小野沢あかね両氏には、草稿段階で貴重なご助言と励ましをいただいた。大日向純夫氏には、憲兵警察制度に関する有益なご指摘をいただいた。さらに、小野沢氏をはじめとする「戦争と女性への暴力」リサーチ・アクションセンター（ＶＡＷＷ ＲＡＣ）日本人「慰安婦」プロジェクトチームには慶興からの引揚者である中村登美枝氏を、安部真奈美氏（当事、立教大学生）には会寧からの引揚者である五十嵐順子氏を紹介していただき、黄正徳氏（鎮海の郷土史家）と竹国友康氏には鎮海の地図を、大場小夜子氏（高麗博物館）、樋口雄一氏（同）、辛珠柏氏、広瀬貞三氏には資料を提供していただいた。各氏に心からお礼を申し上げたい。なお、序および第Ⅰ部は、ＪＳＰＳ科学研究費二三三二〇一四二基盤研究（Ｂ）「近世～近代日本における遊廓研究の比較類型史的研究」（研究代表者・佐賀朝）及び同一五Ｈ〇三二四一基盤研究（Ｂ）「近世～近代日本における遊女・娼妓と遊廓社会の総合的研究」（同）による研究成果の一部である。

最後に、本書を上梓することができたのは、脱稿予定が大幅に遅れたにもかかわらず、焦らせることもなく待って、原稿に何度も適切なご指摘をくださった吉川弘文館の岡庭由佳氏のおかげである。また、脱稿後も変更を加えたにもかかわらず、最後まで粘り強く編集を担当してくださった高尾すずこ氏に、感謝申し上げる。

ようやく私たちも、五年越しの宿題を果たすことができた。多くの課題を残したままの研究途上の本書であるが、植民地遊廓（植民地公娼制）とは何だったのか、娼妓や「慰安婦」とは何だったのかを、戦争責任だけでなく植民地支配責任の視点を含めて、日本の軍隊との密接な関係において考えるきっかけとなり、今後の研究進展の一助となることを願っている。

二〇一八年七月二十七日　朝鮮戦争の終結と東アジアの平和を願いながら

金　富　子

金　　　栄

〔追記〕重版にあたり、凡例を置くとともに、主に遊廓、特別料理店、貸座敷に関する本文中の初版の誤りを訂正しました。

（二〇二四年三月）

〈参考資料〉

貸座敷娼妓取締規則（一九一六年三月三十一日）

（朝鮮総督府警務総監部令第四号）

大正五年三月三十一日

朝鮮総督府警務総長　立花　小一郎

第一条　貸座敷営業ヲ為サムトスル者ハ左ノ各号ヲ具シ警察署長警察署ノ事務ヲ取扱フ憲兵分隊憲兵分遣所ノ長ヲ含ム以下同シニ願出テ許可ヲ受クヘシ

一　本籍、住所、氏名、生年月日

二　屋号アルトキハ屋号

三　営業所ノ位置

前項ノ願書ニハ営業用建物ノ間取、階段、料理場、浴場、厠、汚水排除ノ設備等ノ位置ヲ示シタル平面図ヲ添付スヘシ

営業ノ許可ヲ出願スル者営業用建物ノ新築、増築、改装又ハ大修繕ヲ為シタル後営業用ニ供セムトスル場合ニ於テハ願書ニ工事ノ著手及落成期限ヲ記シ且構造仕様書ヲ添付スヘシ

第二条　前条ノ規定ハ貸座敷営業者営業所ヲ新設シ又ハ位置ノ変更ヲ為サムトスル場合ニ之ヲ準用ス

貸座敷営業者営業用建物ノ増築、改装又ハ大修繕ヲ為サムトスルトキハ願書ニ工事ノ著手及落成期限ヲ記載シ前条第二項ニ規定セル平面図竝構造仕様書ヲ添付シ警察署長ニ願出テ許可ヲ受クヘシ

第三条　貸座敷営業ハ警務部長ノ指定シタル地域内ニ非サレハ之ヲ行フコトヲ得ス

第四条　営業用建物ノ構造ハ左ノ各号ニ依ルヘシ

一　客室、喚気、採光及保温ノ装置ヲ為シ外部ニ面スル箇所ハ戸締ヲ附シタル雨戸又ハ窓ヲ取附ケ且其ノ間仕切ニハ壁、襖又ハ板戸ヲ用ウルコト

二　階段ハ其ノ幅員内法四尺以上路面八寸以上蹴上ケ六寸五分以下ト為シ且扶欄ヲ設クルコト

三　二階以上ノ階層ニ在ル客室ニシテ一階層ニ付其ノ坪数十五坪以上アルトキハ毎階層階段各二箇以上ヲ設クルコト

四　客室ヲ三階以上ノ階層ニ設クルトキハ建物ノ出入口ハ幅三間以上ノ道路又ハ二十坪以上ノ空地ニ面セシメ且建物ニハ適当ノ場所ニ幅五尺以上ノ非常口ヲ設クルコト

五　非常口ハ外開キ戸又ハ引戸ト為シ其ノ戸締ハ内部ニ之ヲ設クルコト

六　厠ハ料理場ヨリ相当ノ距離ヲ保チ且臭気ノ客室ニ及ハサル位置ニ設ケ糞尿溜及其ノ附属装置ハ汚液ノ滲漏セサル様築造スルコト

七　張店ハ道路ヨリ見透シ得サル様構造スルコト

第五条　新築、増築、改装又ハ大修繕ヲ為シタル建物ハ警察署長ノ検査ヲ受ケ其ノ認可ヲ得ルニ非サレハ営業用ニ之ヲ使用スルコトヲ得ス

第六条　貸座敷営業者又ハ其ノ同居ノ戸主若ハ家族ハ雇人周旋業ヲ為スコトヲ得ス貸座敷営業者又ハ其ノ同居ノ主戸若ハ家族ハ同一家屋内ニ於テ料理屋、飲食店若ハ遊戯場ノ営業ヲ為スコトヲ得ス

第七条　貸座敷営業者ハ左ノ各号ヲ遵守スヘシ

一　客室ノ入口ニハ番号又ハ符号ヲ標示スルコト
二　燈火ニ石油ヲ使用スルトキハ金属製ノ油壺ヲ用ウルコト
三　客室、料理場、洗面所、浴場、洗滌所及厠等ノ清潔ヲ保持スルコト
四　防臭剤ヲ備ヘ厠其ノ他臭気ノ発散スル場所ニ時時撒布スルコト
五　客用寝具ハ身体ニ接触スル部分ヲ清潔ナル白布ニテ纏フコト
六　客ニ供スル飲食器ハ清潔ナル物ヲ用ウルコト
七　客ノ需メナキ飲食物ヲ供シ又ハ不当ノ料金ヲ請求セサルコト
八　客ノ需ナキ場合ニ芸妓妓生ヲ含ム以下同シ、娼妓ヲ侍セシメサルコト
九　通行人ニ対シ遊興ヲ勧誘セサルコト
十　学校生徒タルコトヲ知リテ之ヲ遊興セシメサルコト
十一　客ニ面会ヲ求ムル者アルトキハ故ナク之ヲ隠秘シ又ハ其ノ取次ヲ拒マサルコト
十二　客ノ承諾ナクシテ濫ニ他人ヲ客室ニ入ラシメサルコト
十三　伝染病疾患アル者ヲシテ客ニ侍セシメ又ハ飲食物、飲食器若ハ寝具ノ取扱ヲ為サシメサルコト
十四　娼妓ノ意思ニ反シテ契約ノ変更又ハ抱主タル貸座敷営業者ノ変換ヲ強ヒサルコト
十五　疾病中又ハ第十八条ノ期間内就業セシメ其ノ他娼妓ノ虐待ヲ為ササルコト
十六　娼妓ヲシテ濫ニ失費ヲ為サシメサルコト
十七　濫ニ娼妓ノ契約、廃業、通信、面接ヲ妨ケ又ハ他人ヲシテ妨ケシメサルコト
十八　娼妓疾病ニ罹リタルトキハ速ニ医師又ハ医生ノ治療ヲ受ケシムルコト

第八条　警察署長ハ必要アリト認ムルトキハ貸座敷営業者ニ対シ左ノ事項ヲ命スルコトヲ得

一　防火壁ヲ設ケ又ハ煙突其ノ他火気ニ接近スル場所ニ防火設備ヲ為スコト
二　消化器又ハ消化剤ヲ備ヘ適当ノ箇所ニ配置シ常ニ有効ニ之ヲ保持スルコト
三　三階以上ノ階層ニ在ル客室ヨリ容易ニ屋外ニ出ツルコトヲ

得ヘキ避難装置ヲ設クルコト

四　非常口ニハ「非常口」ナル文字ヲ記シタル標札ヲ掲ケ夜間ハ標燈ヲ店スルコト

五　客室ヨリ非常口ニ通スル要所ニハ非常口ノ方向ヲ指示シタル標示ヲ為スコト

六　洗滌所ヲ設ケ必要ナル器具及薬品ヲ備フルコト

第九条　貸座敷営業者ハ附録様式ニ依リ遊客名簿ヲ調製シ使用前警察署長ノ検印ヲ受ケ遊客アル毎ニ記載ヲ為スヘシ前項ノ帳簿ハ使用ヲ了リタル後二年間之ヲ保存スヘシ

第十条　貸座敷営業者ハ娼妓毎ニ貸借計算簿二冊ヲ調製シ其ノ一冊ヲ娼妓ニ交付シ毎月三日迄ニ毎月分ノ貸借ニ関スル計算ヲ詳記シ娼妓ト供ニ捺印スヘシ

第十一条　貸座敷営業者ハ左ノ各号ノ一ニ該当スル場合ニ於テハ十日内ニ警察署長ニ届出ツヘシ但シ第四号ノ事項ハ相続人ヨリ届出ツヘシ

一　本籍、住所、氏名又ハ屋号ヲ変更シタルトキ

二　営業ヲ開始シタルトキ

三　廃業又ハ十日以上休業シタルトキ

四　営業者死亡シタルトキ

五　相続ニ因リ営業ヲ継承シタルトキ

第十二条　貸座敷営業者雇人ヲ雇入レ又ハ解雇シタルトキハ十日内ニ警察署長ニ届出ツヘシ雇人ニ非サル同居者ヲ営業上使用スルトキ亦同シ

第十三条　左ノ各号ノ一ニ該当スル場合ニ於テハ貸座敷営業者ハ速ニ警察官又ハ憲兵ニ　届出ツヘシ

一　身分不相応ノ浪費ヲ為ス者アルトキ

二　挙動不審ト認ムル者アルトキ

三　客ノ変死傷アリタルトキ

四　客ノ所持金品ノ盗難又ハ紛失アリタルトキ

五　娼妓死亡シ若ハ変傷シ又ハ逃亡シタルトキ

第十四条　貸座敷営業者客ノ所持品ヲ遊興費ノ支払アル迄預リ又ハ其ノ代償トシテ受領セムトスルトキハ予メ警察官又ハ憲兵ニ届出ツヘシ

第十五条　警察署長必要アリト認ムルトキハ貸座敷営業者ニ対シ本人又ハ其ノ戸主、家族若ハ雇人ノ健康診断書ノ提出ヲ命スルコトヲ得

第十六条　娼妓稼ヲ為サムトスル者ハ本籍、住所、氏名、妓名、生年月日及稼場所ヲ記載シ且貸座敷営業者ノ連署シタル願書ニ左ノ書面ヲ添附シ自ラ出頭シ警察署長ニ願出テ許可ヲ受クヘシ

一　父ノ承諾書、父知レサルトキ、死亡シタルトキ、家ヲ去リタルトキ若ハ親権ヲ行フコト能ハサルトキハ家ニ在ル母ノ承諾書、母モ死亡シタルトキ、家ヲ去リタルトキハ若ハ親権ヲ行フコト能ハサルトキハ未成年者ニ在リテハ後見人成年者ニ在リテハ戸主若ハ扶養義務者ノ承諾書又ハ承諾ヲ与

フル者ナキコトヲ疏明シタル書面
二　前号ニ掲クル承諾者ノ印鑑証明書
三　戸籍謄本又ハ民間謄本
四　娼妓稼及前借金ニ関スル契約書写
五　経歴及娼妓ヲ為ス事由ヲ記載シタル書面
六　警察署長ノ指定シタル医師又ハ医生ノ健康診断書
前項第一号ノ承諾ニ付テハ継父、継母又ハ嫡母ハ後見人ト看做ス
第一項第四号ノ契約ノ更改ヲ為シタルトキハ貸座敷営業者ノ連署ヲ以テ警察署長に届出ツヘシ
第十七条　左ノ各号ノ一ニ該当スル者ニ対シテ娼妓稼ヲ許可スルコトヲ得ス
一　十七歳未満ノ者
二　伝染性疾患アル者
三　前条第一項第一号ニ掲クル者ノ承諾ナキトキ又ハ承諾ヲ与フル者ナキコトヲ疏明セサルトキ
四　娼妓稼又ハ前借金ニ関スル契約不当ナリト認ムルトキ有夫ノ婦ハ娼妓稼ヲ為スコトヲ得ス
第十八条　妊娠六月以後分娩後二月ニ至ル期間ハ娼妓稼ヲ為スコトヲ得ス
第十九条　貸座敷内ニ非サレハ娼妓稼ヲ為スコトヲ得ス
娼妓ハ他ノ営業ヲ為スコトヲ得ス但シ貸座敷内ニ於テ芸妓ヲ為スハ此ノ限ニ在ラス
第二十条　娼妓ハ警察署長ノ許可ヲ受ケタル場合ヲ除クノ外第三条ニ依リ指定シタル地域外ニ出ツルコトヲ得ス但シ願届ノ為所轄警察署ニ往復スル場合ハ此ノ限ニ在ラス
第二十一条　娼妓ハ貸座敷外ニ寄寓シ又ハ宿泊スルコトヲ得ス但シ父母ノ看護、転地療養其ノ他已ムヲ得サル事由ニ依リ警察署長ノ許可ヲ受ケタル場合ハ此ノ限ニ在ラス
第二十二条　娼妓ハ左ノ各号ヲ遵守スヘシ
一　就業中許可証及健康診断書ヲ携帯スルコト
二　通行人ニ対シ遊興ヲ勧誘セサルコト
三　客席ニ於テ舞踊ヲ為シ音曲ヲ演奏セサルコト
第二十三条　娼妓ハ定期又ハ臨時ニ健康診断ヲ受クヘシ
健康診断医、健康診断施行ノ場所及定期健康診断施行ノ場所及定期健康診断施行ノ期日ハ警察署長之ヲ指定ス
第二十四条　左ノ各号ノ一ニ該当スル場合ニ於テハ娼妓ハ臨時ニ健康診断ヲ受クヘシ但シ前診断ノ時ヨリ次期ノ定期健康診断施行ノ期日ニ至ル間ニ於テ第一号又ハ第二号ニ該当スル場合ハ此ノ限ニ在ラス
一　娼妓許可後始メテ稼ニ就カムトスルトキ
二　休業後再ヒ稼ニ就カムトスルトキ
三　疾病ニ罹リタルコトヲ自覚シ又ハ貸座敷営業者ヨリ注意ヲ受ケタルトキ

四　警察署長ノ命令アリタルトキ

第二十五条　前条第一号ノ場合ニ於テ健康診断ヲ受ケタルトキハ警察署長ヨリ健康診断書ノ下付ヲ受ケ定期又ハ臨時ノ健康診断ノ際之ニ証印ヲ受クヘシ

第二十六条　娼妓疾病ノ為健康診断所ニ出頭スルコト能ハサルトキハ医師ノ診断書ヲ添ヘ警察署長ニ届出ツヘシ此ノ場合ニ於テ警察署長必要アリト認ムルトキハ貸座敷ニ就キ健康診断ヲ行フヘシ

第二十一条但書ノ場合ニ在リテハ警察署長ハ健康診断ヲ行ハサルコトヲ得

第二十七条　健康診断ニ依リ娼妓稼ニ堪ヘス又ハ伝染性疾患アリト認メラレタルトキハ治癒ノ上健康診断ヲ受クルニ非サレハ稼ニ就クコトヲ得ス健康診断ニ依リ伝染性疾患アリト認メラレタル娼妓ハ警察署長ノ指示ニ従ヒ治療ヲ受クヘシ

第二十八条　娼妓ハ本籍、住所、氏名又ハ妓名ニ変更アリタルトキハ十日内ニ許可証及健康診断書ヲ添ヘ警察署長ニ届出ツヘシ許可証若ハ健康診断書ヲ亡失、毀損シ又ハ健康診断書ノ使用ヲ終リタルトキハ其ノ事由ヲ具シ警察署長ニ再下付又ハ書換ヲ請フヘシ娼妓前条ノ場合又ハ妊娠分娩ニ因リ休業スルトキハ直ニ健康診断書ヲ警察署長ニ提出スヘシ

第二十九条　娼妓許可後始メテ稼ニ就カムトスルトキハ予メ警察署長ニ届出ツヘシ第二十七条ニ規定シタル事由又ハ妊娠分娩ニ因リ休業シタル後娼妓再ヒ稼ニ就カムトスルトキハ警察署長ニ届出テ健康診断書ノ還付ヲ受クヘシ

娼妓廃業シタルトキハ直ニ許可証ヲ添ヘ警察署長ニ届出ツヘシ

第三十条　警察官又ハ憲兵ハ必要アリト認ムルトキハ貸座敷ニ臨検シ又ハ営業用帳簿ヲ検査スルコトヲ得

第三十一条　警察署長ハ貸座敷営業者又ハ娼妓ニ対シ公衆衛生、風俗取締其ノ他公益上必要ナル命令ヲ為スコトヲ得

第三十二条　貸座敷営業ノ許可ヲ受ケタル後三月以上開業セス又ハ開業後引続休業三月以上ニ亙リタルトキハ警察署長ハ其ノ許可ヲ取消スコトヲ得第一条第三項ニ規定スル場合ニ於テ工事著手期限迄ニ工事ニ著手セサルトキ、落成期限ヲ経過スルモ竣工セサルトキ、営業用建物ノ建築構造仕様書ト異ナリ営業用ニ適セサルモノト認ムルトキ又ハ工事竣工後三月内ニ営業ヲ開始セサルトキ亦前項ニ同シ前二項ノ規定ハ貸座敷ノ新設又ハ位置ノ変更ヲ許可シタル場合ニ之ヲ準用ス

第三十三条　警察署長ハ貸座敷営業者又ハ娼妓左ノ各号ノ一ニ該当スト認ムルトキハ其ノ業ヲ停止シ又ハ其ノ許可ヲ取消スルコトヲ得

一　詐偽ニ因リ許可シタルコトヲ発見シタルトキ

二　第五条、第六条、第十八条、第十九条、第二十一条、第二十七条ノ規定ニ違反シタルトキ

三　第八条又ハ第三十一条ノ命令ニ違反シタルトキ

四　第十七条第二号又ハ第四号ニ該当スト認ムルトキ
五　貸座敷営業者ニシテ他人ニ名義ヲ貸スノ事実アリト認ムルトキ
第三十四条　貸座敷営業者組合ヲ設ケムトスルトキハ規約ヲ作リ警察署長ノ許可ヲ受クヘシ其ノ規約ヲ変更セムトスルトキ亦同シ
前項ノ場合ニ於テ組合ノ区域二以上ノ警察署管轄区域ニ跨ルトキハ警務部長ノ認可ヲ受クヘシ
第三十五条　組合ノ役員ノ選任アリタルトキ又ハ其ノ変更アリタルトキハ組合ヲ代表スル役員ハ十日内ニ前条第二項ノ場合ニ在リテハ警務部長其ノ他ノ場合ニ在リテハ警察署長ニ届出ツヘシ
第三十六条　組合ノ設置ヲ認可シタル警務部長又ハ警察署長ハ組合ニ対シ組合規約若ハ役員ノ変更、組合ノ解散其ノ他取締上必要ナル命令ヲ為スコトヲ得
第三十七条　警察署長ハ建物ノ構造ニ依リ第四条ノ規定ニ拘ラス第一条若ハ第二条ノ許可又ハ第五条ノ認可ヲ為スコトヲ得
第三十八条　左ノ各号ノ一ニ該当スル者ハ拘留又ハ科料ニ処ス
一　許可ヲ受ケスシテ貸座敷営業ヲ為シタルトキ又ハ営業所ヲ新設シ若ハ其ノ位置ヲ変更シタルトキ
二　第五条乃至第七条、第九条乃至第十四条、第十六条第二項、第十八条乃至第二十二条、第二十三条第一項、第二十四条、第二十五条、第二十六条第一項又ハ第二十七条乃至第二十九条ニ違反シタルトキ
三　第八条、第十五条、第三十一条ノ命令又ハ営業停止ノ命令ニ違反シタルトキ
四　第三十条ノ規定ニ依ル臨検又ハ検査ヲ拒ミタルトキ
第三十九条　貸座敷営業者ハ其ノ代理人、戸主、家族、同居者若ハ雇人ニシテ其ノ営業ニ関シ本令又ハ本令ノ規定ニ依ル命令ニ違反シタルトキハ自己ノ指揮ニ出テサルノ故ヲ以テ処罰ヲ免ルルコトヲ得ス

附　則

第四十条　本令ハ大正五年五月一日ヨリ之ヲ施行ス
第四十一条　本令施行前許可ヲ受ケ現ニ貸座敷営業又ハ娼妓稼ヲ為ス者ハ其ノ名称ノ如何ヲ問ハス本令ニ依リ貸座敷営業又ハ娼妓ノ許可ヲ受ケタル者ト看做ス前項ニ規定スル貸座敷営業者又ハ娼妓稼ヲ為ス者ハ警務部長之ヲ指定ス本令施行前為シタル営業所ノ新設若ハ位置ノ変更又ハ営業用建物ノ増築、改築若ハ大修繕ノ許可ハ本令ニ依リ為シタル許可ト看做ス警察署長ハ第一項ノ貸座敷営業者ニ対シ当分ノ間本令施行後第四条ノ規定ヲ適用セサルコトヲ得
第四十二条　警務部長ハ朝鮮人娼妓ノ稼ヲ目的トスル貸座敷営業者ニ限リ当分ノ間第三条ノ規定ヲ適用セサルコトヲ得
前項ノ場合ニ於テ第一条ノ出願ヲ為サムトスルトキハ願書ハ営業所附近ノ見取図ヲ添付スヘシ

第一項ニ規定スル貸座敷営業者ハ娼妓ヲシテ外部ヨリ見透シ得ヘキ場所ニ於テ粉粧ヲ為サシメ又ハ店頭ニ於テ座列若ハ徘徊セシムルコトヲ得ス

第四十三条　第二十条ノ規定ハ前条ノ貸座敷ニ於テ稼ヲ為ス娼妓ニ之ヲ適用セス前項ニ規定スル娼妓ハ外部ヨリ見透シ得ヘキ場所ニ於テ粉粧ヲ為シ又ハ店頭ニ於テ座列若ハ徘徊スルコトヲ得ス

第四十四条　第四十一条ノ貸座敷営業者ハ本令施行ノ日ヨリ一月内ニ第十二条ニ準シ届出ヲ為スヘシ但シ既ニ届出ヲ為シタル雇人又ハ同居者ニ付テハ此ノ限ニ在ラス

第四十五条　第四十二条第三項、第四十三条第一項又ハ前条ニ違反シタル者ハ拘留又ハ科料ニ処ス

（附録様式）

氏名年齢	職業	住所	遊興費	招聘せし娼妓の妓名	人相又は著衣の特徴	出発月日時	到着月日時

記載例

一　外国人ハ住所ノ外其ノ欄ニ国籍ヲ記載スルコト

二　遊興一昼夜以上ニ亙ルモノハ一昼夜毎ノ遊興費ヲ当該欄ニ記載スルコト

娼妓健康診断施行手続（一九一六年四月二十日）

朝鮮総督府警務総監部訓令甲第一四号

朝鮮総督府官報一九一六・四・二〇

朝鮮総督府警務総監部訓令甲第十四号

警務部
警察署
憲兵分隊
同　憲兵分遣所
警察署ノ事務ヲ取扱フ

娼妓健康診断施行手続左ノ通定ム

大正五年四月二十日

朝鮮総督府警務総長　古海巌潮

娼妓健康診断施行手続

第一条　警察署（警察署ノ事務ヲ取扱フ憲兵分隊、憲兵分遣所ヲ含ム以下同シ）ニ於テ　娼妓健康診断医、健康診断施行ノ場所及定期健康診断施行ノ期日ヲ指定シタルトキハ其ノ事由ヲ具シ警務部長ニ報告スヘシ娼妓ノ健康診断ハ已ムヲ得サル場合ノ外成ルヘク公医、属託警察医又ハ警察医務属託ヲシテ之ヲ行ハシムヘシ

第二条　警察署ニ於テハ娼妓健康診断施行ノ際警察官吏又ハ憲兵ヲ其ノ診断所ニ派遣シ左ノ事項ヲ注意監督セシムヘシ

一　不参者ノ有無

二　受診娼妓中人違ノ有無

三　所内ノ秩序及清潔ノ保持

四　前各号ノ外必要ノ事項

第三条　貸座敷娼妓取締規則（以下規則ト称ス）第十六号第一項第六号ノ健康診断書ハ第一号様式ニ依ラシムヘシ

第四条　規則第二十五条ニ依リ交付スヘキ健康診断書ハ第二号様式ニ依ルヘシ

第五条　娼妓ノ健康診断ヲ行ヒタルトキハ左ノ区分ニ依リ健康診断書ニ証印ヲ押捺スヘシ

一　健康（健康ト認ムル者）

二　入院（伝染性疾患ノ為隔離治療ヲ要スト認ムル者）

三　通院（通院治療ヲ要スト認ムル者）

四　休業（伝染性ニ非サル疾病又ハ妊娠、分娩等ノ為稼ニ就カシムヘカラスト認ムル者）

五　治癒（第二号又ハ第三号ノ疾患治癒シ稼ニ就クモ差支ナシト認ムル者）

前項第四号ノ休業者快復シ稼ニ就クモ差支ナシト認ムル者ニハ健康ノ証印ヲ与フヘシ

第六条　健康診断医娼妓ノ定期又ハ臨時健康診断ヲ行ヒタルトキハ其ノ都度第三号様式ニ依リ所轄警察署ニ報告セシムヘシ

第七条　警察署ハ毎月五日迄ニ前月中ニ於ケル娼妓健康診断ノ成績ヲ第四号様式ニ依リ警務部長ニ報告スヘシ

第八条　娼妓健康診断所ニハ左ノ簿冊ヲ備フヘシ

一　健康診断簿　第五号様式

二　事務日誌　第六号様式

三　健康診断報告表控綴

四　前各号ノ外必要ノ補助簿

〔第一号様式〜第六号様式・略〕

著者略歴

金　富子

二〇〇二年　お茶の水女子大学大学院博士後期課程修了

現在　東京外国語大学名誉教授

主要著書

『植民地期朝鮮の教育とジェンダー―就学・不就学をめぐる権力関係―』（世織書房、二〇〇五年）

『性暴力被害を聴く―「慰安婦」から現代の性搾取へ―』（共編、岩波書店、二〇二〇年）

金　栄

一九八一年　和光大学人文学部卒業

比較文化学者の故金両基氏に一年間師事する

現在　ルポライター・在日朝鮮人史研究者

主要著書

『軍隊と性暴力―朝鮮半島の二〇世紀―』（共著、現代史料出版、二〇一〇年）

『海を渡った朝鮮人海女―房総のチャムスを訪ねて―』（共著、新宿書房、一九八八年）

植民地遊廓

日本の軍隊と朝鮮半島

二〇一八年（平成三十）十月一日　第一刷発行

二〇二四年（令和　六）五月十日　第二刷発行

著　者　金《キム》　富《プ》　子《ジャ》

著　者　金《キム》　栄《ヨン》

発行者　吉　川　道　郎

発行所　株式会社　吉川弘文館

郵便番号一一三―〇〇三三

東京都文京区本郷七丁目二番八号

電話〇三―三八一三―九一五一〈代表〉

振替口座〇〇一〇〇―五―二四四

https://www.yoshikawa-k.co.jp/

印刷＝藤原印刷株式会社

製本＝株式会社ブックアート

装幀＝伊藤滋章

ISBN978-4-642-03880-5

参考文献

〈史資料〉
統監府：『統監府公報』『統監府統計年報』
朝鮮総督府：『朝鮮総督府官報』『朝鮮総督府統計年報』『朝鮮総督府調査月報』
『朝鮮総督府統計要覧』
『皇城新聞』『東亜日報』『毎日申報』（以上、朝鮮語新聞）
『京城日報』『朝鮮新聞』『釜山日報』『大阪朝日新聞』（以上、日本語新聞）
『朝鮮彙報』『朝鮮及満洲』（前身は『朝鮮』）『朝鮮公論』『廓清』『女の世界』（以上、日本語雑誌）
李能和『朝鮮解語花史』1927年（ソウル：學文閣、1968年、朝鮮語）
今村鞆『増補朝鮮風俗集』南山吟社、1919年（初版1914年）
今村鞆「二十年以前の朝鮮」『居留民之昔物語』朝鮮二昔会事務所、1927年
今村鞆『歴史民俗朝鮮漫談』南山吟社、1928年
岩本善文・久保田卓治共編『北鮮の開拓』編纂社、1928年
仁川府『仁川府史』1933年
宇都木初三郎『全羅北道発展史』1928年（『韓国地理風俗誌叢書（96）』所収）
岡萬吉『鎮海要覧』勝龍閣、1926年（『韓国地理風俗誌叢書（272）』所収）
岡庸一『馬山案内』馬山商業会議所、1915年
香月源太郎『韓国案内』青木嵩山堂、1902年
韓国内部警務局『韓国警察一斑』韓國內部警務局、1910年
菊田眞「新町遊廓の創設」藤村徳一編『居留民之昔物語』朝鮮二昔会事務所、1927年
隈部親信『咸興誌資料』1915年（JAIRO 日本学術機関リポジトリ）
京城居留民団役所編纂『京城発達史』京城居留民団役所、1912年
京城商業会議所『京城商工名録』京城商工會議所、1923年
京城府編『京城府史』第1巻（1934年）・第2巻（1936年）・第3巻（1941年）
〔京城府〕『京城府勢一班』（1934年）
京城府公立小学校教員会編著『続京城史話』日韓書房、1937年
憲兵司令官谷田文衛「憲兵司令部 韓国駐剳憲兵隊配置及管区改正の件」1909年10月30日、JACAR（アジア歴史資料センター）Ref.C03022971900、防衛省防衛研究所）
迫吉次郎『羅南商工案内』羅南商工会、1934年
笹沼末雄『咸興案内　名勝写真帖』笹沼写真館、1936年
参謀本部編纂『明治37、8年 日露戦史 10巻』東京偕行社、1914年

杉山萬太『鎮海』鎮海印刷所、1912年（『韓国地理風俗誌叢書（65）』所収）
諏訪史郎『馬山港誌』朝鮮史談会、1926年（『韓国地理風俗誌叢書（271）』所収）
『全国遊廓案内』日本遊覧社、1930年
立花小一郎関係文書（国会図書館憲政資料室所蔵）
鎮海要港部編『鎮海要港部附近史蹟概説』鎮海（慶尚南道昌原郡）、1926年
「朝鮮写真絵はがきデータベース」国際日本文化研究センター
朝鮮憲兵隊司令部編『復刻版朝鮮憲兵隊歴史』全6巻、不二出版、2000年
朝鮮商工研究会『朝鮮商工大鑑』朝鮮商工研究会、1929年
朝鮮総督府『一万分一朝鮮地形図集成』（覆刻）柏書房、1985年
朝鮮総督府編纂『朝鮮鉄道旅行便覧』朝鮮総督府、1924年
朝鮮総督府鉄道局『北鮮地方』朝鮮総督府鉄道局、1940年
『朝鮮旅行案内記』朝鮮総督府鉄道局、1934年
東亜経済時報社『朝鮮銀行会社組合要録』1940年
統監府警務第二課「妓生及娼妓に関する関係綴」1908年（鈴木・山下・外村編2006所収）
道家齊一郎『売春婦論考—売笑の沿革と現状』史誌出版社、1928年（鈴木・山下・外村編2006所収）
永井勝三『会寧案内』會寧印刷所出版部、1929年
永野清『朝鮮警察行政要義』巌松堂書店、1916年
長野末喜『京城の面影』内外事情社、1932年
朝鮮写真通信社『朝鮮写真画報特別号 朝鮮師団創設記念号』1916年、国立国会図書館憲政資料室蔵
萩森茂『京城と仁川』大陸情報社、1929年
畑本逸平編輯『咸鏡南道の事業と人物名鑑』咸南新報社、1927年
咸鏡北道鏡城郡羅南邑『邑勢一般』1938年7月
咸鏡北道地方課編『咸北要覧：附間島琿春 』会寧印刷所 1926
咸興憲兵隊咸鏡南道警務部『咸南誌資料』景仁文化社、1995年（『韓國地理風俗誌叢書（289）』所収）
平井斌夫・九貫政二『馬山と鎮海湾』濱田新聞店、1911年（『韓国地理風俗誌叢書（271）』所収）
藤村徳一編『居留民之昔物語』朝鮮二昔会事務所、1927年
古江香夢『清津港』咸北日報社、1909年
保高正記『群山開港史』1925年（『韓国地理風俗誌叢書（99）』所収）
満鉄調査課『吉会予定線地方鉱山調査報告』満鉄州鉄道株式会社、1931年
三輪規・松岡琢磨『富之群山』群山新報社、1907年（『韓国地理風俗誌叢書（95）』所収）

矢野干城・森川清人共編『新版大京城案内』京城都市文化研究所、1936年
山田弘倫・平馬左橘『朝鮮ニ於ケル花柳病ノ統計的観察』朝鮮軍司令部、1921年（鈴木・山下・外村編2006に所収）
山田天山・安藤北洋『北朝鮮誌』博通社、1913年
陸軍省編『日清戦争統計集』1902年
陸軍省編『日露戦争統計集』7、東洋書林、1994年
陸軍省『密大日記』1926年、1935年、1936年
陸軍省「国境守備隊之に伴ふ部隊を含む編制改正概況の件報告」1938年5月12日、JACAR（アジア歴史資料センター）Ref.C01002728900
陸軍省「第1号 韓駐軍 在鏡城東部守備司令官報告の件」1908年5月3日、JACAR（アジア歴史資料センター）Ref.C03022913700
陸軍省「第19師団歩兵聯隊増加定員配属換並朝鮮軍司令部編制改正に関する意見提出の件」1926年6月15日、JACAR（アジア歴史資料センター）Ref.C03022769100
陸軍省「朝鮮国境守備隊の件」1935年、JACAR（アジア歴史資料センター）Ref.C01004247410、C01004247420、C01004247430、C01004247440、C01004247450
陸軍省「続朝鮮国境守備隊の件」1936年、JACAR（アジア歴史資料センター）Ref.C01004247600
陸軍省「満州方面部隊略歴（二）(1)」JACAR（アジア歴史資料センター）Ref.C12122502300
陸軍省医務局「韓国駐劄軍に於て花柳病増発に付き取締方の件」1904年8月9日、JACAR（アジア歴史資料センター）Ref.C06084533200

〈日本語文献〉

阿吾地会　2004『昭和二〇年八月九日―阿吾地・灰岩尋常小学校』
庵逧由香　2015「朝鮮に常設された第一九師団と第二〇師団」（坂本悠一編2015）
李炯植　2014「朝鮮駐劄憲兵隊司令官立花小一郎と「武断政治」―『立花小一郎日記』を中心に―』鄭晒旭・板垣竜太『日記が語る近代―韓国・日本・ドイツの共同研究』同志社コリア研究センター
磯谷季次　1994『わが青春の朝鮮』影書房
伊藤孝司　2002『続・平壌からの告発』風媒社
大川由美　2005「近代検黴制度の導入と検梅病院―英国公使館から見た日本の検梅」（福田眞人・鈴木則子編2005）
大谷正　2006『兵士と軍夫の日清戦争―戦場からの手紙をよむ』有志舎
岡本真希子　2008『植民地官僚の政治史―朝鮮・台湾総督府と帝国日本』三元社

岡本政治　発行年記載なし『歩兵第七十五連隊私記 附 歩兵七十五聯隊 聯隊歴史の概要』（偕行文庫所蔵）、（私家版）

小野沢あかね　2010『近代日本社会と公娼制度—民衆史と国際関係史の視点から』吉川弘文館

大日方純夫　1992「売娼問題と警察力」同『日本近代国家の成立と警察』校倉書房

金慶南・柳教烈　2015「朝鮮海峡への要塞・軍港建設と国際関係」坂本悠一編『地域のなかの軍隊7　植民地　帝国の最前線』吉川弘文館

金 富子　2005a『植民地期朝鮮の教育とジェンダー』世織書房

——　2005b「植民地期・解放直後の朝鮮における公娼認識」中野敏男ほか『継続する植民地主義』青弓社

——　2010「朝鮮南部の植民地都市・群山の性売買」（宋連玉・金栄編著2010）

——　2011『継続する植民地主義とジェンダー』世織書房

——　2014「植民地朝鮮における遊廓の移植と展開—植民地都市・馬山と鎮海を中心に」（佐賀朝・吉田伸之編2014）

——　2015（増補版2018）「朝鮮人『慰安婦』に少女は少なかった？」金富子・板垣竜太責任編集『Q&A　朝鮮人「慰安婦」と植民地支配責任』御茶の水書房

金栄・庵逧由香　2010「咸鏡北道の軍都と『慰安所』・『遊廓』」（宋連玉・金栄編著2010）

金文子　2014『日露戦争と大韓帝国—日露開戦の「定説」をくつがえす』高文研

木村健二　1989『在朝日本人の社会史』未来社

——　1996「朝鮮居留地における日本人の生活様態」『一橋論叢』115

——　2002「在朝鮮日本人植民者の『サクセス・ストーリー』」『歴史評論』5月号・No.625

高秉雲　1987『近代朝鮮租界史の研究』雄山閣

厚生省援護局　1963『陸軍北方部隊略歴』JACAR（アジア歴史資料センター）Ref. C12122424800

駒込武　2000「台湾植民地支配と台湾人「慰安婦」」VAWW-NETジャパン編『「慰安婦」・戦時性暴力の実態 I（2000年女性国際戦犯法廷の記録Vol.3）』緑風出版

佐賀朝　2010「問題提起—近世～近代「遊廓社会」研究の課題—」『年報都市史研究17遊廓社会』山川出版社

佐賀朝・吉田伸之編　2014『シリーズ遊廓社会2　近世から近代へ』吉川弘文館

坂本悠一・木村健二　2007『近代植民地都市　釜山』桜井書店

坂本悠一編　2015『地域のなかの軍隊7　植民地 帝国支配の最前線』吉川弘文館

笹川紀勝・李泰鎮編著　2008『国際共同研究　韓国併合と現代』明石書店

沢井理恵　1996『母の「京城」私のソウル』草風館

辛珠柏　2010「朝鮮軍概史」（宋連玉・金栄編著2010）
愼蒼宇　2001「憲兵補助員制度の治安維持政策的意味とその実態―1908年〜1910年を中心に」『朝鮮史研究会論文集』第39集
――　2008『植民地朝鮮の警察と民衆世界1894-1919―「近代」と「伝統」をめぐる政治文化』有志舎
愼蒼健　2010「植民地衛生学に包摂されない朝鮮人」坂野徹・愼蒼健編著『帝国の視覚／死角』青弓社
鈴木裕子・山下英愛・外村大編　2006『日本軍「慰安婦」関係資料集成〈上〉』『同〈下〉』明石書店
鈴木裕子　2006「東洋婦人児童売買実施調査団と国際連盟における婦人売買問題―「婦女禁売」問題と日本政府の対応を中心に―」（鈴木・山下・外村編2006）
戦争体験を記録する会　1977『私たちと戦争〈二〉戦争体験文集』タイムス
蘇淳烈　1994『植民地後期朝鮮地主制の研究―全羅北道を中心に―』京都大学大学院博士学位論文、同『近代地域農業史の研究』ソウル大学校出版部
徐民教　2015「韓国駐剳軍の形成から朝鮮軍へ―常設師団の誕生」（坂本悠一編2015）
宋連玉・金栄編著　2010『軍隊と性暴力―朝鮮半島の二〇世紀』現代史料出版
宋連玉　1993「朝鮮植民地支配における公娼制」『日本史研究』371号
――　1994「日本の植民地支配と国家的管理売春」『朝鮮史研究会論文集』32
――　2010「世紀転換期の軍事占領と『売春』管理」（宋連玉・金栄編著2010）
――　2014「『慰安婦』問題から植民地世界の日常へ」歴史学研究会・日本史研究会編『慰安婦問題を／から考える』岩波書店
竹国友康　1999『ある日韓歴史の旅―鎮海の桜』朝日新聞社
張曉旻　2008「植民地台湾における公娼制の確立過程　1896年―1909年」『現代台湾研究』第34号
――　2010「植民地台湾における集娼制の確立過程―公娼制の導入から台南本島人遊廓の成立まで―」『現代台湾研究』第38号
鄭在貞（三橋広夫訳）2008『帝国日本の植民地支配と韓国鉄道　1892〜1945』明石書店
東京歩75会事務局　1995『歩兵第75聯隊・聯隊歴史の概要　資料』
戸部良一　2005「朝鮮駐屯日本軍の実像：治安・防衛・帝国」『日韓歴史共同研究報告書』
図書刊行会編　1986『目でみる昔日の朝鮮』上・下巻、図書刊行会
富澤久義　1986『萬朶の桜　青春期　北朝鮮会寧―トラック戦線』朝日出版サービス
中塚明　1997『歴史の偽造をただす―戦史から消された「朝鮮王宮占領」』高文研
朴貞愛　2015「朝鮮社会への公娼制度導入過程―朝鮮社会における性売買取締り」井上章一・三橋順子編『性欲の研究　東京のエロ地理編』平凡社

朴延鎬　2005「近代日本における治安維持政策と国家防衛行政の狭間―朝鮮軍を中心に」『本郷法政紀要』14

橋谷弘　2004『帝国日本と植民地都市』吉川弘文館

――　2016「要港部都市・植民地都市としての鎮海」坂根嘉弘編『軍港都市史研究Ⅵ 要港部編』清文堂出版

畑谷好治　2002『遥かなる山河茫々と』旭図書刊行センター

早川紀代　1995「海外における買売春の展開―台湾を中心に」『季刊戦争責任研究』第10号

――　2005「近代公娼制度の成立過程―東京府を中心に」『近代天皇制と国民国家』青木書店

林博史　2015「アメリカ軍の性政策の歴史―1950年代まで」『日本軍「慰安婦」問題の核心』花伝社

林廣茂　2004『幻の三中井百貨店』晩聲社

福田眞一・鈴木則子編　2005『日本梅毒史の研究』思文閣出版

藤永壯　1998「日露戦争と日本による「満州」への公娼制度移植過程」桂川光正ほか『快楽と規制〈近代における娯楽の行方〉』大阪産業大学産業研究所

――　2000「朝鮮植民地支配と「慰安婦」制度の成立過程」VAWW-NET Japan 編『「慰安婦」・戦時性暴力の実態Ⅰ―日本・台湾・朝鮮編―』緑風出版

――　2004「植民地朝鮮における公娼制度の確立過程――九一〇年代のソウルを中心に―」『二十世紀研究』第五号

――　2005a「植民地公娼制度と日本軍「慰安婦」制度」早川紀代編『戦争・暴力と女性3　植民地と戦争責任』吉川弘文館

――　2005b「植民地台湾における公娼制度の導入とその変遷―法令の分析を通じた基礎的考察」『「日本帝国」の支配地域における公娼制度と接客業の実態分析」平成14～16年度科学研究費補助金基盤研究（C）研究成果報告書

藤野豊　2001『性の国家管理：買売春の近現代史』不二出版

古川昭　2006『馬山開港史』倉敷：ふるかわ海事事務所

歩兵第七十四聯隊史編集刊行委員会編　1998『歩兵第七十四聯隊史』

歩兵七十五聯隊戦友会　1991『歩兵第七十五聯隊私設・私設余和補足資料』

歩兵第七十六聯隊記念誌編纂委員会編　1995『歩兵第七十六聯隊秘録―激動の二十五年』

堀貞義　2000『咸興公立国民学校20松・竹・梅・桜同窓会誌』

堀貞義　2002『嗚呼、咸興公立中学校』

牧英正　1971『人身売買』岩波新書

松下孝昭　2013『軍隊を誘致せよ―陸海軍と都市形成』吉川弘文館

松田利彦　1991「日本統治下の朝鮮における警察機構の改編―憲兵警察制度から普通警察制度への転換をめぐって」『史林』74-5
――　2000「解説　朝鮮憲兵隊小史」『朝鮮憲兵隊歴史』不二出版
――　2007「近代日本植民地における『憲兵警察制度』にみる『統治様式の遷移』―朝鮮から関東州・『満洲国』へ」『日本研究』35巻
――　2009『日本の朝鮮植民地支配と警察―一九〇五年～一九四五年』校倉書房
――　2015「一九一〇年代における朝鮮総督府の国境警備政策」『人文学報』第106号
光石亜由美　2015「梶山季之の『京城昭和十一年』―京城の歓楽街を歩く」井上章一・三橋順子編『性欲の研究　東京のエロ地図編』平凡社
宮崎千穂　2005「日本最初の検梅検査とロシア艦隊―幕末の長崎港における「ロシア村」形成の端緒―」(福田眞人・鈴木則子編2005)
宮田節子監修・宮本正明解説　2004『未公開資料 朝鮮総督府関係者 録音記録 (5) 朝鮮軍・解放前後の朝鮮』東洋文化研究所
宮田節子編　1989『朝鮮軍概要史』不二出版
宮本正明　2004「朝鮮軍・解放前後の朝鮮」(宮田節子監修・宮本正明解説2004)
本康宏史　2014「『軍都』金沢と遊郭社会」(佐賀朝・吉田伸之編2014)
森崎和江　1976『からゆきさん』朝日新聞社
森田芳夫　1964『朝鮮終戦の記録―米ソ両軍の進駐と日本人の引揚』巌南堂書店
森田芳夫、長田かな子　1980『朝鮮終戦の記録―北朝鮮地域日本人の引揚』巌南堂書店
山岸重夫　1979『帰国（だもい）の道――鉄道員の北鮮咸興引揚記―』シーケン
山下英愛　2006「朝鮮における公娼制度の実施と展開」(鈴木裕子・山下英愛・外村大編2006)
尹明淑　2003『日本の軍隊慰安所制度と朝鮮人軍隊慰安婦』明石書店
横山百合子　2015「幕末維新期の社会と性売買の変容」明治維新史学会編『明治維新と女性』有志舎
吉田伸之　2006「遊廓社会」塚田孝『身分的周縁と近世社会4都市の周縁に生きる』吉川弘文館
吉田裕　2002『日本の軍隊―兵士たちの近代史』岩波新書
羅南憲友会編　1981『羅南憲兵隊史』
和田春樹　2009・2010『日露戦争　起源と開戦』上・下、岩波書店

〈朝鮮語文献〉
강정숙（姜貞淑）　1998「대한제국 일제초기 서울과 매춘업과 공창제도의 도입」『서울학연구』11호（「大韓帝国日帝初期のソウルと売春業と公娼制度の導入」『ソウル学研究』

11号）

경흥군지편찬위원회편（慶興郡誌編纂委員会編）1988『咸鏡北道 慶興郡誌』慶興郡誌編纂委員会

김종근（金鍾根） 2003「서울中心部의 日本人 市街地 拡散：開化期에서 日帝強占前半期까지 (1885～1929)」『서울학연구』20호（「ソウル中心部の日本人市街地拡散：開化期から日帝強占前半期まで（1885～1929）」『ソウル学研究』20号）

―― 2010「식민도시 京城의 이중도시론에 대한 비판적 고찰」『서울학연구』38호（「植民地都市京城の二重都市論に対する批判的考察」『ソウル学研究』38号）

―― 2011「식민도시 京城의 유곽공간 형성과 근대적 관리」『문화역사지리』제23권제1호（「植民地都市京城の遊廓空間の形成と近代的管理」『文化歴史地理』第23巻第1号）

마산개항（馬山開港百年史編纂委員会） 1997『馬山開港百年史』

마산시사편찬 馬山市史編纂委員会 1964『馬山市史 史料集第1輯』

박정애（朴貞愛） 2009a『일제의 공창제시행과 사청관리 연구』숙명여자대학교 박사학위논문（『日帝の公娼制施行と私娼管理の研究』淑明女子大学博士学位論文）

―― 2009b「총동원체제기 조선총독부의 ' 유흥업' 억제정책과 조선의 접객업 변동」『한일민족문제연구』17（「総動員体制期の朝鮮総督府の‘遊興業’抑制政策と朝鮮の接客業の変動」『韓日民族問題研究』17）

―― 2016「조선총독부의 성병예방정책과 < 화류병예방령 >」『사림』55（「朝鮮総督府の性病予防政策と〈花柳病予防令〉」『サリム』55）

박현（朴鉉） 2015「일제시기 경성의 창기업（娼妓業）번성과 조선인 유곽건설」도시사학회『도시연구』14（日帝時期京城の娼妓業の繁栄と朝鮮人遊廓建設」都市史学会『都市研究』14）

손정목（孫禎睦） 1982「韓国居留日本人의 職業과 買売春・高利貸金業」『한국 개항기 도시 사회경제사 연구』서울：일지사（「韓国居留日本人の職業と買売春・高利貸金業」『韓國開港期都市の社會經濟史研究 』ソウル：一志社）

―― 1996「売春業－公娼과 私娼」『일제강점기 도시 사회상 연구』서울：일지사（「売春業－公娼と私娼」『日帝強占期の都市の社会相研究』ソウル：一志社）

송병기（宋炳基）編著 1972・73『統監府法令資料集 上・中・下』大韓民国国会図書館（原文ハングル）

송연옥（宋連玉） 1998「일제 식민지화와 공창제 도입」서울대학교 석사논문（「日帝の植民地化と公娼制導入」、ソウル大学碩士（修士）論文）

―― 2016「일본에서의 위안부 문제 연구 현황과 과제」、송연옥・김귀옥 외『식민주의, 전쟁, 군 ' 위안부 '』선인（「日本における慰安婦問題研究の現況と課題」宋連玉・金貴玉他『植民地主義、戦争、軍「慰安婦」』ソニン）

신규환（辛圭煥） 2008「개항, 전쟁, 성병—한말 일제초의 성병 유행과 통제」『醫史學』 제17권 제2호（「開港、戦争、性病—韓末日帝初期の性病の流行と統制」『医史学』第17巻、第2号）

신주백（辛珠柏） 2000「1910년대 일제 조선통치와 조선주둔 일본군—조선군과 헌병경찰제도를 중심으로」『한국사현구』109（「1910年代日帝の朝鮮統治と朝鮮駐屯日本軍—朝鮮軍と憲兵警察制度を中心に」『韓国史研究』109）

—— 2004「박람회—과시・선전・계몽・소비의 체험 공간」『역사비평』67（辛珠柏「博覧会—誇示・宣伝・啓蒙・消費の体験空間」『歴史批評』67）

—— 2004「朝鮮軍과 在満朝鮮人의治安問題（1919～1931）—帝国의 軍営方式 및 在満事変의 内在的 背景과 関連하여」『한국민족운동사연구』Vol.40（「朝鮮軍と在満朝鮮人の治安問題（1919～1931）—帝国の軍営方式および在満事変の内在的背景と関連して」『韓国民族運動史研』Vol.40）

—— 2007「용산과 일본군—용산기지의 변화（1894～1945）」『서울학연구』2호（「龍山と日本軍—龍山基地の変化（1894～1945）」『ソウル学研究』2号）

유한철（柳漢喆） 1992「日帝韓国駐箚軍의 韓国侵略過程과　組織」『한국독립운동사연구』6（「日帝韓国駐箚軍の韓国侵略過程と組織」『韓国独立運動史研究』6）

이혜은（李惠恩） 1984「京城府의 民族別　居住地分離에 관한 研究—1935년을 中心으로」『지리학』제29호（「京城府の民族別居住地分離に関する研究—1935年を中心に」『地理学』第29号）

진해시사편찬위원회（鎮海市史編纂委員会）編　1991『鎮海市史』

한국정신대　한국정신대연구소・한국정신대문제대책협의회（韓国挺身隊研究所・韓国挺身隊問題対策協議会編） 1999『강제로 끌려간 조선인 군위안부들 3』하늘（『強制的に連行された朝鮮人軍慰安婦たち　3』ハヌル）

허영황（許英桓） 1994『定都600年서울地圖』서울：汎友社

허정도（許正道） 2005『전통도시의 식민지적 근대화－일제강점기의 마산』신서원（『伝統都市の植民地的近代化—日帝強占期の馬山』シンソウォン）

황정덕（黄正徳） 1987『鎮海市史』智慧文化社

회령군（会寧郡）誌増補版編纂委員会編　1993『会寧郡誌』会寧郡民会

図表目次

〔第Ⅱ部—4〕